ELOGIOS Y RECONOCIMIENTOS PARA
CÓMO GANARSE A LA GENTE

«¡John Maxwell nos asombra de nuevo! El prolífico autor presenta un banquete de principios sabios, prácticos, demostrados, simples y bien ilustrados, que de ser seguidos, contribuirán a mejorar las relaciones al nivel más profundo, especialmente aquellas que necesitan ser reconstruidas».

—Dr. STEPHEN R. COVEY
Autor de Los 7 hábitos de la gente altamente efectiva y
The 8th Habit: From Effectiveness to Greatness
[El octavo hábito: De la eficacia a la grandeza]

«John Maxwell lo logra de nuevo con este nuevo libro inspirador, *Cómo ganarse a la gente*, al recordarnos que las buenas relaciones son la llave del éxito. Lo mejor de todo es que suministra una enseñanza clara con Principios de Interacción que cualquier persona puede aplicar».

—KEN BLANCHARD,
coautor de The One Minute Manager®
[El ejecutivo al minuto] y Customer Mania!
[¡El cliente es lo máximo!]

«Puesto que casi el 100% de toda la consejería es resultado de las dificultades en las relaciones, *Cómo ganarse a la gente* es lectura obligatoria para quienes entienden con claridad la importancia de nuestras relaciones con los demás».

—ZIG ZIGLAR,
escritor y motivador profesional

Nadine
tosas !

CÓMO GANARSE A LA GENTE

DESCUBRA PRINCIPIOS QUE
FUNCIONAN CADA VEZ

JOHN C. MAXWELL

GRUPO NELSON
Una división de Thomas Nelson Publishers
Desde 1798

NASHVILLE   DALLAS   MÉXICO DF.   RÍO DE JANEIRO

Caribe Betania Editores es un sello de Editorial Caribe, Inc.
© 2004 Editorial Caribe, Inc.
Una subsidiaria de Thomas Nelson, Inc.
Nashville, TN, E.U.A.
www.caribebetania.com

© 2006 por Maxwell Motivation y JAMAX Realty

Título en inglés: *Winning with People*
© 2004 por John C. Maxwell
Publicado por Nelson Books
Una división de Thomas Nelson Publishers

A menos que se señale lo contrario, todas las citas bíblicas
son tomadas de la Versión Reina-Valera 1960
© 1960 Sociedades Bíblicas Unidas en América Latina.
Usadas con permiso.

Traductor: John Bernal

Tipografía: *A&W Publishing Electronic Services, Inc.*

Fotografía del autor en la portada: Jerry Siegel / www.jerrysiegel.com
ISBN: 0-88113-809-6
ISBN: 978-0-88113-809-2

Impreso en E.U.A.
Printed in U.S.A.
31ª Impresión, 12/2010

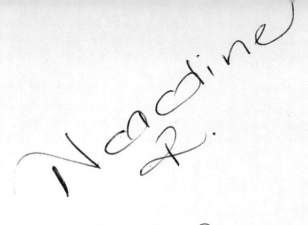

Cómo ganarse a la gente está dedicado a
Hannah Elisabeth Maxwell,
nuestra segunda nieta.

Con su personalidad radiante,
ya se ha ganado el corazón de sus abuelos.
Es nuestra oración que ella al crecer
siempre pueda ganarse a la gente.

RECONOCIMIENTOS

Quiero agradecer a

Charlie Wetzel, mi escritor.

A Kathie Wheat, quien realiza la investigación.

A Stephanie Wetzel, quien revisa y edita el manuscrito inicial.

A Linda Eggers, mi asistente.

CONTENIDO

EL FACTOR DISPOSICIÓN:
¿ESTAMOS PREPARADOS PARA LAS RELACIONES? 1

EL FACTOR CONEXIÓN:
¿ESTAMOS DISPUESTOS A ENFOCARNOS EN LOS DEMÁS? 67

EL FACTOR CONFIANZA:
¿PODEMOS DESARROLLAR LA CONFIANZA MUTUA? 141

EL FACTOR INVERSIÓN:
¿ESTAMOS DISPUESTOS A INVERTIR EN OTROS? 203

EL FACTOR SINERGIA:
¿PODEMOS CREAR RELACIONES EN LAS QUE TODOS
SALGAMOS GANANDO? 269

INTRODUCCIÓN

¿Qué se requiere para ganar en las relaciones personales? ¿Es necesario nacer con una personalidad arrolladora o un gran sentido de intuición para tener éxito en las relaciones? Cuando se trata de destrezas relacionales, hay quien las tiene y hay quien no. Entonces, ¿sencillamente tenemos que aceptar las destrezas que Dios nos dio, sean cuales sean? ¿Puede alguien que sea bueno para construir relaciones volverse todavía mejor?

La mayoría de nosotros puede darse cuenta de inmediato que está en presencia de una persona con «don de gente». Los individuos que tienen una capacidad excelente para relacionarse con otros se conectan fácilmente con nosotros, nos hacen sentir bien y nos elevan a un nivel más alto. Nuestra interacción con ellos crea una experiencia positiva que nos motiva a querer pasar tiempo con ellos.

Algunas personas son tan hábiles para trabajar con la gente que deberían estar en una especie de Salón de la Fama de las relaciones personales. Me refiero a individuos como Dale Carnegie, John Wooden, Ronald Reagan y Norman Vincent Peale. Asimismo, hay personas cuyas habilidades relacionales les harían candidatos al Salón de la *Infamia Social*: Leona Helmsley, Henry Ford (padre), Frank Lorenzo y Dennis Rodman. Sin embargo, no es necesario leer el periódico ni estudiar historia para encontrar esos ejemplos extremos. Uno tiene que lidiar con gente así todos los días: en la calle, en la iglesia, (quizás en el hogar), y sin lugar a dudas, en el trabajo. Considere las siguientes afirmaciones hechas por diferentes personas en solicitudes de trabajo que revelan sus deficiencias en el trato personal:

- Al director le conviene que yo no tenga que trabajar con gente.

- La compañía me convirtió en chivo expiatorio, al igual que mis empleadores anteriores.

- Nota: No interpreten mis catorce empleos anteriores como una señal de inconstancia. Nunca he renunciado a un puesto.

- Referencias: Ninguna. He dejado un reguero de despojos a mi paso.

Tal vez piense que alguno de esos candidatos ahora se desempeña ¡en *su* lugar de trabajo!

Algunos conocen el secreto

¿Qué precio le daría a las buenas destrezas para tratar con las personas? Pregunte a los ejecutivos exitosos de las compañías más grandes cuál es la característica personal más necesaria para alcanzar el éxito en los puestos de liderazgo, y le dirán que es la habilidad de trabajar bien con la gente. Entreviste a empresarios para descubrir qué separa los éxitos de los fracasos, y le dirán que es la habilidad para relacionarse con otros. Hable con los mejores vendedores y le dirán que el conocimiento de la gente es mucho más importante que el conocimiento del producto. Siéntese a hablar con profesores y artífices, forjadores y dueños de negocios, pastores y padres, y le dirán que las destrezas relacionales hacen la diferencia entre aquellos que se superan y los que no. El «don de gente» es inestimable porque no importa qué quiera hacer usted, si puede ganarse a la gente, ¡puede ganar en todo!

Mucha gente cae en la trampa de dar por sentadas las relaciones. Eso no es bueno porque nuestra habilidad para establecer y mantener relaciones sanas es el factor más importante de nuestro desarrollo en cada área de la vida. Nuestras habilidades de interacción determinan nuestro posible éxito. Robert W. Woodruff, el hombre cuyo liderazgo transformó la compañía Coca-Cola de un productor de bebidas pequeño de alcance regional a una organización global y una potencia en el mundo de las finanzas, entendió el factor gente en la fórmula del éxito. En su libro *Top Performance* [Desempeño al máximo], el experto en relaciones Zig Ziglar cita al antiguo director ejecutivo de Coca-Cola. Zig dice que Woodruff solía repartir un folleto que decía:

> Toda la vida es prácticamente un trabajo de ventas. Que triunfemos o fracasemos depende en gran medida de qué tan bien motivamos a los seres humanos con quienes lidiamos a que nos compren y qué tenemos para ofrecer.
>
> El *éxito* o el *fracaso* en este trabajo es esencialmente *un asunto de relaciones humanas*. Es algo que depende de la clase de reacción que generamos en nuestros parientes, clientes, empleados, empleadores, compañeros de trabajo y asociados. *Si esta reacción es favorable tenemos gran probabilidad de éxito. Si la reacción es desfavorable estamos perdidos.* El pecado mortal en nuestra relación con las personas es que no las valoramos. No hacemos el esfuerzo activo y continuo de hacer y decir aquellas cosas que les harán vernos con buenos ojos, creernos y crear en ellos el deseo de trabajar con nosotros para la realización de nuestros deseos y propósitos. Vez tras vez, vemos a *individuos y organizaciones que se desempeñan a una mera fracción de su potencial de éxito, o que fracasan por completo por la simple razón de haber descuidado el elemento humano en la vida y los negocios.* Dan por sentadas a las personas y sus acciones. Sin embargo, son estas personas y sus respuestas las que determinan su éxito o fracaso.[1]

TODO EMPIEZA CON LA GENTE

Todos los éxitos de la vida son el resultado de iniciar relaciones con la gente correcta y luego fortalecer esas relaciones con buenas destrezas relacionales. De igual modo, los fracasos en la vida casi siempre pueden atribuirse a fallas en las relaciones personales. A veces la conexión es obvia. Enredarse con un cónyuge abusivo, un socio corrupto o un familiar vicioso tarde o temprano ocasionará grandes daños. Otras veces el problema es menos dramático, como mantenerse a distancia de un compañero de trabajo con el que uno tiene que interactuar a diario, no poder establecer una relación positiva con un cliente importante, o perder oportunidades únicas para alentar a un niño inseguro. Lo cierto es que *todos pueden vincular sus éxitos y fracasos a las relaciones que han desarrollado en su vida.*

Al pensar en mis fracasos personales, puedo vincularlos casi todos a individuos específicos en mi vida. En cierta ocasión elegí a la persona equivocada para recibir consejos financieros y me embarqué en un negocio petrolero con él. Perdí diez mil dólares que mi esposa Margaret y yo habíamos tardado mucho tiempo en ahorrar. En otra ocasión empecé un negocio y le pedí a un amigo que se encargara de manejarlo porque pensé que podría hacerlo. Mi juicio también me falló y después de un par de años el negocio tenía más de ciento cincuenta mil dólares en pérdidas. No quiero hacerme la víctima ni culpar a otros de mis fracasos, solo quiero mostrar que mi interacción con otras personas es una parte definitiva del proceso. De manera similar, no puedo acreditarme mis éxitos pues ninguno de ellos fue fruto de un esfuerzo solitario. Mi interacción con otros fue lo que me ayudó a tener éxito. Por cada logro, puedo mirar atrás y ver una relación que lo hizo posible. Sin la ayuda de personas como Elmer Towns, Peter Wagner y Jack Hayford, mi carrera nunca habría llegado tan lejos.

Sin la ayuda de una gran cantidad de personas en Thomas Nelson y en mi compañía, el grupo InJoy, mi libro *Las 21 leyes irrefutables del liderazgo* nunca se habría convertido en un éxito con más de un millón de ejemplares vendidos. La mayoría de mis bendiciones económicas pueden acreditarse a la ayuda y el consejo de mi hermano, Larry Maxwell, y mi amigo Tom Phillippe. Por importantes que sean las relaciones en la esfera profesional, son todavía más críticas en lo personal. Mi vida espiritual se debe en gran parte a mi relación con mi padre, Melvin Maxwell. La razón por la que me siento realizado todos los días puede atribuirse a mi esposa, Margaret. Ella me ayuda a disfrutar a plenitud de nuestros éxitos. Debo incluso dar el crédito por la vida misma a mis relaciones con otros. Si no hubiese conocido al cardiólogo John Bright Cage, no estaría escribiendo ahora mismo, pues el ataque cardíaco que sufrí en diciembre de 1998 seguramente me habría quitado la vida.

MÁS QUE UN ACCESORIO

¿Ha tenido que lidiar alguna vez con una persona difícil? Tal vez pensó, *no puedo negar que tiene talento, pero me resulta muy difícil trabajar con ella*, o *es un joven brillante, pero parece que no se lleva bien con nadie*. Son personas que nunca alcanzan a desarrollar su máximo potencial porque solo son capaces de lograr una fracción de lo que podrían hacer si supieran cómo ganarse a la gente. No entienden que las buenas relaciones son más que la cubierta del pastel en la vida. Son *el pastel* mismo, la sustancia que necesitamos para llevar una vida exitosa y satisfactoria.

Ahora bien, ¿qué deben hacer las personas que no poseen grandes destrezas relacionales? Debo admitirlo, para mí es muy natural establecer y desarrollar relaciones pues siempre he sido muy sociable. Sin embargo, también me he esforzado en mejorar mis habilidades innatas. En medio siglo he aprendido mucho sobre los demás y sobre mí mismo, y he condensado esas ideas en veinticinco «Principios de Interacción» que *cualquier persona* puede aprender. Hasta el individuo más introvertido puede aprenderlos y volverse una persona más sociable, en tanto que alguien a quien le guste socializar podrá convertirse en experto en edificación y mantenimiento de relaciones.

Digo esto porque son Principios de Interacción que funcionan en todos los casos. Se aplican sin importar que uno sea joven o anciano, sanguíneo o melancólico, hombre o mujer, empleado o jubilado. Los he practicado durante décadas y los he visto funcionar en docenas de países a los que he viajado en seis continentes. Como resultado de aplicar estos

> Las buenas relaciones son más que la cubierta del pastel en la vida. Son *el pastel* mismo.

principios, he optimizado mis probabilidades de éxito con los demás, y he desarrollado relaciones positivas y saludables que me han traído éxito profesional y satisfacción personal. A medida que usted lea y aprenda estos Principios de Interacción, verá que algunos de ellos son puro sentido común. Otros quizá le sorprendan. Tal vez cuestione algunos porque le parezcan demasiado optimistas, pero puedo decirle por experiencia que realmente funcionan. Un solo Principio de Interacción no le convertirá en un experto en socialización, pero si pone en práctica todos estos principios mejorará su vida, ¡y puede estar seguro de que nunca será nominado al Salón de la Infamia Social!

Esto no significa que usted tendrá una relación exitosa con todas las personas que se crucen en su camino ya que no puede controlar la reacción de otra persona hacia usted. Todo lo que puede hacer es convertirse en la clase de persona que otros quieran conocer y con la cual puedan construir una relación significativa.

En la vida, las habilidades que usted emplee y las personas con quienes elija relacionarse, determinarán su éxito o su fracaso. He dividido los Principios de Interacción en este libro conforme a cinco factores críticos que debemos tener en cuenta si queremos ganarnos a la gente.

1. Disposición: ¿Estamos preparados para las relaciones?

2. Conexión: ¿Estamos dispuestos a enfocarnos en los demás?

3. Confianza: ¿Podemos desarrollar la confianza mutua?

4. Inversión: ¿Estamos dispuestos a invertir en otros?

5. Sinergia: ¿Podemos crear relaciones en las que todos salgamos ganando?

Aprenda y practique los Principios de Interacción, y podrá dar respuesta afirmativa a todas estas preguntas. De este modo alcanzará el éxito en las relaciones personales porque será capaz de desarrollar relaciones sanas, eficaces y satisfactorias. Usted tiene la oportunidad de convertirse en la clase de persona que también hace exitosos a los demás. ¿Qué podría ser mejor que eso?

EL FACTO

¿ESTAMO

PARA L

me decían lo mucho que o
obsesionarse con la idea
jar en su preparación
cas para establece
mundo tiene
buenas y sal
les y nun
sido ta
filtr

La persona más útil en el
relacionarse bien con los demás. Las relacion...
importante en la ciencia de la vida.
— STANLEY C. ALLYN

Acabo de cumplir los primeros veintiséis años de mi carrera como pastor. No conozco otra profesión más exigente o intensa si de trabajar con gente se trata. Los individuos en el ministerio son llamados a dirigir, enseñar, entrenar, aconsejar y consolar gente en todas las edades y etapas de la vida, desde la cuna hasta la tumba. Estamos con ellos durante muchos de los momentos más gozosos de su vida, como el día en que se casan o dedican a un bebé. También somos llamados en sus horas más trágicas, como cuando tratan de salvar su matrimonio de un divorcio doloroso, o experimentan la muerte inesperada de un hijo, o buscan respuestas al enfrentar su propia muerte inminente. Durante todos estos años, aprendí a reconocer de inmediato a las personas que luchaban para relacionarse con los demás. Venían en todas las edades, tamaños y formas. A veces aconsejaba a personas solteras que no lograban que sus relaciones funcionaran. Se lamentaban de tener que vivir solas en el mundo y

uerían casarse. Lo triste es que en lugar de
de casarse, algunas personas deberían traba-
emocional y en desarrollar las habilidades bási-
relaciones sanas. Debemos admitir que no todo el
alento para iniciar, construir y mantener relaciones
adables. Hay muchos que crecen en hogares disfunciona-
a cuentan con ejemplos de relaciones positivas. Otros han
lastimados en el pasado que ven el mundo entero a través del
o de su dolor, y debido a todo lo que ignoran sobre las relaciones
personales, no se conocen a sí mismos ni saben cómo relacionarse
con otros de forma saludable.

Se necesitan personas con destrezas relacionales saludables para
construir relaciones excelentes. Ese es el punto de partida para todo.
Creo que existen ciertos fundamentos indispensables para preparar
bien a la gente para las relaciones. Estos determinan el éxito en el factor *disposición*. Los componentes esenciales están contenidos en los
siguientes cinco Principios de Interacción:

El principio del lente: Quiénes somos determina cómo vemos a
los demás.

El principio del espejo: La primera persona que debemos
examinar… nosotros mismos.

El principio del dolor: Las personas heridas, hieren a los demás
y ellos las lastiman con facilidad.

El principio del martillo: Nunca use un martillo para matar la
mosca que se paró en la cabeza del otro.

El principio del ascensor: Podemos elevar a los demás o
llevarlos al suelo en nuestras relaciones.

La persona que carezca de alguno de estos componentes esenciales
no estará bien preparada para las relaciones, y como resultado tendrá
problemas recurrentes al trabajar con otros. Si usted o alguien que usted

conoce parece incapaz de construir la clase de relaciones positivas que todos los seres humanos desean, la razón puede ser un problema de disposición. Al aprender estos cinco Principios de Interacción, usted se preparará para la creación de relaciones positivas y saludables.

EL PRINCIPIO DEL LENTE

QUIÉNES SOMOS DETERMINA CÓMO VEMOS A LOS DEMÁS

No quisiera pertenecer a un club que estuviera dispuesto a aceptarme como miembro.

—GROUCHO MARX

LA PREGUNTA QUE DEBO RESPONDER:
¿CUÁL ES MI PERCEPCIÓN DE LOS DEMÁS?

¿Ha empezado alguna vez en un trabajo donde alguien con experiencia en la organización le advierte que tenga cuidado con fulano de tal o que no se acerque a mengano? Esto me ha sucedido varias veces. Al empezar en mi primer puesto profesional de liderazgo, mi predecesor me dijo que tuviera cuidado con dos personas: Audrey y Claude. «Te van a causar muchos problemas», me dijo. Empecé a trabajar con la expectativa de tratar con gente problemática. Primero me fijé en Audrey. Era una mujer de temperamento fuerte y una personalidad muy definida. (¡Se requiere alguien que sea parecido para reconocerlo!) Para mi sorpresa, trabajar con ella fue una experiencia maravillosa, pues era segura y competente, además de muy eficiente. Tuvimos una buena relación laboral y llegó a ser amiga de la familia. Por otro lado, Claude resultó ser un viejo granjero que amaba la iglesia. Cierto, él resultó ser la persona que más influencia ejercía en la organización, (más de treinta y cinco años después, todavía es así) pero esto no hirió mis sentimientos. ¿Por qué habría de esperar que un hombre con el doble de mi edad que había estado en esa iglesia toda su vida me siguiera solo porque yo tenía un título y un puesto de liderazgo? Me propuse la meta de trabajar con Claude, y ambos tuvimos una buena relación.

Al aceptar mi segundo puesto en otra iglesia, de nuevo recibí la advertencia de mi predecesor: «Ten cuidado con Jim, te va a hacer guerra por todo». Durante mi primera semana conocí a Jim. Tuvimos una conversación difícil, pero Jim me dejó saber que amaba a Dios, amaba a la iglesia y me respaldaba. Terminó siendo mi mano derecha durante los años que trabajé allí. Es cierto que emprendió una guerra, pero porque él fue quien más me apoyó. Nunca habría podido pedir un mejor miembro de equipo.

Después de aceptar la posición en mi tercera iglesia, el líder saliente me ofreció reunirse conmigo para advertirme sobre los que podrían causarme problemas. Como sucedió con los otros líderes, su intención de corazón fue ayudarme, pero esta vez decidí no aceptar la oferta. Ya había estado suficiente tiempo en el liderazgo para entender que su gente problemática no sería igual que la mía, y viceversa. Yo no me conectaría con algunas personas en las que el otro líder se apoyaba, y otros que le dieron la espalda podrían ser mis más firmes aliados. ¿Por qué? Porque quiénes somos determina cómo vemos a los demás.

SU LENTE ES USTED

Un ejemplo clásico del efecto de la perspectiva se remonta a mi tiempo en la universidad. Mi amigo Ralph Beadle me pidió que fuera su padrino de boda. Me quedé con él la noche antes de la ceremonia, y temprano en la mañana del día en que se iba a casar, Ralph decidió que quería salir a cazar ardillas. (Supongo que nada calma los nervios como correr detrás de animalitos.) Ralph me prestó una de sus escopetas y salimos al bosque. Caminamos un rato pero no veía ninguna ardilla.

—¿Dónde están la ardillas? —le pregunté a Ralph mientras caminaba a saltos y haciendo ruido.

Después de hacerle la misma pregunta como diez veces, Ralph me dijo por fin: «John, tú quédate en este lado del bosque y yo voy a ir al otro lado».

Ralph no se había ido por más de dos minutos cuando oí los disparos. Todavía no veía ninguna ardilla, así que me senté a descansar. Empecé a pensar que me habría gustado traer un libro. Me puse a ver algunos de esos animalitos que se relamen las patas todo el tiempo, y cada vez que oía los disparos me preguntaba, *¿a qué le disparará tanto?*

Quién es usted determina la manera como ve todo a su alrededor.

Unos minutos después Ralph llegó con la bolsa llena hasta el límite legal, y yo ni siquiera había visto una ardilla.

—¿Cómo es posible que todas las ardillas estén *de tu lado*? —pregunté.

Ralph solo sacudió la cabeza y se rió.

Quién es usted determina la manera como ve todo a su alrededor. Usted no puede separar su identidad de su perspectiva. Todo lo que usted es y todas las experiencias que ha tenido dan color y forma a su realidad. Ese es su lente, y esto es lo que quiero decir:

Quién es usted determina *lo que usted ve*

Un habitante de Colorado se mudó a Texas y construyó una casa con una ventana panorámica que le permitía ver cientos de kilómetros de pradera. A la pregunta de si disfrutaba el paisaje, él respondió: «El único problema es que no hay nada que ver». Al mismo tiempo, un oriundo de Texas se mudó a Colorado y construyó una casa con una ventana panorámica que daba hacia las Montañas Rocosas. Le preguntaron si le gustaba y dijo: «El único problema de este lugar es que no se puede ver el paisaje porque esas montañas lo tapan todo».

La historia puede ser un poco exagerada pero demuestra algo que es muy cierto. Lo que uno ve está influenciado por lo que uno es. Varias personas en el mismo recinto tendrán las mismas cosas ante sus ojos y verán todo de manera totalmente distinta. Eso siempre es cierto en el caso de mi esposa Margaret y yo. Si estamos en una fiesta hablando con gente, ella se acercará a preguntarme: «¿De qué te hablaba aquel hombre de camisa azul?» No sabré a quién se refiere, porque ella tiene mucho estilo y sabe de moda, en cambio yo no. Al interactuar con la gente, no me fijo en lo que llevan puesto, para mí toda la ropa es igual. Cada uno de nosotros tiene sus inclinaciones e intereses peculiares, y esto da color a nuestra manera de ver todas las cosas. No es lo que nos rodea lo que determina qué vemos, sino lo que está dentro de nosotros.

Quién es usted determina *cómo ve a los demás*

Un viajero que se acercaba a una ciudad grande preguntó a un anciano sentado junto al camino:

–¿Cómo es la gente en esta ciudad?

–¿Cómo eran allá, de donde usted viene? –preguntó el hombre.

–Terribles –contestó el viajero—. Desconsiderados, deshonestos, detestables en todo sentido.

–Ah –dijo el anciano—, esa es la clase de gente que va a encontrar en esta ciudad.

Apenas acababa de irse el viajero cuando llegó otro a averiguar sobre la gente de esa ciudad. De nuevo, el anciano le preguntó cómo era la gente en el lugar que acababa de dejar el viajero.

–Eran gente honesta, decente, trabajadora y generosa –declaró el segundo viajero—. Me dio tristeza dejar el lugar.

–Pues esa es la misma clase de gente que encontrará aquí — respondió el anciano.

La manera como vemos a los demás es un reflejo de nosotros mismos.

Si soy una persona que confía en los demás, les veré como personas confiables.

Si critico a los demás, veré a los demás como mis críticos.

Si me intereso en los demás, les veré como gente compasiva.

Su personalidad se trasluce cada vez que usted habla acerca de los demás e interactúa con ellos. Alguien que no le conozca podría decir mucho acerca de usted basándose en una simple observación.

Quién es usted determina *cómo ve la vida*

Esta es una anécdota que solía contar en diferentes conferencias. Un abuelo dormía profundo en el sofá cuando sus nietos pequeños decidieron hacerle una jugada. Fueron a la nevera y sacaron un pedazo de queso de olor bastante fuerte. Restregaron un pedazo en el bigote del abuelo sin que se diera cuenta y corrieron a esconderse para ver qué pasaría.

Después de un rato, la nariz del anciano empezó a sacudirse, luego su cabeza empezó a ir de un lado a otro. Por fin el abuelo quedó sentado de un brinco en el sofá, y con mirada de asco dijo: «¡Algo apesta!» Se levantó, entró a la cocina y después de oler por todas partes dijo: «Aquí también apesta».

En ese momento, decidió salir de la casa para respirar aire fresco, pero al abrir la boca volvió a percibir el mal olor y se lamentó diciendo: «¡Todo el mundo apesta!»

¿La moraleja de la anécdota? Para una persona que tenga queso apestoso debajo de la nariz, ¡todo apesta! La buena noticia para el abuelo es que él puede quitarse el mal olor con jabón y agua, y así todo volverá a la normalidad. En cambio, una persona que lleve el mal olor por dentro tiene una tarea más difícil por delante. La única manera de cambiar su forma de ver la vida es cambiar lo que usted es por dentro.

Todos tenemos un marco de referencia personal que consiste de nuestras actitudes, presuposiciones y expectativas en cuanto a nosotros mismos, otras personas y la vida en general. Estos factores determinan si somos optimistas o pesimistas, alegres o depresivos, confiados o sospechosos, amistosos o reservados, valientes o tímidos. Esto no solo determina el color en que vemos la vida, sino también cómo dejamos que la gente nos trate. Eleanor Roosevelt dijo: «Nadie puede hacerte sentir inferior sin tu consentimiento». O dicho de otro modo, en las palabras del psicólogo y escritor Phil McGraw: «Tú enseñas a la gente cómo pueden tratarte». Lo que uno enseñe se deriva de cómo ve la vida, y nuestra manera de ver la vida se deriva de quiénes somos.

Hace unos años, tuve la oportunidad de enseñar liderazgo al equipo profesional de fútbol americano de San Luis, Missouri. El equipo me invitó a asistir después a uno de sus partidos y me permitieron sentarme con las esposas de los entrenadores y jugadores. Me senté junto a Kim Matsko, esposa del entrenador asistente de los Rams de San Luis, John Matsko. Mientras hablábamos, le pregunté sobre todas las ciudades en que había vivido para saber cuál era su favorita. Ella había vivido en muchos estados: Ohio, Carolina del Norte, Arizona,

California, Nueva York y Missouri. Su respuesta fue: «Me gusta donde vivo ahora». «¿Así que San Luis es su ciudad favorita?», le pregunté. «No, eso no fue lo que dije. Mi lugar favorito es dondequiera que esté viviendo en el momento», volvió a responder. «Es una decisión». ¡Qué actitud tan admirable! Si usted puede mantener una perspectiva semejante, siempre verá la vida bajo una luz positiva.

Quién es usted determina qué hace usted

En el libro *Animals, Inc.* [Animales, Inc.] Kenneth A. Tucker y Vandana Allman de la organización Gallup cuentan una historia con personajes sacados de una granja cuyo propósito es mostrar cómo las empresas hacen un manejo deficiente del personal. Los encargados de la granja creen que cualquier persona puede ser entrenada para hacer cualquier cosa, y piden al caballo de carga que opere la computadora. A una oveja tímida se le asigna la tarea de hacer las llamadas de ventas. Esta es mi analogía favorita: El espantapájaros es enviado al gallinero a poner huevos, y trabaja todo el día en esa tarea. Exhibe un desempeño físico perfecto, y no deja de intentarlo aunque vive rodeado de gallinas que ponen huevos todo el tiempo. Al final del día queda exhausto pero no ha producido un solo huevo.

Usted pensará: *Es obvio que no puede producir huevos*. Por supuesto, las gallinas ponen huevos, los caballos halan arados y las ovejas producen lana. Es fácil ver que las capacidades naturales afectan lo que hacemos, pero nuestro pensamiento y nuestras actitudes también son parte de nosotros y son un aspecto importante de nuestros talentos y habilidades. También determinan lo que hacemos y no podemos separarlas del resto. Si esperamos resultados diferentes a nuestra constitución natural, vamos encaminados a una desilusión.

Cinco elementos que determinan quiénes somos

¿Qué factores contribuyen a determinar quién es usted? Muchos, por supuesto, pero estos son los cinco que considero más importantes.

1. Genética

Cuando Margaret y yo éramos jóvenes e ingenuos, creíamos que la genética tan solo jugaba un papel secundario en la constitución de una persona. Pensábamos que el ambiente era responsable en un noventa y ocho por ciento por lo que llegara a ser una persona. Si usted cría a sus hijos para que sean como usted, así lo serán. Luego adoptamos a nuestros hijos, Elizabeth y Joel Porter. Descubrimos que la crianza, el desarrollo del carácter, la educación y la instrucción son factores importantes, pero algunas cosas son parte intrínseca de la gente y van a permanecer allí sin importar en qué ambiente se desarrollen.

Su constitución genética puede ser tanto buena como mala noticia para usted. Hay algunas cualidades y características que usted recibió al ser creado que son maravillosas, y esto es cierto para cada ser humano en el planeta. Sin embargo, también hay cosas que a usted no le gustan. Es posible que le toque aprender a vivir con ellas, pero en lo relacionado con el carácter, preste mucha atención a sus debilidades; en lo relacionado con los talentos, enfóquese en sus puntos fuertes.

En esto no tenemos opciones porque nadie puede cambiar sus genes. Sin embargo, de los cinco factores principales que determinan quién es usted, es el único que no puede cambiar con sus decisiones, mientras que los otros cuatro, por lo menos en cierta medida, dependen de usted.

2. Imagen personal

El poeta T. S. Eliot observó: «La mitad de los daños que se hacen en este mundo se deben a personas que quieren sentirse importantes. No tienen la intención de hacer daño, solo están absortos en la lucha interminable de pensar bien de sí mismos». La gente es como el agua, cada uno encuentra su propio nivel. Una persona con una imagen negativa de sí misma esperará lo peor, dañará sus relaciones y encontrará a otros que también sean negativos. Aquellos que tienen una imagen positiva de sí mismos esperarán recibir lo mejor en la vida, y aquellos que tienen una imagen personal *positiva* y *fidedigna* tendrán mayor probabilidad de alcanzar el éxito, ver a los demás como exitosos en potencia, y relacionarse con otras personas exitosas. Como dijo el psicólogo Nathaniel Branden: «Tendemos a sentirnos más cómodos con personas cuyo nivel de autoestima es similar al nuestro. Los opuestos se atraen en muchas áreas, pero no en esta».

Se cuenta que Oliver Wendell Holmes caminaba por la calle cierto día y una niña se le unió. Cuando la niña se disponía a caminar en dirección a su casa, el famoso jurista le dijo: «Si tu mamá te pregunta dónde has estado, dile que caminaste al lado de Oliver Wendell Holmes». «Está bien», dijo la niña, «y cuando tus papás te pregunten dónde has estado, diles que estabas caminando con Mary Susanna Brown».

Sin dudas esta sí que es una persona con una imagen positiva de sí misma.

> «Tendemos a sentirnos más cómodos con personas cuyo nivel de autoestima es similar al nuestro. Los opuestos se atraen en muchas áreas, pero no en esta».
>
> NATHANIEL BRANDEN

3. Experiencias en la vida

En cierta ocasión un grupo de aldeanos dio estas instrucciones a su joven pastor: «Cuando veas un lobo, grita *lobo* y vendremos con escopetas y piquetas».

Al día siguiente el niño cuidaba sus ovejas cuando vio un león en la distancia. Gritó: «¡León! ¡León!», pero nadie vino. El león mató a varias ovejas y el joven pastor quedó desconsolado. «¿Por qué no vinieron cuando los llamé?», preguntó a los aldeanos. «No hay leones en esta región del país», contestaron los más ancianos. «Es de los lobos que debes estar atento».

El joven pastor aprendió una lección valiosa: las personas responden a lo que están preparadas y dispuestas a creer, y lo que las prepara para recibir lo que creen es su experiencia.

¿No ha sido así en su caso? Piense en algunas de sus experiencias de la infancia. Si tuvo grandes éxitos deportivos, es probable que se hayan vuelto una parte importante de su vida. Si hacía amigos con facilidad, es probable que ahora disfrute la compañía de la gente. Si fue descuidado o maltratado, esto ha tenido otra clase de efecto en su vida. Todo lo que usted ha experimentado contribuye a definir quién es usted ahora.

Nosotros no escogemos *todas* las experiencias de nuestra vida, y esto es en particular muy cierto sobre nuestra infancia. Sin embargo, *sí elegimos* muchas de las experiencias que tenemos ahora. Elegimos a la persona con quien nos casamos, elegimos nuestros trabajos, elegimos dónde nos vamos de vacaciones, si vamos o no a hacer ejercicio, y qué queremos aprender. Además, las personas que vivieron una infancia difícil deciden si procurarán tener experiencias que mejorarán su manera de vivir y pensar. No podemos deshacer nuestro pasado, pero sí podemos reprogramarnos con experiencias nuevas.

4. Actitud y decisiones frente a esas experiencias

Todavía más importante que escoger nuestras experiencias es decidir qué actitudes tendremos en cuanto a las experiencias que tenemos. Como ya mencioné, tenemos un control muy limitado sobre lo que experimentamos, pero sí tenemos control completo sobre nuestras actitudes. Que nuestra perspectiva sea positiva o negativa, expectante o vacilante, abierta o cerrada, es cien por ciento una decisión nuestra. Quizá no pueda cambiar el mundo que veo a mi alrededor, pero puedo cambiar lo que veo dentro de mí.

> Quizá no pueda cambiar el mundo que veo a mi alrededor, pero puedo cambiar lo que veo dentro de mí.

Creo que la actitud es la segunda decisión más importante que uno hace en la vida. (La más importante es la fe.) Su actitud le edificará o le destruirá. No es el resultado de su nacimiento, sus circunstancias o su cuenta bancaria. Es pura cuestión de su voluntad para elegir. Si tiene dificultades con este asunto le recomiendo ver otros libros que he escrito como *El lado positivo del fracaso* y *Actitud de vencedor*.

5. Amistades

En una de las tiras cómicas de *Carlitos* o *Snoopy* de Charles Schulz, Charlie Brown descansa la cabeza en sus manos mientras se reclina contra la pared, con aspecto miserable. Su amiga Lucy se acerca.

–¿Otra vez desanimado, Charlie Brown?

Charlie Brown ni siquiera responde.

–¿Sabes cuál es tu problema? —pregunta Lucy—. Sin esperar una respuesta anuncia: El problema contigo es que ¡tú eres tú!

–Bueno, pero ¿qué puedo hacer al respecto? —pregunta Charlie Brown.

–No me creo capaz de aconsejar a nadie –contesta Lucy—. ¡Sencillamente señalo el problema!

Si Charlie Brown quisiera mejorarse a sí mismo, quizás un buen punto de partida sería conseguirse una nueva amiga.

Una de las cosas más importantes que usted hará jamás es elegir a sus amigos. Como padres, Margaret y yo observamos con mucha atención los amigos que eligieron nuestros hijos. Sabíamos que la gente positiva y de carácter íntegro sería una buena influencia para ellos. La gente negativa con carácter cuestionable sería un lastre en sus vidas. Siempre hicimos de nuestro hogar un lugar donde nuestros hijos y sus amigos quisieran pasar tiempo para que pudiéramos ver quién les influenciaban.

La gente más cercana a usted, y esto incluye especialmente a su cónyuge, moldeará su personalidad. ¿No ha visto cómo un joven a quien le ha ido bien empieza a tener problemas de toda clase cuando empieza a pasar tiempo con chicos que se meten en problemas? ¿No ha observado a un amigo o colega que despegó en su profesión como resultado de pasar tiempo con gente que expandió su mente y le retó a crecer? La gente con quien usted decide pasar tiempo cambiará lo que usted es. Las palabras del escritor y conferencista Charlie «el tremendo» Jones son muy ciertas: La diferencia entre la persona que usted es hoy y quien será en cinco años radica en la gente con que pase tiempo y los libros que lea.

Su manera de ver a los demás está determinada por quién es usted. Es una verdad de la que no puede escaparse. Si no le gusta la gente, eso dice más sobre quién es usted que sobre los demás. Quién es usted determina cómo ve a los demás. Su punto de vista es el problema. Si ese es el caso, no trate de cambiar a los demás, ni siquiera se enfoque en ellos, enfóquese en usted mismo. Si se cambia a sí mismo y se convierte en la clase de persona que desea ser, empezará a ver a los demás de una manera totalmente nueva, y eso cambiará su forma de interactuar en todas las relaciones de su vida.

PREGUNTAS DE DISCUSIÓN SOBRE EL PRINCIPIO DEL *LENTE*

1. Si le piden que redacte una frase que describa la naturaleza humana y la gente en general, ¿qué escribiría? (Dedique unos minutos a hacerlo ahora mismo). ¿Describiría su filosofía como optimista, escéptica, tentativa, desprendida, etc.? ¿Qué dice de usted su filosofía personal acerca de los demás?

2. ¿Describiría su actitud como positiva o negativa en general? (No se excuse diciendo que es una persona realista. ¿Hacia qué lado se inclina casi siempre?) ¿Ve su actitud como una ventaja o como una desventaja? ¿Qué podría hacer para mejorar su actitud?

3. Piense en su niñez. ¿Qué experiencias le dejaron marcado como individuo? ¿Le inspiraron para confiar o desconfiar de la gente? ¿Cómo ha matizado esa actitud sus relaciones como adulto? Si ha afectado negativamente sus relaciones, ¿qué experiencias positivas puede procurar para crear una historia nueva más positiva?

4. ¿Está de acuerdo con la afirmación de que la diferencia entre la persona que usted es hoy y quién será en cinco años radica en las personas con quienes pase tiempo y los libros que lea? ¿Qué otros factores cree que sean igualmente (o más) importantes?

5. Piense en las cualidades personales que le gustaría cultivar. Enumérelas. Ahora cree un plan de crecimiento para desarrollar esas cualidades específicas. Primero, programe tiempo de su agenda y calendario para pasarlo con personas que poseen las cualidades que usted desea tener. Segundo, lea un libro selecto cada mes que le ayude a crecer en esas áreas.

EL PRINCIPIO DEL ESPEJO

LA PRIMERA PERSONA QUE DEBEMOS EXAMINAR: NOSOTROS MISMOS

Lidiar con gente complicada siempre es un problema,
especialmente si la persona complicada es uno mismo.

LA PREGUNTA QUE DEBO RESPONDER:
¿ME HE EXAMINADO A MÍ MISMO(A) Y HE ASUMIDO
LA RESPONSABILIDAD POR QUIÉN SOY?

¿**H**a conocido a alguien que sea el peor enemigo de sí mismo, que siempre se las arregló para sabotearse cuando el éxito estaba a su alcance, o que no haya podido mantener un empleo?

Algunas de estas personas poseen gran potencial pero siempre se frustran a sí mismas. Claro, esto no significa que todos los que tienen ese problema no salgan adelante en la vida. A veces logran hacer grandes cosas, pero como son su peor enemigo poco a poco van consumiéndose a sí mismos y sus relaciones con otros. Creo que Pete Rose es una de esas personas.

UNA ROSA EN TODOS LOS DEMÁS SENTIDOS

A la hora de jugar béisbol, muy pocos podrían compararse con Pete Rose. Estas son algunas de sus marcas personales en las grandes ligas:

- Mayor número de batazos (4.256)

- Mayor número de partidos jugados (3.562)

- Más turnos al bate que ningún otro (14.053)

- Mayor número de bases cubiertas (5.752)

- Más temporadas con 200 o más batazos (10)

- Más temporadas con 600 o más turnos al bate (17)

- Récord de la Liga Nacional por más carreras corridas (2.165)

- Récord de la Liga Nacional por mayor número de años en el juego (24)[1]

Rose fue jardinero de Guante Dorado por dos temporadas y también recibió numerosos galardones: fue nombrado Novato del Año de la Liga Nacional (1963), así como Jugador Más Valioso de la Liga Nacional (1973) y Jugador Más Valioso de la Serie Mundial (1975).[2]

Al mismo tiempo que Pete Rose triunfaba en los parques de pelota, fracasaba en otras áreas de su vida, y el problema específico que ocasionó más caos en su vida personal y que acabaría con su carrera deportiva fueron las apuestas.

Desde el gran escándalo de las apuestas durante la Serie Mundial a comienzos del siglo veinte, el béisbol de las grandes ligas se ha esforzado en mantener las apuestas fuera de ese deporte. En todos los clubes de los parques de grandes ligas en los Estados Unidos, está fijada la Regla #21(d) en un lugar visible para que la lean todos los jugadores y entrenadores. La regla dice:

> «Cualquier jugador, entrenador, árbitro, miembro de club, oficial o empleado de la liga que apueste cualquier suma de dinero en cualquier partido de béisbol en el cual el apostador no tenga ninguna conexión ni tarea que ejercer, será expulsado durante un año.
>
> Cualquier jugador, entrenador, árbitro, miembro de club, oficial o empleado de la liga que apueste cualquier suma de dinero en un partido de béisbol en el cual el apostador tenga alguna conexión o tarea que ejercer, será expulsado de forma permanente».[3]

Pete Rose debió haber caminado frente a ese aviso público por lo menos 3.562 veces como jugador, porque esa es la cantidad de partidos en los que jugó. Además lo vio por lo menos 554 veces más como manejador de equipo.[4] No obstante, hacía apuestas de béisbol, y en enero de 2004, después de haberlo negado durante catorce años, Rose admitió finalmente que hacía apuestas de béisbol, incluso sobre su propio equipo, los Rojos de Cincinnati.

PUNTO CIEGO

Cuando Pete Rose empezó a hacer apuestas de béisbol en 1987, dijo que «ni siquiera había considerado las consecuencias».[5] Quizás fue sencillamente el siguiente paso lógico en su progreso como apostador compulsivo, un título que Rose rechaza con vehemencia.[6] No obstante, ¿cómo puede llamarse a una persona que apuesta durante todo el año en diversas actividades deportivas, y que parece incapaz de dejar las apuestas exorbitantes aunque podrían costarle su subsistencia? El corredor de apuestas Ron Peters testificó que recibió más de un millón de dólares en apuestas de Rose, solo en béisbol y ¡en una sola temporada![7]

¿Cómo es posible que Rose no se diera cuenta de lo que le sucedía? ¿Por qué no se abstuvo de hacer tantas apuestas? ¿Cómo pudo mentir una y otra vez sobre lo que había hecho durante más de una década? ¿Cómo podía decir que su único problema real eran los amigos que escogía? ¿Cómo podía seguir diciendo que no tenía un problema serio? Creo que la respuesta es que estaba tan enfocado en el béisbol que nunca se miró en el espejo para examinarse a sí mismo.

MÍRESE CON CUIDADO

Rose se dio cuenta de que era diferente a otros jugadores, pero raras veces se detuvo a reflexionar en si esto era algo positivo o negativo. Esto es lo que dijo: «Joe Morgan —antiguo compañero de equipo de Rose que ahora está en el Salón de la Fama— solía decir que me tenía lástima porque cuando se acabara el béisbol, no me quedaría nada en la vida para ocupar mi tiempo. Nunca entendí la forma de pensar de Joe. Siempre pensé que de alguna manera el estaba menos comprometido que yo, que no amaba el juego tanto como yo. ¿Quién, con pleno uso de razón, podría poner cualquier cosa en su vida antes que el béisbol?»[8]

Mientras Rose jugó béisbol, su negativa a examinarse a sí mismo no lastimó su carrera, aunque sí dañó sus relaciones personales. La vida se le complicó tan pronto acabaron sus días de jugador, como Rose declara:

«Tal vez debí haber sacado tiempo para reflexionar sobre mi vida, dónde había estado y hacia dónde me dirigía. Si hubiera leído libros, me habría enterado de cómo otros famosos manejaron su retiro, tal vez habría llamado a Dick Butkus para preguntarle cómo se sintió al retirarse de la liga de fútbol americano después de haber jugado como un dios. Habría llamado a Terry Bradshaw... Pero no averigüé cómo lidiaron ellos con el retiro porque nunca hablé con ellos. Nunca hablaba con nadie. No era mi estilo».[9]

En uno de sus raros momentos de reflexión y autoevaluación sincera, Rose resume la forma en que se había conducido: «Estaba consciente de mis marcas y de mi lugar en la historia del béisbol, pero nunca estuve consciente de los límites ni fui capaz de controlar esa parte de mi vida. Y admitir que estaba fuera de control ha sido algo casi imposible para mí. Estaba al tanto de mis privilegios, mas no de mis responsabilidades».[10] En mi opinión, Rose todavía está luchando por definir cuáles son sus responsabilidades. Esto es algo muy difícil de hacer cuando a usted no le gusta mirarse en el espejo.

LA PRUEBA DEL ESPEJO

Las personas que no están conscientes de quiénes son y de lo que hacen, con frecuencia dañan sus relaciones con los demás. La forma de cambiar esto es mirarse en el espejo. Es algo que todos debemos hacer. Es lo que llamo pasar la prueba del espejo. Considere estas verdades que debemos aprender acerca de nosotros mismos:

Yo soy la primera persona a quien debo conocer: Conciencia de uno mismo

La naturaleza humana parece dotar a las personas con la habilidad de medir a todo el mundo excepto a ellos mismos. Pete Rose no tiene una imagen clara de sí mismo y tiende a considerarse como una

> La naturaleza humana parece dotar a las personas con la habilidad de medir a todo el mundo excepto a ellos mismos.

víctima de las circunstancias. Rose se ha descrito a sí mismo como un chico que creció en el lado equivocado del ferrocarril y que salió adelante en la vida gracias a un talento atlético nada espectacular. Además, cree que el castigo que recibió (quedar expulsado del béisbol por hacer apuestas), no se ajusta al delito que cometió.[11]

Algunas personas están dotadas con una capacidad natural de tener conciencia de sí mismas. Thomas Armstrong, autor de *7 Kinds of Smart* [7 Tipos de Inteligencia], señala que estas personas poseen inteligencia personal interior. Alcanzar esa clase de conciencia de uno mismo no es fácil para la mayoría de las personas pues es un proceso que a veces puede ser lento y requiere de un esfuerzo intencional.

Yo soy la primera persona con quien debo relacionarme bien: Imagen de uno mismo

El escritor Sydney J. Harris observó: «Si usted no se siente cómodo consigo mismo, no puede sentirse bien en relación con los demás». Quisiera llevarlo un paso más adelante, si usted no cree en usted mismo, siempre saboteará sus relaciones.

Durante años he enseñado un concepto que llamo la Ley del Tope, que se encuentra en *Las 21 leyes irrefutables del liderazgo*. Dice así: «La capacidad de liderazgo determina el nivel de eficacia de una persona». Esto es lo que quiero decir: No importa cuán duro trabaje, usted no podrá llegar muy lejos en su profesión si es un líder deficiente. Cualquier empresa, departamento o equipo siempre será rezagado por un líder débil.[12]

En el asunto de las relaciones, la imagen personal funciona de manera similar. Es el tope de las relaciones. La imagen que usted tenga de sí mismo restringe su capacidad para desarrollar relaciones saludables. Una imagen propia negativa impedirá que una persona talentosa alcance el éxito, y aunque una persona con una imagen deficiente de sí misma logre algún éxito, este no durará pues tarde o temprano la persona se bajará al nivel de sus propias expectativas. En cierto sentido, es una especie de tributo a la confianza de Pete Rose en sí mismo que su falta de autoconsciencia no le haya afectado mucho antes.

El popular psicólogo y autor con éxito de ventas en el *New York Times* Phil McGraw, afirma: «Siempre digo que la relación más importante que usted jamás tendrá es con usted mismo. Tiene que ser primero su propio mejor amigo».[13] ¿Cómo puede uno ser el «mejor amigo» de alguien a quien no conoce o que no le gusta? Es imposible. Por eso es tan importante descubrir quién es usted y esforzarse en llegar a ser alguien a quien usted respeta y encuentra agradable.

> «Siempre digo que la relación más importante que usted jamás tendrá es con usted mismo. Tiene que ser primero su propio mejor amigo».
>
> PHIL MCGRAW

Yo soy la primera persona que me ocasionará problemas: Sinceridad con uno mismo

El comediante Jack Parr dijo: «Al mirar atrás, mi vida parece como una larga carrera de obstáculos, y todo parece indicar que yo fui el mayor obstáculo». Fue un chiste, pero lo que él dijo es cierto para la mayoría de nosotros. Pete Rose no está solo en su capacidad para ocasionarse problemas a sí mismo. Yo estoy en la misma situación, y usted no puede negar que también es un problema en su vida. Si pudiéramos patear a la persona responsable por la mayoría de nuestras dificultades, no podríamos sentarnos varias semanas a causa del dolor. No obstante, podemos salvarnos si estamos dispuestos a mirarnos en el espejo y ser sinceros con respecto a nuestras deficiencias, fallas y problemas.

Unos cuantos años después de graduarme de la universidad, almorcé con un amigo que había sido compañero de estudios. Al igual que yo, estaba en su primer trabajo como pastor de una iglesia pequeña. Mientras comíamos, empezó a hablarme sobre la gente de su congregación. Dijo que tenía un problema con un latoso en la junta de oficiales de su iglesia, con otro latoso en las reuniones de comités y con otro latoso al que estaba aconsejando. Después del quinto latoso que mencionó, comencé a molestarme. Pensé, *¿cómo puedes dirigir a las personas cuando no te gustan ni las respetas?*

–Fred, ¿quieres saber por qué hay tantos latosos en tu iglesia? –le pregunté.

Él dejó de comer y dijo con gran interés:

—Sí, de verdad me gustaría saberlo.

–Es porque tú eres el latoso más grande de todos.

Se quedó estupefacto.

Quizás no haya sido mi momento más espectacular en las relaciones personales pues Fred no se mostró muy interesado después que le dije esto. Sin embargo, para un observador imparcial era obvio que Fred era el problema. No mucho tiempo después de esto, él dejó su iglesia y se pasó a otra, y no pasó mucho tiempo antes de que pensara que su nueva iglesia también estaba llena de latosos.

Ralph Stayer, gerente general y propietario de la compañía de alimentos Johnsonville Foods, reconoce lo siguiente: «[Este es el conocimiento] que adquirí desde el comienzo y al que recurro con frecuencia: En la mayoría de las situaciones, el problema soy yo. Mis pensamientos, mis imágenes mentales, mis expectativas, etc., constituyen los obstáculos más grandes para mi éxito». Quiero que usted se libre de convertirse en su peor enemigo, por eso debe mirarse en el espejo de una forma realista.

Yo soy la primera persona a quien debo cambiar: Superación personal

El peligro de dictar conferencias o escribir libros como este es que la gente empieza a suponer que uno es un experto que domina todo lo que enseña. No lo crea. Al igual que usted, yo todavía estoy trabajando en mis destrezas relacionales y de liderazgo. Hay principios en este libro que no aplico bien, por eso me esfuerzo en superarme en ellos. Y esto siempre será cierto en mi vida. Si en algún momento llego a creer que he terminado de crecer y mejorar, estaré en graves problemas.

En las criptas de la abadía de Westminster, se encontraron las siguientes palabras escritas en la tumba de un obispo anglicano que vivió en el siglo XI: «Cuando era joven y libre, mi imaginación no tenía límites y soñaba con cambiar el mundo. Al volverme más viejo y sabio, descubrí que el mundo no cambiaría, así que cambié mi visión y decidí que solo cambiaría mi país, pero después de un tiempo esto también pareció imposible. Al llegar a mis últimos años, en un último intento desesperado, me contenté con cambiar nada más que mi familia, los más allegados a mí, pero he aquí que ninguno quiso acceder. Ahora en mi lecho de muerte me he dado cuenta de lo siguiente: Si tan solo me hubiera cambiado primero a mí mismo, entonces con mi ejemplo habría cambiado a mi familia, a partir de cuya inspiración y ánimo, habría sido capaz de mejorar a mi país, y quién sabe, hasta habría podido cambiar mi mundo».

La gente que experimenta dificultades en sus relaciones muchas veces es tentada a mirar a todos menos a sí misma para explicar el problema. No obstante, siempre debemos empezar haciendo un examen objetivo de nosotros mismos y debemos estar dispuestos a cambiar todas las deficiencias que tengamos. El crítico Samuel Johnson aconsejó que «aquel que tiene tan poco conocimiento de la naturaleza humana como para buscar la felicidad por medio de cambiar cualquier cosa que no sea su propia disposición, desperdiciará su vida en esfuerzos infructuosos y multiplicará las aflicciones que tanto desea evitar».

Yo soy el primero que puede hacer una diferencia: Responsabilidad personal

En mi libro *Las 17 leyes incuestionables del trabajo en equipo*, escribí acerca de la Ley de lo Trascendental: «Uno es demasiado pequeño como para pretender hacer grandes cosas». De verdad creo que ningún logro significativo puede hacerse realidad por medio del esfuerzo individual. Sin embargo, también creo que todo logro significativo empieza con la visión de un individuo. Esa persona no solo posee la visión, sino que también asume la responsabilidad de transmitirla a otros. Si usted quiere hacer una diferencia en este mundo, debe tomar responsabilidad por sí mismo.

Hace unos años cuando viajé a Nueva Zelanda para ofrecer una conferencia, me quedé en un hotel en la capital, Christchurch. Cierta noche sentí sed y empecé a buscar la máquina dispensadora de refrescos. Como no encontré ninguna, me fijé en una puerta que decía «Personal» y supuse que podía entrar para ver si alguien podía ayudarme. No encontré allí a ningún trabajador del hotel ni una máquina de bebidas, pero sí observé algo interesante. Al acercarme a la puerta para salir otra vez al corredor, vi que la puerta tenía un espejo de pies a cabeza con las siguientes palabras: «Examínese con cuidado, esto es lo que ven los clientes y huéspedes del hotel». La gerencia del hotel quería recordar a los empleados que para cumplir bien sus funciones, tenían que darse un buen vistazo a sí mismos.

Esto también es cierto en nuestra vida. El psicoterapeuta Sheldon Kopp cree que «todas las batallas importantes se libran y se ganan dentro de nosotros mismos». Al examinarnos a nosotros mismos, descubrimos cuáles son esas batallas, y en ese momento nos enfrentamos a dos alternativas. La primera es ser como el hombre que visitó a su doctor y se enteró de que tenía graves problemas de salud. Cuando el doctor le mostró sus rayos X y sugirió una cirugía costosa y dolorosa, el hombre preguntó: «Muy bien, pero ¿cuánto me cobraría solo por retocar los rayos X?» La segunda alternativa es dejar de culpar a los demás, fijarnos en nosotros mismos y trabajar duro para resolver los asuntos que nos causan problemas. Si quiere tener mejores relaciones con los demás, entonces deténgase, mírese en el espejo, y empiece a trabajar para mejorar lo que ve.

PREGUNTAS DE DISCUSIÓN SOBRE EL PRINCIPIO DEL ESPEJO

1. Si preguntara a familiares, amigos y colegas cuáles de sus costumbres y hábitos le hacen más daño que bien, ¿qué dirían ellos? (Si tiene el valor suficiente, pregúnteles de verdad.) ¿Cómo afectan esos factores sus relaciones?

2. ¿Qué papel juega la reflexión personal en el principio del espejo? ¿Cuán dispuestas están las personas en nuestra cultura a apartar tiempo para el examen personal? Explique su respuesta. ¿Cuándo, dónde, durante cuánto tiempo y con cuánta frecuencia examina usted su carácter, revisa sus hábitos y somete a crítica sus prácticas? ¿Cómo puede mejorar en esta área?

3. ¿Cómo se describiría a usted mismo(a)? Haga una lista de sus puntos fuertes y débiles. En general, ¿ha experimentado más victorias o derrotas en la vida? ¿Qué espera que le depare el futuro? ¿Cómo ha sido matizada su perspectiva por su pasado?

4. Una de las críticas al movimiento actual para promover la «autoestima» o valía propia es que alienta a las personas a tener una alta opinión de sí mismas sin importar su carácter o desempeño. ¿Por qué es importante asegurarse de que nuestra imagen personal está fundamentada en la verdad? ¿Cómo puede uno protegerse contra el orgullo falso y al mismo tiempo tener confianza en sí mismo?

5. ¿En qué área necesita usted experimentar más crecimiento? ¿Ha asumido la responsabilidad por ello? ¿Cuál es su plan para mejorar en esta área? ¿Le ha dedicado recursos? ¿Lo ha incluido en su calendario? Si no es así, ¿por qué no lo ha hecho? ¿Cómo puede mejorar en esta área?

EL PRINCIPIO DEL DOLOR

LAS PERSONAS HERIDAS, HIEREN A LOS DEMÁS, Y SON LASTIMADAS CON FACILIDAD

*«Sé tú mismo» ¡es el peor consejo que se les puede
dar a algunas personas!*

LA PREGUNTA QUE DEBO RESPONDER:
¿HIERO A LAS PERSONAS O ELLAS ME HIEREN
A MÍ CON DEMASIADA FACILIDAD?

T emprano en mi ministerio, acepté una invitación para dirigir una iglesia. Fue una oportunidad maravillosa, además en una ciudad muy bonita. Fue un tiempo emocionante para Margaret y para mí.

MI NUEVO AMIGO DE CARTAS

Había estado en la iglesia tan solo diez días cuando recibí por correo una carta de Tom, un miembro de la congregación. La abrí, empecé a leer, y descubrí de inmediato que era una trascripción mecanografiada del sermón que había dado mi primer domingo. Quedé asombrado y me sentí halagado de que alguien se tomara el tiempo para recoger todas las palabras que dije. Después me fijé en otros detalles. Las páginas estaban cubiertas de comentarios. Tom había marcado con tinta roja cada error gramatical, había corregido cada palabra mal pronunciada y había señalado cada cosa que él consideró como imprecisión en los datos presentados.

Me pareció un poco extraño, pero no me preocupé demasiado por ello. Sé que no soy perfecto y soy consciente de que a veces cometo errores al hablar. No obstante, tengo una imagen saludable de mí mismo y no dejé que me afectara. A la semana siguiente, llegó otro sobre enviado por Tom. Una vez más, tenía el mensaje que yo había predicado el domingo anterior y una vez más, cada error por minúsculo que fuese, marcado en tinta roja. En ese momento decidí que convenía conocer mejor a Tom y averiguar qué era lo que tanto le molestaba.

El siguiente domingo después de predicar el sermón, le pedí a alguien que me señalara a Tom en la congregación. Me acerqué a él, extendí mi mano y dije: «Hola, soy John Maxwell». Al principio Tom solo se quedó mirándome hasta que por fin dijo: «Hola, *pastor*». Me di cuenta al instante de que no iba a darme la mano. Se dio la vuelta y salió de la iglesia.

Efectivamente, unos cuantos días después, ¿adivine que recibí en el correo? Otra misiva de Tom. Empecé a llamarlas sus «cartas de amor». Recibí una cada semana con sus críticas detalladas. ¿Le gustaría saber cuánto tiempo recibí las cartas de amor de Tom? ¡Siete años! Durante ese tiempo, nunca me dio la mano por iniciativa propia. Traté de conectarme con Tom, pero él no quería tener nada que ver conmigo. Fue en un solo tema que logré interesarlo para sostener una conversación. Mis hijos eran adoptados, al igual que los de él, y de ellos sí me hablaba, pero no era nada cálido conmigo.

¿Qué hay debajo de la superficie?

Entonces un día salí a almorzar con un pastor veterano y le conté acerca de Tom, las misivas amorosas que recibía cada semana y mi incapacidad para ganármelo. Mi amigo pastor me miró y dijo: «Tú sabes John, que la gente herida, hiere a los demás». Esa frase tuvo mucho sentido para mí. «Siempre que alguien dice o hace algo hiriente», continuó, «tienes que ir más abajo de la superficie».

Después de eso vi a Tom de una nueva manera. Me propuse investigar cuál sería la causa de su dolor y para ello traté de conectarme otra vez con él. Por fin un día cuando estaba tratando de hacerle hablar conmigo, él dijo una frase que me dio pistas claras del problema. Dijo: «Nunca se puede confiar en un pastor». Más tarde me enteré de que Tom había servido antes como miembro de la junta de una iglesia y había sido maltratado por el pastor. Desde aquel entonces él decidió que los pastores eran gente mala en la que no se podía confiar.

Después de entender el problema, pude trabajar para ganarme la confianza de Tom. Esto requirió un gran esfuerzo de mi parte, pero cuando llegó el tiempo de salir de Lancaster y aceptar otra posición de liderazgo, Tom había superado su desconfianza en mí. Nos hicimos amigos, y él no solo estuvo dispuesto a darme la mano, sino que hasta me dio un fuerte abrazo de oso al despedirnos. Para aquel entonces, ya había dejado de enviarme sus famosas cartas de amor.

DOLOR SIN GANANCIA

Para entender de verdad el principio del dolor y usarlo para mejorar su trato con los demás, usted necesita tener presentes cuatro verdades:

1. Hay muchas personas heridas

No hace falta un psiquiatra para confirmar que hoy día hay muchas personas heridas. La columnista Ann Landers afirmó que uno de cada cuatro norteamericanos sufre algún desequilibrio emocional. También añadió que deberíamos considerar nuestras tres amistades más cercanas, y si nos parece que están bien, ¡eso significa que nosotros somos los del problema!

Por supuesto, el hecho de que tanta gente viva con heridas sin sanar no es un fenómeno nuevo.

En el siglo diecinueve, el filósofo Arthur Schopenhauer comparó la raza humana a una manada de puerco espines en una fría noche de invierno. Cuanto más fría es la noche, más nos acercamos para calentarnos, pero entre más nos acercamos, más daño nos hacemos unos a otros con las espinas. Así, en la noche solitaria del invierno terrestre, llega el momento en que empezamos a separarnos y a deambular por nuestra propia senda hasta que morimos congelados en nuestra soledad. Schopenhauer era bastante pesimista y a diferencia de él, creo que hay esperanza para todos. Sin embargo, también sé que no podemos ser ingenuos en cuanto a la situación de la gente. Una gran cantidad de individuos está alimentando heridas profundas.

2. Esas personas heridas con frecuencia hieren a otros

El poeta alemán Herman Hesse escribió: «Si detestas a una persona, detestas algo en él o ella que es parte de ti mismo. Lo que no es parte de nosotros no nos molesta». Estoy de acuerdo con su punto de vista. Cuando una persona herida explota es en respuesta a lo que sucede en su interior más que a lo que sucede a su alrededor. Es porque siente o cree que hay algo negativo dentro de ella. El problema es que la gente que no cree en sí misma nunca triunfará, y también impedirá el éxito de quienes le rodean.

A comienzos de mi carrera pastoral, hice muchas sesiones de consejería, algo que después delegué a otros miembros del equipo porque no tenía el temperamento adecuado para hacerlo. Sin embargo, en el transcurso de los años he aconsejado a suficientes parejas heridas como para observar que su interacción casi siempre sigue el mismo patrón. Uno de los dos cónyuges «vomitaba» emocionalmente, y luego el otro lo limpiaba. Lo vi pasar una y otra vez, y siempre el individuo más herido era el que hacía más daño a la otra persona.

3. Esas personas heridas con frecuencia son heridas por los demás

Las personas heridas no solo hacen daño a otros, sino que también son lastimados fácilmente por otros. Mi amigo Kevin Myers lo ilustra de esta manera. Si alguien tiene una astilla en el dedo y la deja allí, el dedo no solo duele sino que se inflama e infecta. Después, si otra persona tan solo lo roza al pasar, el individuo se retuerce de dolor y exclama: «¡Me lastimaste!» No obstante, la realidad es que el problema no es con la persona que se topó con el dedo inocentemente, es con la persona que tiene la astilla encarnada y que no se ha encargado de curar la herida.

El dolor emocional opera de forma similar. La gente herida reacciona de forma exagerada y sobreprotege, también intentan ejercer una influencia desmedida, y con esto quiero decir que controlan la relación. Ese era el problema de Tom. La vieja herida era su conflicto no resuelto con un pastor anterior. Tom nunca quitó la «astilla encarnada» para que su alma pudiera sanar, y como estaba herido en lo más profundo, fue quien impidió que nuestra relación se desarrollara durante siete años. Siempre funciona así: la persona menos saludable es la que retrasa las relaciones.

Al interactuar con otros, recuerde esto: Siempre que la reacción de una persona es mayor que el asunto en cuestión, la reacción casi siempre tiene que ver con otro asunto.

4. Las personas heridas casi siempre se hieren a sí mismas

En una vieja rutina cómica, sale un sabelotodo al que le encanta sermonear a su amigo en la estación donde esperan cada mañana para tomar el tren. En cada oportunidad el sabelotodo habla mientras golpea el pecho de su amigo con el dedo. Por supuesto, esto no le cae muy bien al otro hombre, así que un día decide ponerle punto final. El día siguiente de camino a la estación, se encuentra con un tercer amigo y dice:

—Ya me harté de que ese sabelotodo me sermonee todo el tiempo y me taladre el pecho con el dedo. Hoy voy a tomarlo por sorpresa.

—¿Cómo vas a hacer? —pregunta el amigo.

El primer hombre abre su abrigo para revelar tres tacos de dinamita que tiene atados al pecho. —Hoy cuando me empiece a agujerear —dice con una sonrisa— ¡se le va a caer la mano con el estallido!

> «El que no puede perdonar a otros derriba el puente que él mismo debe cruzar».
>
> GEORGE HERBERT

La gente herida es igual. Le hacen daño a otros, pero las personas que hieren con más frecuencia y más profundo son ellos mismos. El poeta George Herbert declaró: «El que no puede perdonar a otros derriba el puente que él mismo debe cruzar».

CÓMO TRATAR A PERSONAS HERIDAS

El autor Glenn Clark aconseja: «Si quieres viajar lejos y rápido, viaja ligero. Despójate de todos tus celos, envidias, falta de perdón, egoísmo y lágrimas». La gente que no ha superado su dolor tiene dificultad para hacer esto, y en consecuencia actúan y reaccionan de forma diferente a la gente normal.

Las personas sanas están...	*Las personas heridas están...*
Más dispuestas a cambiar	Menos dispuestas a cambiar
Más dispuestas a admitir sus fallas	Menos dispuestas a admitir sus fallas
Más dispuestas a discutir los problemas	Menos dispuestas a discutir los problemas
Más dispuestas a aprender de otros	Menos dispuestas a aprender de otros
Más dispuestas a hacer algo para resolver el problema	Menos dispuestas a hacer algo para resolver el problema
Dispuestas a viajar con poco equipaje	Cargando demasiado equipaje

Si usted tiene que tratar con una persona herida, algo que todos tenemos que hacer en algún momento, le aconsejo hacer lo siguiente:

No lo tome como algo personal

La gente herida encontrará una ofensa donde no haya ninguna. Si usted sabe que no ha hecho nada malo, recuerde que no importa qué digan otros sobre usted, sino lo que usted crea sobre usted mismo. Puede disculparse por el dolor que sientan y tener compasión por su estado, pero no debe tomarlo como algo personal. Eso puede ser difícil, incluso para una persona con una imagen saludable de sí misma, pero vale la pena el esfuerzo.

Busque el problema más allá de la persona

Tal como hice con Tom, usted haría bien en tratar de ver más allá de la persona y sus acciones hirientes para ver cuál es la causa real del dolor. Así no pueda descubrir la fuente del problema, este plan le ayudará a abordar a la persona con mayor compasión.

Mire más allá de la situación

¿Alguna vez sintió temor de hacer una llamada telefónica para dar una mala noticia, no tanto por la noticia misma, sino porque temía la reacción de la persona al otro lado de la línea? Apenas la semana pasada, mi esposa y yo tuvimos que hacer una de esas llamadas. Habíamos planificado el fin de semana, pero las cosas cambiaron al último minuto. Tuvimos que llamar a un amigo que sería afectado negativamente por el cambio imprevisto. Detestamos tener que hacer la llamada, no porque la noticia fuera tan mala, sino porque la persona no era muy fuerte en sus emociones y sabíamos que reaccionaría mal. En esos casos, trate de no enfocarse en la situación. Solo recuerde que no importa qué le sucede *a* usted sino qué sucede *en* usted. Trate de elevarse por encima de la turbulencia emocional que la otra persona pueda generar.

No añada a su dolor

La inclinación natural de muchas personas es contrarrestar el fuego con fuego y el dolor con dolor. Sin embargo, desquitarse de una persona herida es como patear a un hombre caído. El estadista Sir Francis Bacon dijo: «Esto es cierto, que un hombre consumido por la venganza mantiene sus heridas frescas, las cuales de no ser así sanarían y a él le iría bien». Si alguien estalla con rabia contra usted, lo mejor es perdonarle y seguir adelante.

Ayúdeles a encontrar ayuda

El gesto más amable que usted puede brindar a las personas heridas es tratar de conseguirles ayuda. Algunas personas no quieren lidiar con sus problemas, y usted ciertamente no debe procurar que reciban ayuda a la fuerza, pero siempre puede optar por extenderles una mano. El proceso de sanidad puede tomar mucho tiempo, como sucedió con Tom, pero se sabe de gente muy amargada que ha podido superarse.

¿Qué hacer si usted es la persona herida?

Al principio de este capítulo se formuló esta pregunta: *¿Hiero a las personas o ellas me hieren a mí con demasiada facilidad?* Si su respuesta fue afirmativa, entonces necesita responder una segunda pregunta: *¿Estoy preparado para trabajar en mis problemas y superar mi dolor?* Esta es la clave: la mayoría de la gente quiere una cura instantánea, algo que les proporcione alivio momentáneo. Por eso es que algunos optan por estallar con improperios, ya que hacerlo les hace sentirse mejor temporalmente. Otros usan el alcohol, la comida, el sexo o cualquier otra cosa para mitigar el dolor, pero como dice mi amigo Kevin Myers: «Si usted quiere mejorar, necesita más que un remedio instantáneo. Usted necesita ponerse en forma». La gente que procura estar en buena forma en sus emociones no busca un alivio momentáneo, buscan lo correcto. ¿Cómo puede estar seguro de qué clase de persona es usted? La gente que busca remedio instantáneo deja de trabajar en resolver el problema tan pronto siente alivio del dolor o la presión. La gente que procura arreglar su problema de verdad continúa haciendo lo correcto y mejorando aunque la incomodidad se desvanezca.

> Si usted quiere mejorar, necesita más que un remedio instantáneo. Usted necesita ponerse en forma.
>
> Kevin Myers

Para analizar sus heridas del pasado y evaluar sus problemas emocionales se requiere a veces la ayuda de un consejero profesional, y es posible que el proceso le parezca insoportable, pero bien vale la pena. Hace poco leí una historia que presenta una buena analogía de lo que esto implica. En marzo de 1995, la Compañía de Limpieza de Tuberías de Watertown, Connecticut, realizaba trabajos bajo las calles de Revere, Massachussets, para limpiar un conducto de alcantarillado de diez pulgadas. Los trabajadores encontraron muchos de los artículos usuales que tapan ese tipo de cañerías. Sin embargo, también descubrieron muchas otras cosas: sesenta y un anillos, monedas de colección y artefactos de plata. La mala noticia es que los trabajadores tuvieron que hacer un trabajo muy desagradable, la buena noticia es que les permitieron conservar los artículos valiosos que descubrieron en el proceso.

Si su capacidad de interacción personal también está «tapada», usted tal vez tenga que hacer excavaciones nada placenteras para corregir la situación, y es posible que le toque lidiar con cosas muy feas. Sin embargo, la recompensa es que podrá descubrir algunos tesoros que ni siquiera sabía que existían, y al final de su duro trabajo, puede desarrollar una capacidad para desarrollar relaciones sanas.

PREGUNTAS DE DISCUSIÓN SOBRE EL PRINCIPIO DEL DOLOR

1. ¿Cuál es su reacción a la analogía de los puerco espines de Schopenhauer? ¿Cree que es una representación precisa de nuestra manera de reaccionar los unos con los otros? ¿Tiene una descripción o analogía más apropiada?

2. ¿Está de acuerdo con la afirmación de que estamos más dispuestos a reaccionar negativamente a algo que vemos en otra persona que tampoco nos gusta de nosotros mismos? Explíquese.

3. ¿Le resulta difícil separar a la persona o la situación del dolor que ocasiona? Explique. ¿Qué estrategias eficaces puede usar uno para lograr esa separación?

4. En general, ¿usted se inclina más a ser una persona que lastima a otros de forma no intencional o alguien que es lastimado por otros que tienen heridas más profundas que las suyas? Explíquese.

5. ¿Cómo puede tener compasión hacia la gente herida sin alentarles a revolcarse en su dolor o a vaciarlo sobre usted? ¿Dónde puede conseguir ayuda una persona herida? Explique formas eficaces pero sensibles en que usted podría asistir a una persona herida para recibir ayuda.

EL PRINCIPIO
DEL MARTILLO

NUNCA USE UN MARTILLO PARA MATAR LA MOSCA PARADA EN LA CABEZA DEL OTRO

Si quiere ganar al mundo, derrítalo, no lo martille.

—ALEXANDER MACLAREN

LA PREGUNTA QUE DEBO RESPONDER:
¿DIRÍAN OTROS QUE REACCIONO
EXAGERADAMENTE A LOS DETALLES
MINÚSCULOS EN UNA RELACIÓN?

Mi esposa Margaret y yo nos casamos en junio de 1969, y como la mayoría de las parejas, creíamos con gran ingenuidad que todo iría de maravilla de allí en adelante. Por supuesto, no pasó mucho tiempo antes de que nos viéramos enfrascados en los desacuerdos leves que todas las parejas experimentan, en especial cuando apenas empiezan a ajustarse a la vida matrimonial.

Como la mayoría de la gente, yo pensaba que tenía la razón casi todo el tiempo, y se lo hacía saber a Margaret. Siempre he sido bueno para hablar, y como puedo ser muy persuasivo, utilicé mis habilidades para ganar las discusiones. Nunca alzamos la voz ni nos gritamos el uno al otro, pero siempre me aseguraba de salir ganando. El problema era que con mi metodología, Margaret siempre salía perdiendo.

Hicimos muchas cosas durante esos dos primeros años de matrimonio, pero esa situación se mantuvo siempre igual. Sin darme cuenta, le estaba ocasionando daños emocionales a Margaret. Si estábamos en desacuerdo, yo tenía una reacción exagerada y sin proponérmelo, ponía otro ladrillo en el muro que se estaba levantando entre los dos. No me di cuenta de que ganar a cualquier costo pondría en peligro nuestro matrimonio. Un día Margaret hizo que me sentara, me contó cómo se sentía cada vez que discutíamos, y explicó lo que eso le estaba haciendo a nuestra relación. Fue la primera vez que entendí que había puesto mi prioridad de ganar las discusiones por encima de ganarme la relación con mi esposa.

A partir de ese momento decidí cambiar. Tras entender que tener la actitud correcta era más importante que tener las respuestas correctas, suavicé mi método, empecé a escuchar más y dejé de convertir los detalles en problemas grandes. Con el paso del tiempo, el muro que se había empezado a levantar se vino abajo, y empezamos a construir puentes. Desde aquella época, he hecho un esfuerzo consciente de iniciar la conexión siempre que entro en conflicto con alguien.

Si tuviera un martillo...

Admitámoslo. Debido a sus personalidades, algunas personas están más inclinadas a usar un martillo, aun cuando otra herramienta más tersa pueda hacer el trabajo bien. Son como Calvin en la tira cómica.

Calvin and Hobbes © 1992 Watterson. Impreso con permiso de UNIVERSAL PRESS SYNDICATE. Derechos reservados.

Debo admitir que a veces me parezco a Calvin más de lo que quisiera. Cada vez que me siento tentado a llover sobre mojado, trato de aplacar mi conducta con el uso de las cuatro T. Quizá usted quiera usarlas cuando se encuentre en una situación similar.

1. Toda la información

Un hombre en sus cincuenta entró a un restaurante y se encaminó al bar de inmediato.

–¿Tiene algo para curar el hipo? –preguntó al barman. Sin decir palabra, el barman se agachó debajo de la barra, sacó un trapo húmedo y lo usó para abofetear al cliente.

–¡Oiga! ¿Qué le pasa? –dijo el hombre atónito.

El barman sonrió y dijo:

–Ya se le quitó el hipo, ¿no es cierto?

–Yo no tenía hipo –contestó el hombre– quería algo para curar el hipo de mi esposa que está esperándome afuera en el auto.

¿Salta usted a conclusiones mucho antes de que terminen de presentarle un problema dado? Esto nos sucede con frecuencia a los que tenemos personalidad fuerte. Por eso es que me he adiestrado a mí mismo para seguir un proceso que me impida martillar con respuestas a la gente antes que terminen de formular sus preguntas. Cuando alguien comparte su punto de vista conmigo, yo trato de...

Escuchar,
Hacer preguntas,
Volver a escuchar,
Hacer más preguntas,
Escuchar un poco más,
Y por último,
Responder.

He descubierto que si me detengo lo suficiente, tengo mayor probabilidad de dar respuestas pacientes y apropiadas.

2. Tiempo oportuno

Hace poco leí una cita atribuida al escritor Dan Zadra que decía: «Lo que cuenta es qué haces, no cuándo lo hagas». Esto no siempre es verdad. Si el general no ordena el ataque en el momento preciso, la batalla se pierde. Si el padre no se apresura a llevar a su hijo accidentado al hospital, puede costarle la vida. Si usted no se disculpa con alguien tras haberle ofendido, se arriesga a perder la relación.

Actuar en determinado momento es tan importante como emprender la acción correcta. Incluso es importante discernir cuándo no se debe actuar. La famosa anfitriona y escritora, Lady Dorothy Nevill hizo la siguiente observación: «El arte verdadero de la conversación no consiste solo en decir lo correcto en el lugar correcto, sino también en dejar sin decir lo incorrecto en el momento en que nos sentimos tentados a decirlo».

Actualmente Kevin McHale es el manejador general del equipo de baloncesto los Timberwolves de Minnesota. Antes de esto, fue un jugador sobresaliente de los Celtics de Boston durante sus años como campeones. Esto fue lo que dijo acerca de su entrenador en los Celtics, K. C. Jones: «Después de cada derrota, o siempre que alguien tenía un lanzamiento fallido al final del juego, él era el primero en acercarse, dar unas palmadas en la espalda y decir: "No te preocupes, la próxima vez vamos a ganarles". Sin embargo, nunca se acercaba a decirnos algo después de hacer una jugada excelente, así que le pregunté una noche por qué y él me dijo: "Kevin, después que haces la canasta que gana el partido, hay quince mil personas que te vitorean, las estaciones de televisión se pelean por ti y todos te felicitan a una. En ese momento no me necesitas, porque es cuando no le caes bien a nadie que necesitas un amigo de verdad"».

Me parece que la causa más común de la inoportunidad en las relaciones son los motivos egoístas. Si tiene hijos pequeños considere lo inoportunos que son, esto se debe a que por lo general solo piensan en ellos mismos. Por esa razón, cuando nos molestamos por detalles menores, nuestro objetivo número uno debe ser dejar a un lado nuestra agenda personal y construir la relación. Si ha examinado sus motivos y tiene certeza de que son buenos, necesita hacerse dos preguntas para determinar si sus acciones son oportunas. En primer lugar, *¿me he preparado bien para confrontar?* Esta es una respuesta muy fácil de responder porque es cuestión de saber si usted realmente ha cumplido su parte. La segunda es más difícil: *¿Está la otra persona preparada para oírme?* Si usted ha cimentado una buena base relacional y los interlocutores no están inmersos en «el ardor de la batalla», la respuesta puede ser afirmativa.

> «El arte verdadero de la conversación no consiste solo en decir lo correcto en el lugar correcto, sino también en dejar sin decir lo incorrecto en el momento en que nos sentimos tentados a decirlo».
>
> LADY DOROTHY NEVILL

3. Tono

Una mamá soltera con dos hijos de cinco y tres años de edad luchaba todo el tiempo para que ellos no dijeran malas palabras. Intentó por todos los medios que dejaran de decir groserías, y hasta los llevó a un psicólogo infantil. Tras varios meses de frustración, pensó: *Los dulces no funcionaron ni tampoco ignorar su conducta. Ahora dicen hasta más groserías. Voy a tratar a estos chiquitines como mi mamá trataba a mis hermanos cuando decían malas palabras.*

A la mañana siguiente el pequeño de cinco años se levantó y fue a la cocina. La mamá dijo:

—Hijito, ¿qué te gustaría de desayuno?

El niño levantó la mirada y dijo:

–Solo dame unos de esos [grosería] *Frosted Flakes* [Zucaritas].

Tan pronto terminó de hablar, le pegó con el matamoscas y el niño salió corriendo de la cocina. Su hermano de tres años que había observado la escena, quedó atónito, pues nunca había visto algo semejante. Entonces la mamá lo miró y le dijo:

–¿Y tú qué quieres de desayuno?

Él levantó la mirada y dijo:

–Cualquier cosa, menos uno de esos [grosería] *Frosted Flakes*.

A veces la gente responde a nuestras actitudes y acciones más que a nuestras palabras. Muchos conflictos por cosas insignificantes ocurren porque la gente emplea un tono de voz incorrecto. El escritor de Proverbios declaró: «La blanda respuesta quita la ira; mas la palabra áspera hace subir el furor».[1] ¿No ha confirmado la veracidad de esta frase en su propia experiencia? De no ser así, trate de hacer este experimento. La próxima vez que alguien le diga algo con aspereza, responda con amabilidad y bondad. Al hacerlo, lo más probable es que la persona que le habló con ira suavice su tono y posiblemente hasta su actitud.

4. Temperatura

Con el ánimo exaltado, mucha gente prefiere lanzar bombas aunque usar una honda inofensiva pueda ser suficiente. Esto puede ocasionar muchas situaciones adicionales porque el tamaño del problema original muchas veces cambia dependiendo de cómo se maneje. En términos generales,

si la reacción es peor que la acción, el problema se empeora.

Si la reacción es menor que la acción, el problema tiende a resolverse, o por lo menos queda igual.

Es por esa razón que trato de seguir una pauta autoimpuesta que llamo la Regla de la Reprimenda: «Dedique treinta segundos a expresar sus sentimientos, y asunto terminado». Cada vez que permitimos que algo pequeño genere una reacción grande (que dure más de treinta segundos), lo que estamos haciendo es usar el martillo.

Mi esposa Margaret y yo siempre nos ayudamos mutuamente en este asunto. Cuando nuestros dos hijos eran más pequeños y todavía vivían en casa, usábamos una estrategia para confrontarlos cada vez que fuera necesario. Nos sentábamos lado a lado en el sofá, tomados de la mano mientras hablábamos con los niños. Si uno de nosotros empezaba a acalorarse o a reaccionar de forma exagerada, el otro apretaba suavemente su mano como una advertencia. Esto previno durante muchos años que les «martilláramos» verbalmente y nos ayudó a abordar cada situación de una forma más apropiada, ¡aunque nos dejó algunos moretones en las manos!

CAMBIE SU MARTILLO POR UN GUANTE DE TERCIOPELO

Algunas personas parecen creer que un martillo sirve para cualquier trabajo y para todas las cosas, se podría decir que su forma de ver la vida es «yunque y martillo». He visto esta actitud sobre todo entre los que se proponen alcanzar muchos logros en la vida. Cada vez que enfocan su atención en algo, invierten todos sus esfuerzos y energía. Esa es una buena manera de abordar las tareas, pero es una forma terrible de tratar a la gente. Como dijo el psicólogo Abraham Maslow: «Si la única herramienta que usted tiene es un martillo, tendrá la tendencia a ver cada problema como un clavo». La gente requiere un trato más complejo y delicado. Si usted desea tener un toque más suave con la gente, considere estos consejos:

Deje el pasado en el pasado

Dos hombres se quejaban acerca de sus esposas.

—Cada vez que peleamos —dijo el primero—, mi esposa se pone histórica.

—Querrás decir histérica —contestó el amigo.

—No —respondió el primero—, quise decir histórica. Me recuerda todo lo que he hecho mal.

Resuelva los problemas a medida que ocurran, y después de hacerlo, no vuelva a traerlo a colación. Si lo hace, está tratando a la otra persona como un clavo.

Pregúntese: *¿Es mi reacción parte del problema?*

Como mencioné en el Principio del Dolor, cuando la reacción de una persona es más grande que el problema, la reacción tiene que ver con algo aparte del problema. No empeore las cosas con reacciones exageradas.

No olvide que las acciones se recuerdan mucho tiempo después que las palabras han sido olvidadas

Si tiene un diploma de la secundaria o de la universidad, ¿recuerda usted el mensaje de graduación que se pronunció en su ceremonia de grado? Si está casado(a), ¿puede recitar sus votos matrimoniales de memoria? Me imagino que la respuesta a ambas preguntas es no, pero le apuesto que sí recuerda haberse casado y recibir su diploma de grado. La manera como usted *trata* a la gente permanecerá con ellos mucho más tiempo que las palabras específicas que usted les dijo. Actúe conforme a este principio.

Nunca permita que la situación importe más que la relación

Creo que si no hubiera hecho de mi relación con Margaret una prioridad por encima de tener siempre la razón, tal vez hoy no estaríamos casados. Las relaciones se basan en el fortalecimiento de los vínculos mutuos. Cuanto más importante sea la relación para cada uno, más fuertes serán los vínculos. Se profundizará más sobre este tema en el Principio de la Situación.

Trate a sus seres queridos con amor incondicional

Debido a que en nuestra sociedad hay muchos individuos heridos y disfuncionales, mucha gente nunca ha contado con buenos ejemplos de amor incondicional. En su libro *The Flight* [El vuelo] John Whit nos presentó su manera de ver cómo fallamos en el trato que damos a la gente más importante de nuestra vida: «Hablamos de otros porque no amamos como es debido. Cuando uno ama, no critica al ser amado. Si le amamos, sus fallas nos duelen y no anunciamos sus pecados más que los nuestros».

Admita las ofensas y pida perdón

Supuestamente Al Capone, el mafioso de Chicago, dijo: «Uno puede llegarle más a la gente con una palabra amable y una pistola que solo con una palabra amable». A pesar del humor negro, puedo garantizarle que el perdón es todavía mejor y más eficaz. Admitir que usted se ha equivocado y pedir perdón puede cubrir una multitud de pecados. Ese método también es una de las mejores maneras de corregir las cosas cuando usted se da cuenta de que ha usado el martillo en lugar del guante de terciopelo.

Mientras ha estado leyendo este capítulo, es posible que le haya pasado por la mente algún amigo o colega, y tal vez piense *yo sé de alguien que necesita esto mismo.* Antes de intentar quitarle el martillo de la mano a esa persona, deténgase un momento a reflexionar. Lo primero que usted debería hacer es mirarse a sí mismo(a).

El problema con la mayoría de los individuos que usan el martillo todo el tiempo es que tal vez no sepan que lo hacen. Un artículo reciente del entrenador de ejecutivos Marshall Goldsmith contaba la historia de un hombre llamado Mike quien se había desempeñado como uno de los mejores banqueros inversionistas. A Goldsmith le pidieron que le ayudara porque nunca soltaba el martillo. Mike se veía a sí mismo como «un guerrero en Wall Street pero un gatito en casa». Goldsmith le dijo a Mike que llamara a su esposa para que ella confirmara la evaluación que él había hecho de sí mismo. Para su gran sorpresa, ella dijo que él también era un peleón en la casa. Después que los hijos confirmaron esa evaluación negativa, Mike por fin empezó a verse como le veían los demás. El consejo de Goldsmith es el siguiente: «Deje que sus colegas sostengan el espejo y le digan qué es lo que ven. Si no les cree, pida el mismo favor a sus familiares y amigos más cercanos».[2] Si lo hace, descubrirá si trata o no a los demás como personas o como clavos. Si es lo segundo, usted necesita hacer cambios urgentes.

> «Uno puede llegarle más a la gente con una palabra amable y una pistola que solo con una palabra amable».
>
> AL CAPONE

PREGUNTAS DE DISCUSIÓN SOBRE EL PRINCIPIO DEL *MARTILLO*

1. ¿En qué situaciones se siente más tentado(a) a usar el martillo en lugar del guante de terciopelo? ¿Por qué cree que es así? ¿Cómo puede anticipar cuándo está a punto de suceder y cómo puede cambiarlo?

2. Algunas personas tienen una inclinación natural para ver la totalidad de la situación y cuentan con toda la información del caso, mientras que otros tienden a enfocarse en los detalles. ¿Cuál de los dos tipos de persona es usted? ¿Qué puede hacer para mejorar su capacidad para ver todo en su contexto apropiado y prevenir su tendencia de saltar a conclusiones apresuradas?

3. Piense en alguna persona que sea experta en el uso del guante de terciopelo en el trato personal. ¿Qué le hace tan eficaz con la gente? ¿Qué puede aprender usted de este individuo?

4. ¿Cómo definiría *amor incondicional*? ¿Qué obstáculos le impiden amar a otros de forma incondicional? ¿Cómo puede amar a otros incondicionalmente sin dejar de mantener altos estándares personales y profesionales?

5. ¿Qué sucede dentro de usted cuando otra persona admite sus fallas y ofensas, y se disculpa? ¿Cómo afecta esto la relación en el futuro? Si tiene un efecto positivo, ¿por qué vacilamos tanto para hacer lo mismo? ¿Cómo podemos superar esa vacilación?

EL PRINCIPIO
DEL ASCENSOR

PODEMOS ELEVAR A LOS DEMÁS O LLEVARLOS AL SUELO EN NUESTRAS RELACIONES

La gente puede ser el viento bajo nuestras alas
o el ancla en nuestro bote.

LA PREGUNTA QUE DEBO RESPONDER:
¿DIRÍAN LOS DEMÁS QUE LES ELEVO
O QUE LES ARRASTRO POR EL SUELO?

En la década de los veinte, el médico, consultor y psicólogo George W. Crane empezó a enseñar psicología social en la Universidad Northwestern en Chicago. Aunque la pedagogía era algo nuevo para él, era un estudiante avezado de la naturaleza humana, y creía firmemente en hacer práctico para sus estudiantes el estudio de la psicología.

Una de las primeras clases que enseñó incluía a estudiantes de jornada nocturna que eran mayores que el estudiantado universitario promedio. Estos hombres y mujeres jóvenes trabajaban en tiendas, oficinas y fábricas de Chicago durante el día y se esforzaban en mejorar su vida con las clases que recibían de noche.

Una noche después de clase una mujer llamada Luisa que se había mudado a Chicago de un pueblo pequeño en Wisconsin para desempeñarse en un trabajo civil, le confió a Crane que se sentía aislada y sola. «No conozco a nadie, excepto unas compañeras en la oficina», se lamentó. «De noche voy a mi habitación y escribo cartas a mis familiares y amigos. Lo único que me motiva a vivir día por día es la esperanza de recibir una carta de mis amigos en Wisconsin».

UN NUEVO TIPO DE CLUB

Fue en gran parte como respuesta al problema de Luisa que Crane ideó algo que llamó el Club de los Halagos. Lo anunció a su clase a la semana siguiente y fue el primero de varios proyectos prácticos que asignaría a la clase ese semestre.

«Deben usar su psicología todos los días, bien sea en casa o en el trabajo, o en los tranvías y en los autobuses», les dijo Crane. «Para el primer mes, su trabajo por escrito será el *Club de los Halagos*. Cada día ustedes deben dar un halago sincero a tres personas distintas. Pueden aumentar ese número si desean, pero para pasar la clase deben halagar por lo menos a tres personas cada día durante treinta días. Después, al final del experimento de treinta días, quiero que escriban un ensayo sobre sus experiencias», continuó. «Incluyan los cambios que notaron en la gente a su alrededor, así como su cambio personal en la manera de ver la vida».[1]

Algunos de los estudiantes de Crane se resistieron a hacer la tarea. Unos se quejaron de que no sabrían qué decir a la gente y otros tenían miedo de ser rechazados. Algunos pensaron que sería deshonesto halagar a una persona que no les gustara.

—Suponga que nos encontramos con alguien que nos disguste, dijo un estudiante. ¿No sería hipócrita elogiar a un enemigo?

—No, no es falta de sinceridad halagar a su enemigo —respondió Crane—, porque el halago es una declaración honesta de reconocimiento por algún rasgo o mérito objetivo que merece elogio. Van a encontrar que nadie carece por completo de méritos o virtudes, su elogio puede servir para levantar la moral de las almas solitarias que están casi resignadas y a punto de abandonar la lucha y dejar de hacer buenas obras. Ustedes no saben si su halago casual le llegará a lo más hondo a un niño o una niña, o un hombre o una mujer, en el momento preciso y crítico en que si no fuera por ello, se hubieran dado por vencidos del todo.[2]

Los estudiantes de Crane descubrieron que sus halagos sinceros tuvieron un efecto positivo en las personas que les rodeaban a diario, y la experiencia tuvo un efecto todavía mayor en los estudiantes mismos. Luisa se convirtió en una persona verdaderamente sociable que alegraba cualquier sitio al que entraba. Otra estudiante que estaba a punto de renunciar a su trabajo como secretaria jurídica debido a un jefe que le causaba muchos problemas, empezó a halagarlo aunque le costó mucho al principio. No solo cambió la actitud de él hacia ella, sino que desapareció la exasperación de ella con él. Terminaron gustándose mutuamente y se casaron.

El Club de los Halagos de George Crane podrá sonarle a muchos un poco cursi en la actualidad, pero sus principios fundamentales son tan válidos hoy como lo fueron en los años veinte. El punto clave es que Crane enseñó lo que llamo el principio del *ascensor*: Podemos elevar a las personas o llevarlas al suelo en nuestras relaciones. Crane trató de enseñar a sus estudiantes que tomaran acciones de manera anticipada. Él decía: «El mundo se muere por falta de aprecio y tiene hambre de halagos, pero alguien debe poner a rodar el balón y ser el primero en comunicar mensajes positivos a sus semejantes».[3] De este modo puso en práctica el sentimiento de Benjamín Franklin, quien dijo: «Así como hemos de rendir cuentas por cada palabra inoportuna, lo haremos también por cada silencio innecesario».

¿QUÉ CLASE DE PERSONA ES USTED?

Durante años los psicólogos han tratado de dividir a los seres humanos en diversas categorías, pero a veces un poeta observador puede obtener mejores resultados. Ella Wheeler Wilcox lo logró en su poema titulado *¿Cuál eres tú?*

Hay dos clases de personas en la tierra hoy,

Solo dos clases de personas, y nada más.

No el pecador y el santo, pues bien se entiende
Que los buenos son medio malos y los malos son medio
    buenos.

No el rico y el pobre, pues para determinar la riqueza de un
    hombre
Primero se debe conocer el estado de su conciencia y salud.

No el humilde y el orgulloso, porque en el corto lapso de la
    vida
El que se da ínfulas de algo ni siquiera es contado como
    hombre.

No el feliz y el triste, porque los años que pasan volando
Alcanzan a dar a cada hombre su porción de risas y de
   lágrimas.

No. Las dos clases de personas que hay en la tierra
Son los que elevan y los que se recuestan.

Dondequiera que vayas, encontrarás a las masas de la tierra
Siempre divididas en estas dos clases y nada más.

Descubrirás también algo interesante,
Y es que por cada uno de los que elevan hay otros veinte
   que se recuestan.
¿De qué clase eres tú? ¿Aligeras la carga de los pocos que se
   esfuerzan en elevar?
¿O eres uno de los que se recuesta y deja que otros hagan tu
   parte del trabajo
y se encarguen de tus preocupaciones e intereses?[4]

Estas son buenas preguntas que debemos hacernos porque nuestras respuestas tendrán un efecto definitivo en nuestras relaciones. Creo que Wilcox estaba en lo correcto. La gente o bien valora a los demás y aligera su carga al elevarles de este modo, o restan valor a los demás al pensar solo en sí mismos y arrastran a la gente por el suelo en el proceso. Yo llevaría el concepto un paso más adelante. Creo que la intensidad con la que elevamos o arrastramos a otros puede determinar que existen realmente *cuatro* tipos de personas en cuanto a relaciones se refiere:

1. Algunas personas *añaden* algo a la vida y las *disfrutamos*

Muchas personas en este mundo desean ayudar a otros. Estas personas son las que añaden porque les hacen la vida más agradable y placentera a los demás. Son los elevadores de quienes Wilcox escribió. El evangelista D. L. Moody aconsejó a la gente a…

Hacer todo el bien que uno pueda,
A toda la gente que uno pueda,
De todas las maneras que uno pueda,
Por tanto tiempo como uno pueda.

Moody fue uno de los que añaden a la vida de los demás. La gente que añade valor a otros casi siempre lo hace de manera *intencional*. Lo digo porque añadir valor a otros requiere que una persona dé de sí misma, y esto muy rara vez ocurre por accidente. Me he esforzado en ser esa clase de personas, me gusta la gente y me propongo ayudar a cuantos puedo. Para ello me he fijado la meta de ser un amigo.

Hace poco el director ejecutivo de una gran corporación me invitó a hablar sobre liderazgo a la gente de su organización. Después de enseñar a sus ejecutivos y dar talleres a sus gerentes, gané suficiente credibilidad con él como para recibir un halago de su parte.

—John, me gusta lo que has hecho por nosotros —dijo mientras estábamos un día en su oficina—. Dime ahora, ¿qué puedo hacer por ti?

—Nada —le contesté—. No tienes que hacer nada por mí.

Por supuesto, su empresa me había pagado por las conferencias que había dado, y de verdad había disfrutado la experiencia porque su personal era muy perspicaz y estaba ansioso de aprender.

—Hombre, dime qué quieres, todo el mundo quiere *algo* —insistió—. ¿Qué es lo que quieres?

—Mira, ¿no crees que todo el mundo necesita un amigo que no sea complicado? ¿Alguien que no quiera nada a cambio? —le respondí mirándole a los ojos—. Solo quiero ser un amigo así.

—Muy bien, entonces serás mi amigo fácil —me dijo mientras sonreía.

Eso mismo es lo que he tratado de ser. El autor Frank Tyger dice: «La amistad consiste de un oído dispuesto, un corazón comprensivo y una mano que ayuda». Eso es lo que trato de dar a mis amigos.

Hace unos años, mi sobrino Troy vino a vivir con nuestra familia después de terminar la universidad y fue a trabajar para una compañía de préstamos hipotecarios. Troy era inteligente, trabajaba duro y quería ser exitoso. Nosotros quisimos ayudarle, así que le di algunos consejos antes que empezara en su nuevo trabajo. Le sugerí que hiciera lo siguiente:

> «La amistad consiste de un oído dispuesto, un corazón comprensivo y una mano que ayuda».
>
> FRANK TYGER

- *Llegar temprano y quedarse hasta tarde.* Le aconsejé que hiciera más de lo que se esperaba de él, que llegara treinta minutos antes, que almorzara en la mitad del tiempo asignado y que trabajara media hora más al final del día.

- *Hacer algo todos los días para ayudar a la gente a su alrededor.* Le sugerí que añadiera valor al equipo por medio de añadir valor a sus compañeros de trabajo.

- *Ofrecerse a hacer trabajos adicionales.* Le dije que sacara una cita con el jefe para hacerle saber que si necesitaba realizar alguna tarea extra, sin importar cuán servil fuera, él estaba disponible para ayudar. Esto incluía estar dispuesto a trabajar extra al final del día o el fin de semana.

Lo que hice fue dar a Troy una lección en cómo ser una persona que añade, no que substrae. Como resultado, Troy añadió valor a la gente que le rodeaba y a la compañía, tanto así que ascendió con rapidez en la organización antes de cumplir los treinta años.

2. Algunas personas *substraen* algo de la vida y las *toleramos*

En su obra *Julio César,* el personaje Cassius del dramaturgo William Shakespeare afirma: «Un amigo debería sobrellevar las aflicciones de su amigo, en cambio Brutus hace las mías mayores de lo que son». Eso mismo hacen los que substraen pues no hacen más llevaderas nuestras cargas sino que vuelven más pesadas las que ya tenemos. Lo triste es que casi siempre lo hacen de forma *no intencional*. Si usted no sabe cómo añadir a los demás, es posible que sustraiga por omisión. En las relaciones, recibir es fácil, dar es mucho más difícil. Es similar a la diferencia entre construir algo y derribarlo. Un artesano hábil dedica mucho tiempo y energía para construir una silla hermosa pero no se requiere ninguna habilidad para despedazarla en cuestión de segundos.

3. Algunas personas *multiplican* algo en la vida y las *valoramos*

Cualquier persona que así lo desee puede aprender a añadir a los demás, para ello solo se necesita el deseo de elevar a la gente y la intencionalidad para llevarlo a cabo. Esto es lo que George Crane trató de enseñar a sus estudiantes. Sin embargo, para llegar a otro nivel en las relaciones, para convertirse en un multiplicador, uno tiene que ser intencional, estratégico y capaz. Entre más talentos y recursos posea una persona, mayor será su potencial para convertirse en multiplicador. Yo soy muy afortunado, he contado con muchos multiplicadores en mi vida, gente altamente dotada que quieren verme triunfar, personas como Todd Duncan, Rick Goad y Tom Mullins. Cada uno de estos hombres tiene un corazón de siervo. Son los más sobresalientes en sus campos de desempeño. Valoran la asociación estratégica. Siempre generan ideas grandiosas y son apasionados en cuanto a hacer una diferencia. Me ayudan a aguzar mi visión y maximizar mis fortalezas.

Es probable que usted también cuente con personas así en su vida, gente que vive para ayudarle a triunfar y que tienen las habilidades para ayudarle en el recorrido. Si puede pensar en personas que han sido multiplicadores en su vida, deténgase y saque tiempo para llamarlas o escribirles y hágales saber lo que han significado en su vida.

4. Algunas personas *dividen* algo en la vida y las *evitamos*

R. G. LeTourneau, inventor de muchos tipos de equipos grandes de construcción y remoción de tierra, dice que su compañía fabricaba antes una retroexcavadora que se conocía como «Modelo *Ché*». Cierto día un cliente preguntó a un vendedor qué significaba la *ché*, y el vendedor como mucha gente en su profesión, no tardó en dar una respuesta ingeniosa: «La *ché* significa chisme porque esta máquina, al igual que una persona chismosa, mueve mucha tierra de un lado a otro, y la mueve rápido». Los que dividen son personas que realmente «nos llevan al sótano» pues se proponen arrastrarnos tan bajo como puedan y todas las veces que puedan.

Son como el presidente de la compañía que envió un memorando a su director de personal que decía: «Busque en la organización a un hombre joven, agresivo y alerta que sea capaz de reemplazarme, y tan pronto lo encuentre, despídalo». Los que dividen son bastante dañinos porque a diferencia de los que substraen, sus acciones negativas casi siempre son intencionales.

> Un amigo debe soportar las debilidades de su amigo, no hacerlas más grandes de lo que son.

Son personas hirientes que quieren verse o sentirse mejor como sea, y muchas veces para lograrlo tratan de hacer que a otra persona le vaya peor que a ellos. Como resultado, dañan relaciones y causan desastres en la vida de la gente.

ELEVE A LOS DEMÁS A UN NIVEL MÁS ALTO

Creo que en lo más profundo de su ser todas las personas, hasta las más negativas, quieren ser como ascensores que elevan a otros a su alrededor. Todos queremos ser una influencia positiva en la vida de otros, y la verdad es que sí podemos serlo. Si usted quiere elevar a la gente y añadir valor a su vida, tenga esto muy presente:

Los elevadores se comprometen todos los días a ser alentadores

El filósofo romano Lucio Anneo Séneca dijo: «Donde haya un ser humano, habrá una oportunidad para la bondad». Si usted quiere elevar a la gente, siga el consejo de George Crane, anime a los demás y hágalo todos los días.

Los elevadores conocen la pequeña diferencia entre herir y ayudar

Los pequeños detalles que usted tiene cada día para con los demás tienen un efecto mayor del que usted cree. Una sonrisa, más que un ceño fruncido, puede hacerle el día feliz a alguien. Una palabra amable, en lugar de una crítica, puede elevar la moral de una persona en lugar de hundirla.

Usted tiene el poder para hacer la vida de otra persona mejor o peor con las cosas que haga hoy mismo. Los más allegados a usted, su cónyuge, sus hijos o sus padres, son los más afectados por todo lo que usted dice y hace. Use ese poder sabiamente.

Los elevadores inician lo positivo en un ambiente negativo

Una cosa es ser positivos en un ambiente positivo o neutral, y otra muy diferente es ser un instrumento de cambio en un ambiente negativo. Justamente eso hacen quienes elevan a los demás. A veces esto incluye una palabra bondadosa, otras veces un acto de servicio, y en algunos casos exige creatividad.

El promotor de la revolución americana Benjamín Franklin contó en su autobiografía acerca del hecho de haber pedido un favor para crear una conexión positiva en un ambiente negativo. En 1736, Franklin fue considerado para una posición como secretario de la asamblea general. Solo una persona se opuso a su nominación, un hombre poderoso a quien no le gustaba Franklin. Esto fue lo que escribió Franklin: «Tras enterarme de que tenía en su biblioteca cierto libro muy escaso, le escribí una nota expresando mi deseo de echarle un vistazo y le pedí el favor de que me lo prestara». El hombre se sintió halagado y gustoso de recibir su petición, le prestó el libro a Franklin y se volvieron amigos de toda la vida.

Los elevadores entienden que la vida no es un ensayo

Esta es una cita que siempre me ha gustado: «Pasaré por este mundo nada más que una vez. Por eso, cualquier bien que pueda hacer o cualquier bondad que pueda mostrar a cualquier semejante, déjame hacerlo ahora. No puedo postergarlo ni descuidarlo, pues no volveré a pasar por aquí otra vez».[5] La gente que eleva a los demás no espera hasta mañana o que llegue algún día «mejor» para ayudar a la gente, sino que ¡actúa ahora mismo!

Cada persona en el mundo tiene la capacidad de convertirse en alguien que eleva a los demás. Usted no tiene que ser rico ni necesita ser un genio, no necesita tener una vida perfecta, pero sí tiene que interesarse en la gente e iniciar las actividades que elevarán a los demás. No deje que pase otro día sin elevar a la gente en su vida. Esto hará posible un cambio positivo en las relaciones que ya tiene y abrirá paso a muchas más.

PREGUNTAS DE DISCUSIÓN SOBRE EL
PRINCIPIO DEL *ELEVADOR*

1. ¿Es cierto que la gente que no se esfuerza de manera intencional en añadir valor a los demás, se convierten automáticamente en personas que substraen de los demás? ¿Por qué? ¿Cuál es la diferencia principal entre los que añaden y los que substraen? Explique.

2. ¿Por qué la gente que divide llega a ese punto en su vida? ¿Es la falta de perdón un factor determinante? (George Herbert dice: «El que no puede perdonar a otros derriba el puente que él mismo debe cruzar».) ¿Es permanente la decisión de volverse un agente divisorio? ¿Qué acciones ha iniciado usted en el trabajo o en el hogar que podrían considerarse divisorias? ¿Cómo puede asegurarse de evitar esa clase de conducta en el futuro?

3. ¿Está de acuerdo en que los detalles pequeños que tiene una persona pueden elevar o llevar al suelo fácilmente a los que le rodean? ¿Cómo afectan los detalles pequeños a un niño? ¿Son los padres responsables de elevar a sus hijos o de hacerles duros y resistentes? Explique. Si usted es papá o mamá, ¿qué hace la mayoría de las veces, animar o disciplinar a sus hijos? Si algún cambio resultara beneficioso, ¿qué acciones específicas podría hacer usted para mejorar?

4. ¿Cómo puede una persona elevar o arrastrar a los demás sin decir una palabra? ¿Cómo pueden las expresiones faciales de una persona animar o desanimar a otros? ¿Cómo describiría su expresión facial natural o más frecuente? ¿Cómo la describirían otros? ¿Cómo puede volverla más abierta y alentadora?

5. ¿Cuál es la diferencia principal entre los que añaden y los que multiplican? ¿Puede cualquier persona convertirse en un multiplicador? Explique. ¿Cuántas veces ha multiplicado usted

el valor en la vida de otra persona? ¿Qué debe hacer para volverse un mejor multiplicador?

Antes de proseguir, revisemos los Principios de Interacción que se relacionan con el factor *disposición*...

El principio del lente: Quiénes somos determina cómo vemos a los demás.

El principio del espejo: La primera persona que debemos examinar... nosotros mismos.

El principio del dolor: Las personas heridas, hieren a los demás, y son lastimadas con facilidad.

El principio del martillo: Nunca use un martillo para matar la mosca parada en la cabeza de otro.

El principio del ascensor: Podemos elevar a los demás o llevarlos al suelo en nuestras relaciones.

EL FACTOR CONEXIÓN: ¿ESTAMOS DISPUESTOS A ENFOCARNOS EN LOS DEMÁS?

Los mejores amigos se hacen de perfectos extraños.
—Cullen Hightower

Todos los seres humanos poseen el deseo de conectarse con otras personas, sin importar cuán jóvenes o ancianos, introvertidos o extrovertidos, ricos o pobres, educados o ignorantes sean. La necesidad de conexión es motivada a veces por un deseo de recibir amor, pero también puede darse por sentimientos de soledad, la necesidad de aceptación, la búsqueda de satisfacción o el deseo de tener éxito en los negocios.

¿Cómo podemos satisfacer nuestro deseo de relacionarnos? ¿Cuál es la mejor manera de empezar? En otras palabras, ¿cómo podemos conectarnos? La respuesta es que debemos dejar de pensar en nosotros mismos y empezar a enfocarnos en las personas con quienes deseamos construir relaciones. Por eso la pregunta clave en el Factor Conexión es: «¿Está usted dispuesto a enfocarse en los demás?»

Para aumentar su probabilidad de conectarse con otra persona, usted necesita entender y aprender los siguientes Principios de Interacción:

El principio de la perspectiva: Toda la población del mundo, con una pequeña excepción, está compuesta por los demás seres humanos.

El principio del intercambio: En lugar de poner a otros en nuestro lugar, debemos ponernos nosotros en el lugar de ellos.

El principio del aprendizaje: Cada persona que conocemos tiene el potencial de enseñarnos algo.

El principio del carisma: La gente se interesa en la persona que se interesa en ellos.

El principio del número 10: Creer lo mejor de la gente por lo general saca a relucir lo mejor de la gente.

El principio de la confrontación: Interesarse en las personas debe preceder a confrontarlas.

Tan pronto deje de preocuparse tanto por usted mismo(a) y empiece a fijarse en los demás y en lo que desean, construirá puentes para alcanzarles y se convertirá en la clase de persona a quien otros querrán acercarse. Esta es la clave de la conexión personal.

EL PRINCIPIO DE
LA PERSPECTIVA

TODA LA POBLACIÓN DEL MUNDO, CON UNA PEQUEÑA EXCEPCIÓN, ESTÁ COMPUESTA POR LOS DEMÁS SERES HUMANOS

La vida de una persona empieza cuando puede vivir fuera de sí misma.

—ALBERT EINSTEIN

LA PREGUNTA QUE DEBO RESPONDER:
¿TENGO DIFICULTAD PARA PONER
PRIMERO A LOS DEMÁS?

¿Qué se requiere para cambiar la perspectiva de la gente y ayudarles a ver la realidad de las cosas por primera vez en su vida? Para algunos, haberse casado hizo toda la diferencia, para otros, el haberse divorciado o haber tenido un hijo. La idea es que cada individuo necesita llegar a entender que no todo gira alrededor de ellos.

LEYENDO ENTRE LÍNEAS

Hace poco leí un artículo acerca de la actriz Angelina Jolie. El catalizador para su cambio de perspectiva fue un libreto cinematográfico. Jolie, quien ganó un Oscar en 1999 por su papel en la película *Girl, Interrupted*, pudo haber sido el símbolo de una vida a la deriva. Como hija de los actores Jon Voight y Marcheline Bertrand, había crecido en Hollywood y participado en muchos de sus excesos. Era llamada una «niña alocada» y era conocida por su uso de estupefacientes, conducta estruendosa y sus acciones autodestructivas. Estaba convencida de que moriría en su juventud.

«Hubo un tiempo en que nunca tuve un sentido de propósito, nunca me sentí útil como persona», dice Jolie. «Creo que mucha gente tiene ese sentimiento, quieren acabar con su vida o tomar drogas o volverse insensibles porque no quieren enfrentar la vida, porque llegan a sentirse muy mal sin siquiera saber de dónde viene ese sentimiento».[1]

El éxito en las películas hizo muy poco para ayudarla. «Me sentía fuera de balance todo el tiempo», admite Jolie. «Recuerdo que uno de los momentos más duros en mi vida fue después de alcanzar el éxito. Tenía estabilidad financiera y hasta estaba enamorada, y pensé "tengo todo lo que dicen que uno debe tener para ser feliz, y no soy feliz"».[2]

En esa época empezó a leer el libreto de *Beyond Borders* [Más allá de las fronteras], la historia de una mujer con una vida privilegiada que descubre la situación trágica de los refugiados y los huérfanos alrededor del mundo. Jolie recuerda: «Algo dentro de mí quería entender de qué se trataba la película, toda esta gente que sufre en el mundo, todos los desplazados y los refugiados de las guerras y las hambrunas».[3] Durante un año ella viajó alrededor del mundo con trabajadores de las Naciones Unidas. «Recibí la educación más grande de mi vida y cambié drásticamente», comentaba. Visitó campamentos en Sierra Leona, Tanzania, Costa de Marfil, Camboya, Pakistán, Namibia y Tailandia. Toda su perspectiva cambió, pues se dio cuenta de que el mundo entero estaba poblado por otras personas, muchas de las cuales estaban en circunstancias precarias y hasta funestas, y a muchas de las cuales ella podría ayudar.

Cuando el alto comisionado para los refugiados de las Naciones Unidas le pidió que fuera embajadora de buena voluntad en 2001, ella aceptó gustosa. También empezó a donar dinero para ayudar a refugiados y huérfanos, un ejemplo fue la donación que hizo de tres millones de dólares para el programa de refugiados de las Naciones Unidas. Ella comenta que recibe «cantidades ridículas de dinero» solo por actuar en películas.[4] Además, adoptó a un huérfano camboyano llamado Maddox. Hace poco la revista de finanzas *Worth* la nombró como uno de los veinticinco filántropos de mayor influencia en el mundo. Ella calcula que da casi la tercera parte de sus ingresos a obras de caridad.[5]

Jolie lo pone todo en perspectiva: «Uno se puede morir mañana y tal vez haya hecho unas cuantas películas y se haya ganado unos premios, pero eso no significa nada. En cambio, si uno ha construido escuelas o ha criado a un niño o ha hecho algo para mejorar la situación de otras personas, se siente mucho mejor. La vida es mejor».[6] ¿Por qué se siente así? Porque por fin ha captado la realidad de las cosas. Dejó de enfocarse en sí misma y empezó a poner a otras personas antes de sí.

DESDE AQUÍ TODO SE VE DIFERENTE

Cuando de ganarse a la gente se trata, todo empieza con la capacidad para pensar en otra gente antes que en nosotros mismos. Ese es el principio más básico en el desarrollo de las relaciones personales. Sé que esto puede sonar como simple sentido común, pero no todo el mundo entiende la realidad de las cosas o practica la abnegación. Más bien, demasiadas personas actúan como bebés que apenas gatean y su perspectiva de la vida es más o menos así:

> Si me gusta, es mío.
> Si te lo puedo quitar, es mío.
> Si lo tuve hace un rato, es mío.
> Si digo que es mío, es mío.
> Si parece que es mío, es mío.
> Si lo vi primero, es mío.
> Si te parece divertido, definitivamente es mío.
> Si lo dejas de usar, es mío.
> Si está dañado, es tuyo.[7]

La gente que permanece centrada en sí misma y que solo se sirve a sí misma siempre tendrá dificultad para llevarse bien con los demás. Para ayudarles a romper ese patrón de vida, necesitan ver la realidad de las cosas, para lo cual se requieren tres elementos:

1. Perspectiva

La gente que carece de perspectiva es similar a Lucy en la tira cómica *Carlitos* de Charles Schulz. En cierta escena, mientras Lucy se columpia en el parque, Charlie Brown le lee algo: «Aquí dice que el mundo da vueltas alrededor del sol una vez al año».

Lucy se detiene abruptamente y responde: «¿El mundo gira alrededor del sol? ¿Estás seguro? Pensaba que giraba alrededor de mí».

Por supuesto, la falta de perspectiva es mucho más sutil que eso. Sé que lo fue para mí. Temprano en mi carrera como pastor, al dirigir a otros, la pregunta que me hacía todo el tiempo era: *¿Qué puedo hacer para que estas personas me ayuden?* Quería usar a la gente para que me ayudaran a alcanzar mis metas. Necesité un par de años para entender que tenía todo al revés y que me debí haber preguntado lo siguiente: *¿Qué puedo hacer yo para ayudar a esta gente?* Al hacerlo, no solo pude ayudar a los demás, sino que también recibí toda la ayuda que quise. Aprendí lo que el autor y experto en gerencia William B. Given Jr. quiso decir cuando observó: «Siempre que uno es demasiado egoísta y solo procura sus propios intereses, cuenta con una sola persona que trabaja a su favor: uno mismo. En cambio, si uno ayuda a una docena de personas con sus problemas, tendrá una docena de personas dispuestas a trabajar por uno».

La mayor parte del tiempo nos preocupamos por pequeñeces en comparación a la realidad de la vida. Hace muchos años John McKay, quien fuera entrenador principal de fútbol americano para la Universidad de Carolina del Sur, quiso ayudar a su equipo a recuperarse tras ser humillados 51-0 por la Universidad Notre Dame. McKay fue al vestidor y vio un grupo de jugadores apaleados, exhaustos y totalmente deprimidos, que no estaban acostumbrados a perder, mucho menos de esa manera. Se paró en una banca y dijo: «Hombres, mantengamos las cosas en perspectiva. Hay 800 millones de chinos que ni siquiera se enteraron de este partido».

El mundo entero, con una pequeña excepción, está compuesto por otros seres humanos, y la mayoría de la gente en el mundo no le conoce a usted y nunca le conocerá. Es probable que la mayoría de las personas que usted conoce tengan necesidades y problemas más grandes que usted. Es su decisión ignorarles y enfocarse en usted mismo, o dejar de creerse la gran cosa y aprender a darle prioridad a los demás.

2. Madurez

Mis nietas, Hannah y Maddie, tienen tres años al momento en que escribo estas líneas. Acabé de pasar un maravilloso día de Acción de Gracias con ellas, y fue una gran alegría verlas jugar y entretenerlas un rato. En todo el tiempo que estuvimos juntos, ninguna de ellas me preguntó «¿Qué puedo hacer por ti, abuelo?» Eso no tiene nada de malo en un pequeño de tres años, ¡pero no está nada bien a los treinta!

A veces esperamos que la madurez llegue con la edad, pero lo cierto es que casi siempre viene por sus propios medios. Una actitud que dice «ahórrate la molestia, hazlo a mi manera» puede durar toda una vida a no ser que la persona se proponga luchar contra ella. Hace varios años, el autor y consultor Bob Buford escribió un excelente libro titulado *Halftime* [Intermedio]. Su tesis es que mucha gente al acercarse a los cuarenta o cincuenta años de edad pasa por una época de gran inquietud porque sienten que su vida necesita más significado. Es una fase que él llama el *intermedio*. Dice que la mayoría de las personas tratan de hacer en la segunda mitad de su vida lo que hicieron en la primera mitad, solo que un poco más. En lugar de esto, la clave para un segundo tiempo exitoso es evaluar los logros, enfocarse en las áreas fuertes y fijarse la meta de dar y darse con generosidad a los demás. Así es como Bob describe la diferencia en actitud entre las personas del primero y segundo tiempo:

Mientras que la identidad de la persona durante el primer tiempo es pequeña, en el segundo tiempo es grande. La persona en el primer tiempo se enfoca más en sí misma y se envuelve en sus asuntos hasta quedar prácticamente paralizada, por lo cual en el segundo tiempo se desenrolla y se abre a los demás. La identidad pequeña solo le contiene a usted y prefiere alienarse en soledad porque se caracteriza por un individualismo

patológico. La identidad más grande es completa porque está vinculada a algo trascendente. La trascendencia tiene alas y permite recorrer grandes distancias y terminar bien la carrera de la vida.[8]

Lo que Bob describe aquí es la madurez real que consiste en entender que el mundo no gira alrededor de nosotros. Es la capacidad de ver con perspectiva correcta la realidad mayor de la vida.

3. Responsabilidad

Quizás usted haya notado que el matrimonio hace más obvia la falta de responsabilidad de una persona irresponsable. La gente no casada que no tiene hijos tienen mucha más libertad que los casados o los padres. Cualquiera que se casa con la expectativa de mantener el mismo nivel de libertad que tuvo en su soltería va a arriesgar su matrimonio. Para que un matrimonio funcione, ambos cónyuges deben ser responsables. Las relaciones matrimoniales maduran cuando cada cónyuge deja de preguntar *¿qué puede mi cónyuge hacer por mí?* y empieza a asumir la responsabilidad de preguntar *¿qué puedo hacer por mi cónyuge?*

El liderazgo nos exige algo muy similar. Cuando un individuo acepta por primera vez las responsabilidades del liderazgo, se revela su nivel de madurez y sentido de responsabilidad. Los líderes irresponsables tienen una actitud de «primero yo» y usan su posición para beneficio personal. Los líderes responsables tienen una actitud de «primero los demás» y usan su posición para servir a la gente, cumplir responsabilidades, ser un ejemplo, dar a otros el crédito y reparar relaciones dañadas. Los buenos líderes entienden que para poder triunfar en equipo, ellos deben dar prioridad a los demás.

Abra sus ojos a la realidad de la vida

Si quiere mejorar su capacidad para ver las cosas en la perspectiva correcta y poner a los demás en primer lugar, haga lo siguiente:

Sálgase de su «pequeño mundo»

Mientras crecía en Ohio no sabía mucho sobre el mundo que me rodeaba, y esto me llevó a tener una visión bastante estrecha de la vida cuando era joven. Recuerdo cómo pensaba que cualquier persona, sin importar las circunstancias, podía salir adelante si trabajaba duro. Después viajé a un país en vía de desarrollo, y vi que la gente trabajaba mucho más duro que yo pero no podía salir de la pobreza. Mi pensamiento empezó a cambiar a medida que el mundo se ensanchaba.

Para cambiar de enfoque, la gente necesita salir de su «pequeño mundo». Si usted tiene una visión estrecha de la gente, vaya a lugares que nunca haya visitado, conozca al tipo de personas que no conoce todavía, y haga cosas que nunca haya hecho antes. Esto cambiará su perspectiva, así sucedió conmigo.

Deje su ego en la puerta

¿Ha pasado alguna vez demasiado tiempo hablando con una persona con un ego enorme? La buena noticia es que esa clase de gente nunca habla mucho de los demás, porque su conversación no es más profunda que los confines de su propia experiencia. La mala noticia es que si no quiere oír lo que tienen que decir, se va a aburrir muy pronto.

Un egoísta puede describirse no como una persona que piensa demasiado en sí misma, sino que piensa muy poco en los demás. Esa es una buena descripción.

Con frecuencia nos equivocamos al creer que lo opuesto del amor es el odio, pero yo creo que eso es incorrecto. Lo opuesto de amar a otros es ser egocéntricos. Si su enfoque siempre está centrado en usted, nunca podrá establecer relaciones positivas con los demás.

Entienda qué trae satisfacción verdadera

Lo que en el fondo trae satisfacción involucra a los demás. Una persona que está completamente enfocada en sí mismo siempre se sentirá inquieta y ansiosa.

El reformador que luchó contra la esclavitud Henry Ward Beecher dijo: «Ningún hombre vive más engañado que el hombre egoísta». Esto es cierto porque el egoísta se separa de lo que es más importante en la vida: la gente.

> Un egoísta puede describirse no como una persona que piensa demasiado en sí misma, sino que piensa muy poco en los demás.

Si usted quiere tener una vida satisfactoria, necesita relaciones sanas, y para construir esa clase de relaciones, usted necesita olvidarse de sí mismo. Acójase al principio de la perspectiva y recuerde que toda la población del mundo, con una excepción muy pequeña, está compuesta por otras personas.

PREGUNTAS DE DISCUSIÓN SOBRE EL
PRINCIPIO DE LA *PERSPECTIVA*

1. ¿En qué fase de la vida empiezan muchas personas a aprender a pensar en los demás? ¿Qué sucesos motivan a la gente a poner a otros en primer lugar? ¿Qué sucede cuando una persona trata de evitar las lecciones de la vida que nos inspiran a enfocarnos en los demás? ¿Qué sucede a la gente cuyo enfoque, tiempo y energía son gastados por entero en ellos mismos, incluso en su edad adulta?

2. ¿Cuál es la diferencia principal entre la gente que tiene un gran ego y los que tienen gran confianza en sí mismos? ¿Por qué no es deseable tener un ego grande? ¿Por qué es deseable la confianza en uno mismo? ¿Cree que el ego y la falta de confianza propia están relacionados? Explique.

3. Describa sus experiencias de viaje. ¿Cuáles destinos han sido similares a su propio medio ambiente? ¿Ha viajado a lugares con culturas muy diferentes a la suya? ¿Qué lugares específicos le han hecho sentirse más incómodo? ¿Por qué? ¿Aprendió algo como resultado de haber viajado allí? ¿Adónde le gustaría viajar en el futuro? ¿Por qué?

4. ¿Cómo definiría *satisfacción*? ¿Puede una persona que carezca de relaciones significativas vivir satisfecha? Explique su opinión. ¿Cómo afecta su opinión el esfuerzo que dedica a la construcción de relaciones?

5. Piense en las relaciones más importantes en su vida. ¿Ha demostrado tener siempre madurez y responsabilidad en ellas? Si no es así, ¿qué puede hacer para corregir la situación? ¿Qué debería cambiar en usted mismo para que su conducta mejore en el futuro?

EL PRINCIPIO
DEL INTERCAMBIO

EN LUGAR DE PONER A OTROS EN NUESTRO LUGAR, DEBEMOS PONERNOS NOSOTROS EN EL LUGAR DE ELLOS

A veces, cuando usted quiere que los demás piensen como usted, se arriesga un poco a «perder la cabeza».

LA PREGUNTA QUE DEBO RESPONDER:
¿TRATO DE VER LAS COSAS DESDE
EL PUNTO DE VISTA DEL OTRO?

Desde 1996 he enseñado liderazgo a líderes cristianos a nivel internacional a través de una organización sin fines de lucro que fundé, llamada EQUIP. Es una de mis mayores satisfacciones y creo que sus logros serán una parte principal de mi legado. Todas las personas en el equipo de esta organización trabajan duro para lograr la meta de levantar y equipar un millón de líderes para el año 2008.

Un lugar donde mis mensajes han sido bien recibidos ha sido las Filipinas. Cuando empecé a enseñar allí, di lecciones sobre liderazgo a pastores filipinos y otros líderes cristianos casi de forma exclusiva, pero mis libros y demás materiales empezaron a difundirse más allá de la comunidad cristiana, en el mundo de los negocios y la comunidad empresarial. Esto no fue una gran sorpresa porque algo similar ya había sucedido en los Estados Unidos y en varios países africanos. Lo que sí me sorprendió fue que el gobierno de Filipinas se interesara en mis enseñanzas sobre liderazgo.

El secretario del interior del país me contactó para decir que el gobierno quería enviar un ejemplar de *Las 21 leyes irrefutables del liderazgo* a cada alcalde en Filipinas. Después me avisó que también querían enviar un ejemplar a cada miembro del concejo municipal en todas las jurisdicciones del país. Fue un honor y un motivo de humildad que las ideas que había puesto por escrito fuesen impartidas a tantas personas de influencia. Con mucho gusto les di mi autorización.

UNA VISITA CON LA PRESIDENTA

En enero de 2003 fui invitado a una reunión con la presidenta de Filipinas, Gloria Macapagal-Arroyo. Fue un gran honor. Me pareció una persona muy lúcida, cálida e inteligente, además tiene un doctorado en economía. Hablamos sobre liderazgo, y para mi sorpresa y deleite, ella me mostró un ejemplar desgastado de *Las 21 leyes irrefutables del liderazgo*. Me dijo que lo usaba para desempeñarse como mentora de los miembros de su gabinete. Durante un buen rato me hizo preguntas sobre liderazgo, y hablamos sobre varios puntos del libro. Fue una experiencia muy especial, y antes que se acabara nuestro tiempo programado, decidí hablarle sobre algo que me había impresionado. En mis viajes alrededor del mundo, había observado que en los países en vía de desarrollo, muchos líderes se aprovechan de sus gobernados. Los que poseen el poder se aprovechan de los que no lo tienen, y esa tendencia es todavía peor en países con dictaduras, pero parece suceder en todas partes y en todas las esferas de liderazgo: cuanto más pobre es el país, mayor es el abuso.

Hice mis observaciones a la presidenta y le dije que veía a muchos líderes usar sus posiciones para añadirse valor a sí mismos en lugar de añadir valor a los demás, y agregué: «Usted parece ser una líder que realmente quiere añadir valor a los demás».

«Claro que sí», contestó. «Mi única agenda es ayudar a la gente de mi país, por eso estoy considerando la posibilidad de renunciar a la campaña de reelección para poder enfocarme en el servicio público más que en la política». Según he visto y leído, me consta que ella añade valor a la gente y sirve bien a sus semejantes.

El poder de la perspectiva

El éxito puede traer muchas cosas: poder, privilegio, fama, riqueza, etc. Sin importar cuántas cosas más traiga, el éxito siempre viene acompañado de opciones, y la forma cómo usemos esas opciones revelará nuestro carácter. La gente acaudalada puede utilizar sus recursos para beneficiar a los demás o solo a ellos mismos. La gente famosa puede usar su notoriedad para ser modelos de integridad y carácter, o servirse a sí mismos de manera egoísta. Los líderes pueden tomar decisiones que afectan a otros de manera positiva o negativa. Todo depende de ellos.

En el meollo del asunto está la cuestión de si la gente desea usar su poder para poner a otros en su lugar o para ponerse ellos mismos en el lugar del otro. Creo que la presidenta Macapagal-Arroyo trata de ver las cosas desde la perspectiva de su pueblo y actúa conforme a este principio. El educador y químico agrónomo George Washington Carver hizo una observación increíble: «Qué tan lejos llegarás en la vida depende de que seas tierno con los pequeños y los jóvenes, compasivo con los ancianos, solidario con los que luchan y tolerante hacia los débiles y los fuertes, porque en algún momento de la vida tú habrás sido todas estas cosas». Nuestra manera de tratar a los demás se deriva de la perspectiva que tengamos de ellos. El problema es que ver las cosas desde el punto de vista del otro no es algo natural para todas las personas. Esto es lo que he descubierto sobre el principio del intercambio:

Por naturaleza no nos vemos a nosotros mismos y a los demás desde la misma perspectiva

El miembro del Salón de la Fama de la Liga Nacional de Béisbol, Hank Greenberg, trabajó como manejador general de los Indios de Cleveland después de sus días como jugador con los Tigres de Detroit. En cierta ocasión fuera de temporada, se enviaron contratos a todos los jugadores del equipo para que los firmaran. Varias semanas después Greenberg recibió un contrato sin firmar de un jugador. Le envió el siguiente telegrama al jugador: «Te apresuraste tanto en aceptar los términos, que olvidaste firmar el contrato». Al día siguiente le llegó un telegrama del jugador que decía: «Te apresuraste tanto en subirme el sueldo, que escribiste las cifras equivocadas».

> «Qué tan lejos llegarás en la vida depende de que seas tierno con los pequeños y los jóvenes, compasivo con los ancianos, solidario con los que luchan y tolerante hacia los débiles y los fuertes, porque en algún momento de la vida tú habrás sido todas estas cosas».
>
> GEORGE WASHINGTON CARVER

No nos vemos a nosotros mismos y a los demás de la misma forma. Por naturaleza, la gente se ve a sí misma a la luz de sus intenciones, pero miden a los demás de acuerdo con sus acciones. Como dijo el poeta Henry Wadsworth Longfellow: «Nos juzgamos a nosotros mismos según lo que nos sentimos capaces de hacer, mientras que los demás nos juzgan por lo que ya hemos hecho».

Por naturaleza, tratamos de vernos a nosotros bajo la luz más positiva, y eso no tiene nada de malo mientras seamos sinceros con nosotros mismos. Sin embargo, debemos dar a los demás el mismo beneficio de la duda que nos damos a nosotros mismos.

Cuando fallamos en ver las cosas desde la perspectiva del otro, fallamos en nuestras relaciones

Gran parte del conflicto que experimentamos en las relaciones se deriva de nuestra ineptitud para ver las cosas desde la perspectiva de la otra persona, como lo ilustra el siguiente chiste:

Un hombre que viajaba en un globo de aire caliente se dio cuenta de que está perdido. Redujo la altitud y alcanzó a ver desde arriba a una mujer. Descendió un poco más y gritó: «¡Disculpe! ¿Me puede ayudar? ¡Le prometí a un amigo que me encontraría con él hace una hora, pero no sé dónde estoy!»

La mujer respondió desde abajo: «Usted está en un globo de aire caliente que flota a unos 20 metros de la tierra. Se encuentra entre los grados 40 y 41 de altitud norte, y los 59 y 60 grados de longitud oeste». «¡Usted debe ser ingeniera!», exclamó el navegante. «Sí, ¿cómo supo?»

«Todo lo que me ha dicho suena técnicamente correcto, pero no sé cómo usar la información que me dio, y el hecho es que sigo perdido. Francamente, no me ha ayudado mucho que digamos, solo ha retrasado mi viaje». La mujer respondió desde abajo: «Usted debe ser gerente». «Lo soy», contestó el piloto, «¿pero cómo lo supo?»

La mujer respondió: «Mire, usted no sabe dónde está ni a dónde va. Ha llegado a esa posición alta en que está gracias a una gran cantidad de aire caliente [mejor dicho, "charlatanería"]. Ha hecho una promesa que no tiene ni idea de cómo cumplir, y espera que la gente que está debajo de usted le resuelva sus problemas. El hecho es que usted se encuentra en la misma posición donde estaba antes de toparse conmigo, pero de algún modo, se las ha arreglado para echarme a mí la culpa».

¿Con cuánta frecuencia se enfrasca en conflictos con otra persona como resultado de ver las cosas de un modo mientras su interlocutor las ve desde otro punto de vista? Piénselo un momento. Si está casado, ¿no existe la posibilidad constante de entrar en conflictos potenciales debido a la manera diferente como hombres y mujeres ven las cosas? Si tiene hijos, ¿no ocurre mucha fricción debido a que ellos no ven las cosas como usted las ve? Incluso en un ambiente laboral muy positivo, la gente no ve todo a la par. Tan solo recuerde esto: Antes de tener un altercado con su jefe, dé un buen vistazo a ambos lados, el lado de él y el lado de afuera. Hablando en serio, creo que si la gente hiciera el esfuerzo de ver las cosas desde el punto de vista de los demás, desaparecería el ochenta por ciento de nuestros conflictos interpersonales.

Si aprendemos a ver las cosas desde la perspectiva de los demás, tendremos éxito en nuestras relaciones

Leí este dicho en una publicación de ventas: «Si usted quiere venderle a José Pérez lo que José Pérez suele comprar, entonces usted debe ver a José Pérez a través de los ojos de José Pérez». El concepto es tan simple que nos parece demasiado obvio. Sin embargo, muchas personas no lo ponen en práctica. Están tan ocupadas poniendo a los demás en su lugar que no hacen el esfuerzo de ponerse en el lugar del otro.

CÓMO HACER EL INTERCAMBIO

¿Cómo mejora usted en hacer el intercambio y ver las cosas desde la perspectiva de la otra persona? Empiece haciendo estas cuatro cosas:

1. Deje «su lugar» y visite «el lugar del otro»

La mejor manera de evitar pisarles los pies a los demás es ponerse en sus zapatos. En la década de los treinta, la aerolínea American Airways que más tarde se convirtió en American Airlines, tenía un problema inmenso debido a las quejas de los pasajeros acerca del equipaje extraviado. LaMotte Cohn, gerente general de la aerolínea en aquel tiempo, trató que sus gerentes de estación resolvieran el asunto, pero vio muy poco progreso. Al final se le ocurrió una idea para ayudar al personal de la aerolínea a ver las cosas desde el punto de vista de sus clientes. Cohn solicitó a todos los gerentes de estación en todo el país que volaran a la oficina principal de la compañía para una reunión. Luego se aseguró que el equipaje de todos los gerentes se extraviara en tránsito. Después de lo sucedido, la aerolínea experimentó un mejoramiento definitivo en la eficiencia de esa área específica del servicio.

> La mejor manera de evitar pisarles los pies a los demás es ponerse en sus zapatos.

¿Cómo se pone usted en el lugar del otro? El célebre vendedor Art Mortell ofrece su conocimiento y experiencia al respecto:

> Me encanta jugar ajedrez. Siempre que voy perdiendo, me levanto y me coloco detrás de mi oponente para ver la mesa desde su lado. Así empiezo a descubrir las movidas torpes que he hecho porque puedo verlo desde su punto de vista. El reto del vendedor es ver el mundo desde la perspectiva del cliente potencial.[1]

Haga lo que sea necesario para cambiar su perspectiva, preste atención a las inquietudes de la gente, estudie su cultura o profesión, lea sobre sus áreas de interés, o visite el lugar donde se desempeñan, su hogar, su oficina, su vecindario o su región. Tal vez le sorprenda cómo la experiencia altera su manera de pensar. Quizá descubra, como lo hizo el presidente Harry Truman, que «cuando entendamos el punto de vista del otro y entendamos lo que está tratando de hacer, descubriremos que nueve de cada diez veces trata de hacer lo correcto».

2. Reconozca que la otra persona tiene un punto de vista válido

Los sistemas de creencias de la gente y sus experiencias personales son diversos y complejos. Así usted se esfuerce en ver las cosas desde el punto de vista de la demás gente, todavía habrá diferencias de opinión. Eso está bien. Mi punto de vista no es correcto solo porque sea mío. Si me esfuerzo en encontrar la legitimidad del punto de vista de otra persona, mi mentalidad se ampliará y será más versátil. Como dijo el famoso jurista Oliver Wendell Colmes: «Después que una mente se expande por una idea nueva, nunca vuelve a su tamaño original».

3. Examine su actitud

Para ver las cosas desde el punto de vista de otra persona, la actitud es fundamental. Siempre es fácil ver ambos lados de un asunto en el que usted no tenga algún interés en particular. Es mucho más difícil cuando es evidente que usted lo tiene. En ese caso, a usted le interesa más que las cosas se hagan a su modo que en encontrar la manera de conectarse con otros. Todo depende de si usted está o no dispuesto a cambiar. Si usted no quiere cambiar, buscará diferencias en los demás. Si está dispuesto a cambiar, se enfocará en las similitudes.

4. Pregunte al otro qué haría en su lugar

La clave para aplicar el principio del intercambio es la empatía. Esto significa que si usted procura identificarse con el punto de vista de los demás, será mucho más fácil conectarse con ellos. ¿Por qué? Porque sabrán que usted se interesa en ellos. A veces la mejor manera de lograr esto es a través del simple acto de preguntar.

Leí una historia jocosa que muestra lo que puede suceder cuando usted no hace algo tan obvio como preguntar. Tres hijos salieron del hogar para hacer sus fortunas y les fue muy bien. Cierto día, los tres hermanos competitivos se reunieron para hablar sobre los regalos que habían dado a su madre anciana.

—Yo mandé construir una casa grande para ella —dijo el primero.

—Yo le conseguí un Mercedes Benz con chofer —comentó el segundo.

—Yo les gané a los dos —dijo el tercero—. Ustedes saben cómo mamá disfruta el leer la Biblia, y también saben que ella no puede ver muy bien. Bueno, pues yo le mandé un loro que puede recitar toda la Biblia. Doce monjes en un monasterio tardaron doce años en enseñarle. Tuve que prometerles que contribuiría cien mil dólares al año durante diez años para que lo entrenaran, pero valió la pena. Ella solo tiene que nombrar capítulo y versículo, y el loro lo recitará al instante».

Poco después, la madre envió sus cartas de agradecimiento. Escribió al primer hijo: «Milton, la casa que construiste es inmensa. Vivo en un solo cuarto, pero me toca limpiarla toda». Le escribió al segundo: «Martín, ya estoy muy anciana para viajar. Me quedo en casa todo el tiempo, así que nunca uso el Mercedes. Además, ¡el conductor es muy antipático!» Su mensaje para el tercer hijo tuvo un tono más suave: «Querido Melvin, tú fuiste el único que tuvo la sensatez suficiente para darle gusto a tu mamá. El pollo estuvo delicioso».

Si usted se pusiera en el lugar de los demás en vez de tratar de ponerles a ellos en su lugar, cambiaría su manera de ver la vida y de vivirla. El autor y conferencista Dan Clark recuerda que cuando era adolescente, él y su padre hicieron fila una vez para comprar boletos para el circo. Mientras esperaban, notaron a la familia que estaba frente a ellos. Los padres iban tomados de la mano y aunque tenían ocho hijos menores de doce años, todos se comportaban bien. A juzgar por el vestuario limpio pero simple que llevaban puesto, sospechó que no tenían mucho dinero. Los chicos hablaban con entusiasmo de las cosas emocionantes que esperaban ver, y él se dio cuenta de que el circo iba a ser una experiencia novedosa para ellos.

La pareja se acercó a la ventanilla y el encargado les preguntó cuántos boletos querían. El hombre respondió: «Por favor déjeme comprar ocho boletos de niño y dos de adulto para que pueda llevar a mi familia al circo».

Cuando el encargado les dijo el precio total, la esposa soltó la mano del hombre e inclinó la cabeza. El hombre se acercó más a la ventanilla y preguntó: «¿Cuánto dijo que valen?» El encargado volvió a decir el precio. Era obvio que el hombre no tenía dinero suficiente, se veía devastado. Clark cuenta que su padre vio todo esto, se metió la mano al bolsillo, sacó un billete de veinte dólares y lo dejó caer al suelo. Después se inclinó a recogerlo, tocó el hombro de aquel padre abatido y dijo: «Disculpe señor, esto se le cayó del bolsillo». El hombre sabía exactamente qué había sucedido. Miró al padre de Clark directo a los ojos, tomó su mano, la sacudió y con una lágrima que le corría por la mejilla, contestó: «Gracias, muchas gracias, caballero. Esto de verdad significa mucho para mi familia y para mí».

Clark y su padre regresaron a su auto y volvieron a casa. No tenían dinero suficiente para ir al circo esa noche, pero eso no importaba. Por cuanto se habían puesto en el lugar de otros, habían hecho algo mucho más importante.

Preguntas de discusión sobre el
Principio del *Intercambio*

1. ¿Qué clase de elementos positivos pueden añadirse a la perspectiva que tenemos de los demás cuando viajamos a lugares desconocidos y somos expuestos a otras culturas? ¿Qué clase de cambios pueden ocurrir como resultado? ¿Cómo pueden nuestras nociones preconcebidas actuar en contra de esos cambios positivos?

2. ¿Qué asuntos impiden que una persona quiera «salir de sí misma» para ver las cosas desde el punto de vista de otra persona? ¿Qué obstáculos tiene usted para hacerlo? ¿Qué ha hecho en el pasado para superarlos? ¿Qué podría hacer en el futuro para aumentar su capacidad de ver las cosas desde el punto de vista de otras personas?

3. ¿Cómo describiría su actitud general hacia las personas? ¿Supone automáticamente que los demás tienen un punto de vista válido, o siempre cree tener la razón? Explique. Si necesita mejorar en esta área y conceder a los demás el beneficio de la duda, ¿cómo trabajará para mejorar?

4. ¿Qué sucede en las relaciones cuando alguien pone a los demás «en su lugar»? ¿Cómo se puede reparar una relación que ha experimentado esa dinámica?

5. ¿Qué tan bueno es usted para enfocarse en los demás? ¿Con cuánta frecuencia pide a las personas que comuniquen su perspectiva sobre algún asunto en particular? Por lo general, ¿está usted enfocado en su propia agenda, o es una prioridad mayor en su vida ver las cosas desde la perspectiva de los demás? ¿Estarían de acuerdo con su valoración las personas más cercanas a usted?

EL PRINCIPIO
DEL APRENDIZAJE

CADA PERSONA QUE CONOCEMOS TIENE EL POTENCIAL DE ENSEÑARNOS ALGO

Hay algunas personas que si ellos no saben,
usted no puede decírselo.

—LOUIS ARMSTRONG

LA PREGUNTA QUE DEBO RESPONDER:
¿ABORDO A LAS PERSONAS CON UN DESEO
DE APRENDER DE ELLAS?

U sted le reconocería si lo viera. Interpreta un personaje bien conocido y ha aparecido en docenas de películas y programas de televisión. Tuvo el papel de Guido en *Risky Business* [Negocio arriesgado] y fue el compañero de Tommy Lee Jones en *El Fugitivo*. Interpretó al traidor Cypher en el éxito de taquilla *The Matrix*, y al mafioso Ralphie en *Los Sopranos*. Sus amigos le conocen como Joey Pantalones, su nombre real es Joe Pantoliano.

Joe nació y creció en Hoboken, Nueva Jersey, una área difícil para crecer. Según cuenta, sus ejemplos a seguir eran los tipos astutos del lugar, los sujetos que trabajaban con la mafia. Sus padres se mudaron en múltiples ocasiones y ambos eran adictos a las apuestas. Como resultado, no eran muy buenos para pagar las cuentas. Cuando Joe tenía nueve o diez años, su mamá trabajaba como agente de apuestas para ganar dinero extra, y usaba a Joe como su corredor. Joey Pantalones parecía destinado a una vida de delincuencia.

Un tipo astuto en la casa

Ese destino parecía inevitable cuando un primo lejano, Florio Isabella, salió de la prisión y se quedó a vivir en el hogar de los Pantoliano cuando Joe tenía trece años. Florie, como le llamaban, era un delincuente de larga trayectoria. De niño creció en el vecindario «La Pequeña Italia» en la ciudad de Nueva York, y en esa época entregaba la heroína que sus padres preparaban para la venta en su apartamento de una habitación. A los doce, ya se dedicaba a vender el narcótico. Había pasado veintiún años de su vida en prisión, y además del narcotráfico, había cometido robo a mano armada y otros delitos serios, incluido el asalto al ferry Hoboken. Joe recuerda: «Florie violó de inmediato su libertad bajo palabra al regresar a la vida de delincuente junto a una pandilla conocida como los Hermanos Paraíso. Recuerdo que se ganó cincuenta mil dólares en efectivo».[2] No obstante, después que mataron a uno de los hermanos Paraíso al estilo mafia, Florie se puso a pensar. La encrucijada en el camino de Florie se convirtió en una encrucijada en la vida de Joe, aunque no lo sabían en aquel momento. Florie pudo haber tomado a Joe como su pupilo en el mundo de la delincuencia, pues así es como empiezan muchos mafiosos y bandoleros. En lugar de esto, el viejo pandillero hizo algo diferente. Joe recuerda: «Él siempre me decía que cada movida que había hecho era la errónea, y que eso no me iba a pasar a mí; fue el único que tuvo fe en mí y me alentó a seguir mi corazón».[2]

El corazón de Joe estaba fijado en la actuación, pero cuando tuvo el valor de contárselo a sus amigos y familiares, fue ridiculizado. «¿Quién te crees que eres?», le dijo su mamá. «¿Con que quieres ser un actor? La gente como nosotros no se convierte en actores. La gente como nosotros no va a la universidad. La gente como nosotros no sale adelante. No trates de cambiar la realidad, Joey».[3]

En cambio Florie, quien era la persona menos indicada en su vida, le enseñó a ser diferente del resto de sus familiares y los amigos con quienes creció. Florie lo conectó con su primer profesor de actuación, y cuando Joe estuvo listo para salir de casa y mudarse a Nueva York, Florie no solo le animó sino que también le dio dinero. Le llevó en su auto al primer día de trabajo en su primera película, como extra en *The Valachi Papers* [Los secretos de la Cosa Nostra, 1972]. Lo más importante es que Florie le mantuvo alejado de la vida de delincuencia que le habría traído dinero fácil a Joe durante los primeros siete años que luchó como actor. «Si Florio Isabella, mi otro padre o mi padrastro honorario y primo tercero de mi mamá no hubiera entrado en escena a tiempo», dice Joe, «mi dirección postal sería en Attica, Nueva York», refiriéndose a la prisión estatal.[4]

«Al fin de todo», comenta Joe, «me queda el hecho trágico de que la única persona en mi vida que me hizo sentir que podía llegar a ser alguien, hizo algunas cosas muy terribles. Según el criterio de muchas personas, Florie sería considerado una persona horrible que trató de rectificar sus malas obras al ayudarme a tener confianza y alcanzar el éxito con su amor incondicional. Fue el tipo más dulce y sabio que jamás conocí».[5]

¿CUÁL ES SU ACTITUD?

La verdad es que todos nosotros, al igual que Joe Pantoliano, podemos aprender lecciones valiosas en circunstancias bastante improbables, y de las personas menos probables. Todo el mundo tiene algo que compartir y algo que enseñarnos, pero esto solo puede ser cierto si tenemos la actitud correcta.

¿Qué clase de actitud tiene usted cuando se trata de aprender de los demás? Todas las personas caen dentro de una de las categorías descritas por los siguientes enunciados:

Nadie puede enseñarme nada: Actitud arrogante

Creo que a veces suponemos que la ignorancia es el enemigo más grande de la educación verdadera. Sin embargo, esto tiene muy poco que ver con un espíritu educable. ¿No ha conocido algunas personas exitosas que han recibido mucha educación y que no quieren oír las sugerencias ni las opiniones de los demás? ¡Muchos creen que se las saben todas! Una persona que crea una organización grande y exitosa puede pensar que no puede aprender de otros que operan organizaciones más pequeñas. Una persona que recibe un doctorado puede volverse incapaz de recibir instrucción de alguien más porque ahora se considera un experto. La persona con mayor experiencia en una compañía o departamento quizá no escuche las ideas de alguien más joven. Tales personas no se dan cuenta del daño que se hacen. La realidad es que nadie es demasiado viejo, demasiado inteligente o demasiado exitoso como para aprender algo nuevo. El único obstáculo que se interpone entre una persona y la capacidad para aprender y mejorar es una mala actitud.

Alguien puede enseñármelo todo: Actitud ingenua

La gente que reconoce que todavía le falta crecer con frecuencia busca un mentor. En general, esta es una buena decisión, sin embargo, es ingenuo que los individuos crean que pueden aprender todo lo que necesitan saber de una sola persona. Las personas no necesitan *un* mentor sino *muchos* mentores. He aprendido mucho de muchas personas: Les Stobbe me enseñó a escribir como se debe; mi hermano Larry es mi mentor en los negocios; he aprendido mucho sobre comunicación de Andy Stanley; Tom Mullins es mi modelo en las relaciones. Si tratara de incluir a todas las personas que me han enseñado en el transcurso de los años, tendría que llenar muchas páginas con sus nombres.

Todos me pueden enseñar algo: Actitud educable

La gente que más aprende no es siempre la que pasa tiempo con la gente más inteligente, sino los que tienen una actitud educable. Cada persona tiene algo que compartir, trátese de una lección aprendida, una observación, una experiencia de la vida. Tan solo necesitamos estar dispuestos a escuchar. De hecho, la gente con frecuencia nos enseña cosas cuando ni siquiera se proponen hacerlo. Pregunte a cualquier padre o madre de familia y encontrará que ellos aprendieron lecciones valiosas de sus hijos, incluso mientras eran infantes incapaces de comunicar una sola palabra. El único momento en que la gente no puede enseñarnos algo es cuando no estamos dispuestos a aprender.

No estoy diciendo que *todas* las personas que usted encuentre le enseñarán algo, sino que existe la posibilidad real de que así sea, si usted se los permite.

CÓMO APRENDER DE OTROS

Si usted tiene una actitud educable, o si está dispuesto a adoptar esa actitud, estará en la posición correcta para aprender de otras personas. En ese caso, todo lo que necesita es dar los siguientes cinco pasos:

1. Haga del aprendizaje su pasión

El experto en gerencia Philip B. Crosby comenta: «Según una teoría de la conducta humana, la gente retarda su propio crecimiento intelectual de forma subconsciente. Lo hacen al apoyarse demasiado en clichés y hábitos, y tan pronto llegan a cierta edad en la que se sienten cómodos consigo mismos y con el mundo, dejan de aprender y su mente queda en neutro durante el resto de su vida. Es posible que progresen en los eslabones organizacionales, y que no dejen de ser ambiciosos y emprendedores, hasta pueden trabajar día y noche, pero ya no pueden aprender más».[6]

A veces ese es el problema que tienen las personas que recibieron los *puestos* que soñaron tener o alcanzaron las *metas* que fijaron para su organización o ganaron los *títulos* por los que tanto lucharon. En su mente, ya han llegado a su destino final y se ponen cómodos. Si usted no quiere dejar de crecer, no puede sentarse en el sofá de la complacencia mental, usted necesita hacer del aprendizaje continuo su meta. Si lo hace, nunca se le acabará la gasolina mental y su motivación será fuerte. No tiene que preocuparse de encontrar a personas que le enseñen, como dijo el filósofo Platón: «Cuando el pupilo está listo, aparecerá el maestro».

> Cuando el pupilo esté listo, aparecerá el maestro.
>
> PLATÓN

2. Valore a la gente

Para 1976, me había desempeñado durante siete años en mi carrera y me sentía realizado. En aquellos días, las iglesias eran juzgadas por el éxito de sus programas de escuela dominical, y la iglesia que dirigía tenía el programa educativo de mayor crecimiento en el estado de Ohio. Además, para aquel entonces mi iglesia había crecido hasta convertirse en la más grande de mi denominación. No obstante, yo todavía quería aprender. Ese año me inscribí para asistir a una conferencia. Había tres conferencistas a quienes quería oír: eran mayores que yo y tenían mayor éxito y experiencia que los míos.

Durante la conferencia, una de las sesiones fue un intercambio de ideas en el que cualquier asistente podía hablar. Supuse que sería un desperdicio de tiempo y la iba a pasar por alto, pero mi curiosidad salió ganando. Resultó ser una oportunidad para abrir los ojos a la realidad. Uno tras otro, los participantes hablaron sobre lo que estaba funcionando en su organización, y yo me puse a escribir muchos apuntes y anotar ideas útiles. Terminé aprendiendo más durante esa sesión que en todas las demás combinadas.

Eso me tomó por sorpresa, y después entendí por qué. Antes de la conferencia, pensaba que solo personas mayores y con más éxito que yo podían enseñarme algo de valor. Había entrado a esa sesión dando muy poco valor a los demás asistentes y esa fue una actitud errónea. La gente no aprende de personas a quienes no valoren. Decidí que cambiaría mi manera de pensar desde ese día en adelante.

3. Desarrolle relaciones con potencial de crecimiento

Es verdad que todo el mundo tiene *algo* que enseñarnos, pero eso no significa que alguien pueda enseñarnos *todo* lo que nos falta aprender. Necesitamos encontrar a la gente que más pueda ayudarnos a crecer, tales como expertos en nuestro campo, pensadores creativos que expandan nuestra mente, gente exitosa y productiva que nos inspire a avanzar al siguiente nivel, etc. Con frecuencia, el aprendizaje es la recompensa de pasar tiempo con gente extraordinaria. Lo que son y lo que saben es en cierto sentido, contagioso. Como dicen Donald Clifton y Paula Nelson, autores de *Soar with Your Strengths* [Conquista las alturas con tus puntos fuertes]: «Las relaciones nos ayudan a definir quiénes y qué llegamos a ser».

4. Identifique las características únicas y fortalezas de las personas

El filósofo y poeta Ralph Waldo Emerson comentó: «Nunca he conocido a un hombre que no haya sido mi superior en algo particular». La gente crece mejor en las áreas en que son fuertes y pueden aprender más de las fortalezas de otra persona. Por esa razón, hay que tener criterio en la selección de las personas de quienes queremos aprender.

A mediados de la década de los setenta, identifiqué a los diez mejores líderes eclesiásticos en la nación, y traté de conseguir una entrevista con cada uno de ellos. Hasta les ofrecí cien dólares por cada hora de su tiempo, lo cual era el salario de media semana en aquel entonces. Algunos estuvieron dispuestos a encontrarse conmigo y otros no. Estuve sumamente agradecido con los primeros. Mi esposa y yo no teníamos mucho dinero, y estos líderes vivían por todo el país, así que durante muchos años planeamos nuestras vacaciones alrededor de estas visitas especiales. ¿Por qué estuve dispuesto a recorrer tales distancias para conocer a estas personas? Porque me moría por aprender las habilidades y fortalezas únicas que ellos poseían. Las entrevistas hicieron una diferencia enorme en mi vida, además, ¿sabe una cosa? La conexión con grandes hombres y mujeres sigue afectando mi vida positivamente. Cada mes trato de conocer a alguien a quien admiro y de quien quiero aprender.

5. Haga preguntas

Durante mi primer año de universidad tuve un trabajo de medio tiempo en una planta procesadora de alimentos en Circleville, Ohio. Era un lugar donde se mataban reses y la carne se almacenaba en depósitos refrigerados gigantes. Mi trabajo era transportar la carne recién procesada a las áreas de refrigeración y sacar pedidos de carne para los clientes.

Siempre que soy expuesto a algo nuevo para mí —y esto lo era— trato de aprender lo que más posible al respecto. La mejor manera de aprender es observar y hacer preguntas. Había trabajado como dos semanas junto a Vincent, un hombre mayor que había trabajado muchos años allí, cuando me sacó a un lado y me dijo: «Mira hijo, déjame decirte algo, tú haces demasiadas preguntas. He trabajado aquí mucho tiempo. Yo mato vacas, es todo lo que hago y eso es todo lo que voy a hacer porque entre más sepas, más esperarán que hagas para ellos». Me resultó difícil entender por qué alguien no querría aprender algo nuevo y crecer, pero era obvio que él no estaba comprometido a cambiar.

El escritor Johann Wolfgang von Goethe decía que «uno debe, por lo menos cada día que pasa, escuchar una cancioncita, leer un buen poema, ver una pintura agradable y de ser posible, decir unas cuantas palabras razonables». Yo añadiría que uno también debería hacer preguntas para aprender algo nuevo cada día. El aprendizaje empieza con el simple acto de escuchar, pero no termina allí. El profesor de teología Hans Küng afirmó: «Entender a alguien como se debe implica aprender de esa persona, y aprender de alguien como se debe implica cambiar uno mismo». El cambio siempre es la meta de todo aprendizaje, usted no puede crecer sin cambiar.

Este capítulo se ha enfocado en la importancia de aprender de otros, pero usted nunca sabe quién pueda estar escuchando y aprendiendo de usted. Eso lo descubrí hace poco, un día que Margaret contestó el teléfono. Habló un momento, me miró mientras ponía la mano en el auricular y dijo: «¿Conoces a un tal Dick Vermeil?» Casi la tumbo cuando me abalancé para llegar al teléfono. Vermeil es un entrenador legendario, empezó como entrenador de secundaria en 1959 y ha entrenado a jugadores de fútbol americano de todos los niveles. Ha sido nombrado Entrenador del Año en cuatro niveles: secundaria, universidad, primera división de la NCAA y la NFL o Liga Nacional de Fútbol Americano. En los noventa volvió de su retiro para entrenar a los Rams de San Luis, y en 1999 ganó el Súper Tazón con ellos. ¿De

> El cambio siempre es la meta de todo aprendizaje. Usted no puede crecer sin cambiar.

verdad era Dick Vermeil? ¿Por qué razón querría hablar conmigo? En realidad era Dick Vermeil. Me llamó por algo que yo había enseñado en una lección de Impacto Máximo, una serie de grabaciones que más de quince mil subscriptores reciben cada mes de mi parte. Había mencionado que cada vez que leo un libro excelente y que me enseña mucho, acostumbro escribir una nota de agradecimiento al autor y le dejo saber lo mucho que su obra significó para mí. Todos los maestros quieren oír que su obra hace alguna diferencia.

Vermeil me llamó para hacerme saber que él había leído mis libros y recibido mis mensajes grabados durante seis años. Él oye la lección en su automóvil al ir y al regresar de las prácticas, y a veces comparte los principios con sus entrenadores y jugadores. Solo llamaba para contarme, y fue un gran privilegio poder hablar con él. ¡Esa clase de ánimo puede dar energías a una persona durante todo un mes! Además, sirve como una confirmación del principio del aprendizaje. Si alguien como Dick Vermeil, un hombre que se ganó la copa más importante del fútbol profesional americano, puede aprender algo de mí, entonces es cierto que cada persona que conocemos tiene el potencial de enseñarnos algo.

Preguntas de discusión sobre el
Principio del *Aprendizaje*

1. ¿Cuán abiertas son la mayoría de las personas a aprender de los demás? ¿Qué clase de actitud posee la mayoría de la gente? ¿Cree que la mayoría de la gente prejuzga con rapidez si pueden o no aprender algo de otro individuo? En ese caso, ¿cree que lo hacen de manera intencional o subconsciente? Explíquese. ¿Qué factores, tales como apariencia, posición, ingreso, raza, edad, etc., determinan si una persona tiene o no algo que ofrecer? ¿Qué prejuicios cree que *usted* puede poseer? ¿Cómo puede cambiarlos?

2. En el capítulo se mencionan dos tipos de aprendizaje. Uno tiene que ver con ser *abiertos* a aprender de cualquier persona en cualquier momento. El otro tiene que ver con ser *estratégicos* en cuanto a cómo y de quién podemos aprender. ¿Qué clase de beneficios puede usted recibir de cada uno? ¿Cuáles son las dificultades más grandes que podría enfrentar en cada uno? ¿Cuál le parece más llamativo en lo personal?

3. ¿Cuál es su filosofía en cuanto al aprendizaje y el crecimiento personal? ¿Había pensado mucho en este aspecto antes de leer el capítulo? ¿Cómo diría que se distingue de las ideas presentadas en el capítulo? ¿Qué ideas nuevas puede adoptar fácilmente?

4. ¿Qué clase de papel han jugado los mentores en su crecimiento personal hasta este punto de su vida? Describa a una persona clave de su pasado que le enseñó algo importante. ¿Quién le ayuda actualmente a crecer? ¿Ha buscado a un solo mentor para que le guíe o trata usted de conectarse con varias personas a ese nivel? ¿Quién en su círculo actual de conocidos tiene experiencia en una área que pueda ayudarle a mejorar? ¿Qué puede hacer para contar con su ayuda?

5. ¿Cómo es su desempeño a la hora de hacer preguntas? Al relacionarse con alguien por primera vez, ¿le hace preguntas para conocerle mejor? ¿Son sus preguntas conducentes a una conversación que le enseñe algo? Suponga que ya está listo para conocer a un mentor o maestro. ¿Prepara preguntas por adelantado para aprovechar esa oportunidad al máximo y no hacerles perder tiempo?

EL PRINCIPIO DEL CARISMA

LA GENTE SE INTERESA EN LA PERSONA QUE SE INTERESA EN ELLOS

Usted puede hacer más amigos en dos meses por medio de interesarse en otros de los que puede hacer en dos años tratando que los demás se interesen en usted.

—DALE CARNEGIE

LA PREGUNTA QUE DEBO RESPONDER:
¿ACOSTUMBRO A ENFOCARME EN LOS DEMÁS
Y SUS INTERESES O SOLO EN LO MÍO?

En agosto de 2003, Margaret y yo teníamos boletos para ir en un crucero de Seabourn por el Mediterráneo. Al llegar al área de recepción y abordaje, una mujer un tanto mayor que nosotros se acercó y se presentó.

–Hola, me llamo Filomena –dijo con una sonrisa brillante—. ¿Cómo se llaman ustedes?

Después de presentarnos, dijo:

–Qué gusto me da verles, espero que nos conozcamos mejor. Tal vez podamos vernos esta noche durante la cena.

–Qué persona tan simpática –comentó Margaret mientras nos registrábamos y recibíamos la llave para nuestro camarote.

Después de terminar de desempacar en la tarde, ya me había olvidado de Filomena, pero cuando bajamos a cenar, la vimos hablando con varias personas. Tan pronto nos vio, sonrió y se acercó para saludar.

–John y Margaret –dijo– les presento a mi esposo, Stanley—. De inmediato nos incluyó en la conversación, de tal modo que terminamos cenando juntos.

–¿A qué te dedicas? –me preguntó.

–Soy escritor y conferencista –respondí.

–Eso suena muy interesante, cuéntame más.

Le hablé sobre mi trayectoria y algunas de mis experiencias a medida que me hacía preguntas. Luego sostuvo una conversación con Margaret y en breve ya estaban hablando sobre arte y antigüedades.

Durante los días siguientes observé cómo Filomena y Stanley se presentaron a los 120 pasajeros del crucero y establecieron conexión personal con cada uno de ellos. Noté que Filomena se esforzaba para que cada persona se sintiera bien consigo misma. Ella iniciaba la conversación, y cuando alguien quería empezar a hablar de ella, Filomena no tardaba en volver al tema de la otra persona. Ya se sabía el nombre de todos y tenía algo positivo que decir acerca de cada persona. Después de un par de días, la gente se la pasaba por el barco buscándola como si fuera «la flautista de Hamelin». Todos a una se enamoraron de ella.

En una de nuestras conversaciones con ella, me enteré de que Filomena y Stanley estaban jubilados y dedicaban su tiempo libre a viajar en cruceros y conocer gente. Al parecer, la estaban pasando de maravilla en sus años dorados. Cuando estaba a punto de terminar el crucero, le dije cuánto le apreciábamos Margaret y yo, y que nos encantaría mantenernos en contacto con ella. Filis, como todos le llamaban de cariño, sacó de su bolsillo una tarjeta de negocios que decía

«Filomena y Stanley Hughes,
tus amigos de crucero».

Abajo tenía el logotipo de la línea de cruceros con la dirección y el teléfono de la pareja. Desde aquel crucero, Filomena nos ha escrito y nos ha hecho invitaciones para visitarla junto a Stanley en la Florida.

Filomena Hughes es una de las personas más carismáticas que he conocido, una experta en conectarse con la gente. ¿Cuál era su secreto? Es lo mismo que aprendí en 1963 cuando mi padre me envió a mi primera clase con Dale Carnegie: Si usted quiere conectarse con los demás, enfóquese en ellos, no en usted mismo.

Seis maneras de lograr que usted le caiga bien a la gente (con agradecimientos a Dale Carnegie)

Las enseñanzas de Carnegie en el salón de clase y en su libro *How to Win Friends and Influence People* [Cómo hacer amigos e influenciar a las personas] dejaron una impresión profunda en mí como adolescente. Tuvieron tal impacto que he trabajado para definir mis habilidades sociales basándome en muchas de sus enseñanzas. Estas son las seis sugerencias magistrales de Carnegie, acompañadas por mis explicaciones.

1. Muestre un interés genuino en los demás

Alguien preguntó una vez a Perle Mesta, la anfitriona más conocida de Washington desde Dolley Madison, la esposa del cuarto presidente de los Estados Unidos, cuál era el secreto de su éxito para lograr que tanta gente rica y famosa asistiera a sus fiestas. «El éxito está en los saludos y las despedidas», afirmó. Cada vez que llegaban sus invitados, ella les salía al encuentro y decía: «¡Por fin tengo el gusto de verles!» Tan pronto cada uno de ellos procedía a salir de la fiesta, expresaba su gratitud por la visita diciendo: «Lamento mucho que tengan que irse tan pronto».

Durante casi veinte años, he usado la siguiente frase como una pauta para recordar cómo debe ser mi interacción con los demás: *A las personas no les importa cuánto sepa yo hasta que sepan cuánto me importan.* El éxito social no depende de cuánto poder, educación o experiencia posea usted. La gente responderá de forma más favorable si les hace saber primero que son importantes para usted como individuo.

2. Sonría

¿Alguna vez ha tenido una de esas revelaciones acerca de usted mismo que cambió su manera de vivir? Yo tuve una cuando estaba en tercer grado. Literalmente, vino una mañana mientras estaba parado frente al espejo. Miré mi cara y por primera vez la observé tal como la vería otra persona y pensé: *John, no eres un tipo guapo.* Me pregunté: *¿Cómo puedo cambiar eso?* Después sonreí, y pensé: *¡Eso ayuda!* Desde ese instante no he dejado de sonreír.

A las personas no les importa cuánto sepa yo hasta que sepan cuánto me importan.

Una sonrisa es una invitación cálida. Charlie Wetzel, quien escribe para mí, trabajó una vez en simposios educativos en los que vendía a profesores y entidades suministros para el aula de clases. Mientras trabajaba en el quiosco, se proponía sonreír siempre a todos los que pasaban. La mayoría de la gente que caminaba por los pasillos tenían sus ojos enfocados en los diversos productos que cada vendedor ofrecía, pero Charlie cuenta que con frecuencia sucedía algo interesante. Mucha gente pasaba de largo, pero al último instante se fijaban en él menos de un segundo. Más de la mitad de esas personas que vieron su sonrisa, se dieron la vuelta de repente y se acercaron a examinar los productos que vendía. Era casi como si tuviera una cuerda atada a la gente que podía usar para atraerles.

Esto no se debía a que Charlie parezca un actor o un modelo, así que su aspecto físico no fue la razón para el cambio súbito. Sus productos tampoco eran del otro mundo. El secreto era la sonrisa, como lo confirma este experimento que realizó para verificarlo: siempre que hacía contacto visual con una persona sin sonreír, la gente seguía de paso. Si usted quiere atraer a otros, haga brillar su rostro con una sonrisa.

3. Recuerde que el nombre de una persona es a sus oídos el sonido más dulce e importante

Cuando tomé por primera vez el curso de Dale Carnegie, la insistencia del instructor en que aprendiéramos los nombres de las personas dejó una impresión indeleble en mí. Desde aquel tiempo, se volvió una prioridad para mí, y con el transcurso de los años, he usado toda clase de trucos para recordar los nombres de la gente. Por ejemplo, encuentro una característica distintiva en el rostro de la persona y la asocio con su nombre. También hago juegos de palabras para recordar nombres y apellidos.

Mientras fui pastor de una iglesia grande, me ofrecí a memorizar los nombres de las personas que estuvieran dispuestas a dejarse tomar una fotografía instantánea. En cierto punto llegué a tener más de quinientas fotografías para memorizar, las cuales llevaba a todas partes con argollas que atravesaban el hoyo que les había perforado en la esquina izquierda. Recuerdo que una vez en un avión saqué de mi maletín unas cuantas argollas para revisarlas y memorizar los nombres. Un pasajero que iba al lado me preguntó: «¿Qué está haciendo?» Le dije sin inmutarme: «Estoy viendo fotos de mi familia». Comentó: «Usted sí que tiene una familia grande». Mientras seguía pasando las imágenes una por una, le dije: «Sí, y espere a que tenga nietos».

Por supuesto, mis esfuerzos para recordar nombres no siempre han dado buenos resultados. Sin importar cuánto lo intente, uno comete errores de vez en cuando. En cierta ocasión me pidieron que hablara en la conferencia nacional de la compañía Auntie Anne's Pretzels. Durante cinco minutos elogié a la fundadora de la compañía y dije a los asistentes cuán maravillosa era como líder, y hablé de la organización. Dije una y otra vez cuán especial y valiosa era «Aunt Annie», hasta que finalmente alguien me interrumpió y dijo con mucha pena: «Disculpa John, es Auntie Anne, no Aunt Annie». Me sentí como un completo idiota. Había invitado a cenar a mi casa a los fundadores Ana y Jonás Beiler, ¡y de todas maneras dije mal el nombre!

4. Sea un buen oyente, aliente a los demás a hablar de sí mismos

El novelista George Eliot aconsejó: «Trata de interesarte en algo más que la gratificación de deseos egoístas y pueriles en este mundo. Interésate en lo mejor del pensamiento y la acción, en hacer algo que sea bueno aparte de los accidentes de tu propia ventura. Busca tesoros en otras vidas además de la tuya, descubre cuáles son sus problemas y cómo se originan».

¿Cómo puede aplicarse este consejo? ¡Escuchando! Ese fue el don de Filomena Hughes, quien es una de las mejores oyentes que he conocido. Me recordaba mucho a mi madre, Laura Maxwell, la mejor oyente que jamás he conocido. No solo ha estado siempre disponible para mí sino que sabe escuchar a muchas otras personas. Años atrás, cuando era la bibliotecaria en el colegio bíblico de Circleville en

Ohio, muchas jovencitas la buscaban y confiaban en ella porque mostraba interés en ellas y sabían que ella siempre estaría dispuesta a escuchar. Margaret dice que esa habilidad también la convirtió en una suegra excelente.

Dos primeros ministros sobresalientes en la historia de Gran Bretaña son William Gladstone y Benjamín Disraeli. Se cuenta que una joven dama fue a cenar con ellos en diferentes ocasiones, y cuando le preguntaron qué impresión le había quedado de ambos hombres, ella dijo: «Después de pasar tiempo con el señor Gladstone, sentí que era el hombre más inteligente en toda Inglaterra, pero después de pasar tiempo con el señor Disraeli, me sentí como la mujer más inteligente en toda Inglaterra».

5. Hable en términos de los intereses de la otra persona

Un matrimonio joven se sentó en silencio en la mecedora de un porche en una cálida noche de junio. La joven esposa miró a su nuevo esposo y preguntó:

—Jorge, ¿crees que tengo ojos bonitos?

—Sí —contestó Jorge y después pasó un minuto de silencio.

—Jorge, ¿crees que mi cabello es lindo?

De nuevo, Jorge respondió que sí.

—Ah Jorge, tú me dices las cosas más lindas.

El pobre Jorge ama a su bella esposa, pero todavía no ha aprendido a hablarle. Para ganar en las relaciones, una persona necesita hablar en términos de los intereses de la otra persona. Esto es verdad cuando conocemos a alguien por primera vez y también cuando se trata de edificar un matrimonio.

Una de las claves es lo que el autor Tony Allesandra llama la «regla de platino». Es probable que usted conozca la regla de oro: Haz a los demás lo que quieras que te hagan a ti. La regla de platino dice: «Trata a los demás como *ellos* quieren ser tratados». Si usted lo hace, será casi imposible que se equivoque en la interacción personal.

6. Haga que la otra persona se sienta importante, y hágalo con sinceridad

En conclusión, lo que usted necesita hacer es que los demás se sientan importantes. El encanto de Filomena no era una máscara, era fácil darse cuenta que trataba a la gente con amor genuino. Para ella, todas las personas eran importantes, y cualquier persona puede aprender a valorar a la gente y hacerles sentir importantes.

> Haz a los demás lo que quieras que te hagan a ti.
>
> TONY ALLESANDRA

Alan Zimmerman cuenta la historia de Cavett Roberts, un abogado y vendedor exitoso que fundó la Asociación Nacional de Conferencistas, a quien conocí y escuché hablar a principios de la década de los setenta. Zimmerman cuenta:

> Roberts miró por su ventana una mañana y vio a un flaco jovencito de doce años vendiendo libros de puerta en puerta. Roberts le dijo a su esposa: «Mira cómo le enseño a este niño una lección sobre ventas. Después de todos estos años de escribir libros sobre la comunicación y dar conferencias por todo el país, no voy a quedarme sin compartir con él algo de mi sabiduría. No quiero herir sus sentimientos, pero voy a librarme de él antes de que sepa qué está sucediendo. He usado esta técnica muchos años y siempre funciona. Después volveré a salir para enseñarle cómo lidiar con gente como yo».
>
> La señora Roberts observó mientras el niño golpeaba a la puerta. El señor Roberts abrió la puerta y le explicó en palabras cortantes que era un hombre muy ocupado y no tenía interés alguno en comprar libros, pero también dijo: «Te daré un minuto, pero después me tengo que ir al aeropuerto».
>
> El pequeño vendedor no se acobardó por el desplante de Roberts, solo miró al hombre alto de cabello gris y porte

distinguido, sabiendo que era un hombre bastante conocido y acaudalado. El niño dijo: «Señor, ¿podría ser usted el famoso Cavett Roberts?» A lo cual Roberts respondió: «Pasa adelante, hijito». Roberts le compró varios libros al niño, libros que quizás nunca leería. El niño había aprendido el principio de hacer sentir importante a la otra persona, y funcionó. Es un método que hasta los ricos y famosos o los grandes y fuertes muy rara vez pueden resistir.[1]

Los autores Marcus Buckingham y Donald O. Clifton llaman a esta habilidad «galanteo», que puede definirse como «ganarse al otro» [en inglés *woo*, que forma el acróstico *winning over others*]. Según creen, los individuos que tienen capacidad de «galanteo» toman la iniciativa de acercarse a las personas y «quieren aprender sus nombres, hacerles preguntas y encontrar algún área de interés común para que puedan empezar una conversación y establecer una conexión significativa».[2] En su opinión, el «galanteo» es una fortaleza natural que algunos tienen y otros no pueden tener. Creo que eso es cierto, pero también creo que cualquier persona puede desarrollar habilidades sociales y hasta aprender a tener carisma.

Al hablar de carisma, todo se resume en esto: La persona *sin* carisma llega donde un grupo y dice «aquí estoy yo», mientras que la persona *con* carisma llega a un grupo y dice «ahí están ustedes». Cualquiera puede aprender a hacer eso.

DEL GALANTEO A LA ACCIÓN

Hace poco leí un libro de Buckingham y Clifton titulado *Now, Discover Your Strengths* [Ahora, descubra sus habilidades] y tomé la prueba para descubrimiento de habilidades. Debo confesar que el «galanteo» estaba dentro de mis primeras cinco. Siempre he tenido la habilidad de ganarme a los demás, pero no siempre tuve carisma y le diré por qué. Como pastor joven recién salido de la universidad, cometí el error de tratar de impresionar a todo el mundo, me hice pasar como un experto y enseñaba en términos que le sonaban extraños a la mayoría de los oyentes. Hasta usaba lentes para verme más inteligente y mayor de lo que era. Hoy siento vergüenza por la manera como me comporté, pero aprendí mi lección. No necesito impresionar a nadie, además esa estrategia no funcionó ni me benefició en absoluto. Lo único que necesitaba era hacerle saber a la gente que estaba interesado en ellos y quería ayudarles.

Si usted quiere ser la clase de persona que hace sonreír a los demás cuando le ven llegar, sálgase de sí mismo, cambie su enfoque y muestre interés genuino en los demás. Hacer estas cosas cambiará su vida.

Preguntas de discusión sobre el Principio del Carisma

1. ¿Por qué le resulta tan difícil a la gente mostrar un interés genuino en los demás? ¿Ha sido esto un problema para usted? Explique.

2. ¿Puede pensar en alguien que conozca personalmente que sea carismático y hábil por naturaleza para conectarse con los demás? Describa a esa persona. ¿Cómo le hace sentir? ¿Qué tanto del encanto de esa persona viene del talento natural y qué tanto de acciones que se pueden aprender? ¿Qué puede hacer para asemejarse más a esa persona carismática?

3. ¿Qué tan bueno es usted para recordar el nombre de las personas? ¿Qué lugar ocupa esa habilidad en su lista de prioridades? ¿Qué trucos, si acaso tiene alguno, ha usado para ayudarse a recordar?

4. ¿Ha hecho alguna vez «su tarea» para averiguar más acerca de los intereses de otra persona a fin de poderse conectar mejor con ella? ¿Le pareció agradable esa experiencia o fue como una tarea ardua y obligatoria? ¿Qué efecto final tuvo esto en la relación? ¿Cómo puede averiguar con rapidez o «al vuelo» los intereses de una persona cuando es imposible o inapropiado investigar a fondo? ¿Qué clase de preguntas debería hacer? ¿Cómo puede usar la observación?

5. ¿Qué puede suceder cuando se usan halagos insinceros para hacer sentir importante a la otra persona? ¿Le resulta difícil hacer que la gente se sienta importante cuando usted no les admira por algo en especial? Explíquese. ¿Cómo puede encontrar maneras genuinas de expresar aprecio en tales situaciones? ¿Cómo puede trabajar para cambiar su actitud hacia personas que no le gusten?

EL PRINCIPIO
DEL NÚMERO 10

CREER LO MEJOR DE LA GENTE CASI SIEMPRE SACA A RELUCIR LO MEJOR DE LA GENTE

Manténgase a distancia de la gente que trata de empequeñecer sus ambiciones. La gente pequeña siempre hace eso, en cambio los grandes le hacen sentir que usted también puede ser grande.

—MARK TWAIN

LA PREGUNTA QUE DEBO RESPONDER:
¿CREO LO MEJOR DE LOS DEMÁS?

En 1995 vi la película *Dangerous Minds* [Mentes peligrosas], una historia inspiradora acerca de una maestra que quería hacer una diferencia en la vida de sus estudiantes adolescentes. No me enteré sino hasta hace poco que el guión estaba basado en una persona real.

Unas cuantas mujeres buenas

Cuando LouAnne Johnson salió de la secundaria, se dio cuenta que no le interesaba la universidad. Pasaron cuarenta y cinco días antes de dejar de asistir a clases y alistarse en la Marina de los Estados Unidos. Allí fue donde realmente floreció. Prestó servicio durante ocho años y en el recorrido obtuvo un título en psicología. Luego decidió unirse a los Marines, completó la escuela para candidatos a oficial y prestó servicio como teniente segundo. Tras nueve años de carrera militar, Johnson examinó su corazón y decidió salir del servicio porque quería algo más de la vida.

Por un tiempo trabajó para el *New York Times* en ventas y allí recibió un buen salario, pero no le pareció una experiencia muy satisfactoria. «He leído acerca de jóvenes que se gradúan de la escuela y ni siquiera saben leer ni escribir bien», recuerda ella. «Pensé que era un delito si era verdad». Se trasladó a la costa oeste y aceptó un trabajo como asistente ejecutiva en Xerox, lo cual le permitió volver a la universidad para obtener una maestría. Su deseo era convertirse en maestra. «Decidí que prefería ganar un salario más bajo con tal de hacer algo realmente importante».[1]

La clase salida del infierno

Cuando Johnson se graduó, aceptó una posición como maestra en la Escuela Secundaria Parkmont en Belmont, California, una población al sur de San Francisco en el condado San Mateo. Era una clase muy parecida a la que se presenta en la película.

«Lo que no me dijeron los administradores fue que la maestra que había enseñado allí durante mucho tiempo salió huyendo, espantada por aquellos chicos», dijo Johnson. «Aquel primer día fue la locura total, se portaron como si no estuviera presente». Ella volvió al día siguiente con gran resolución y les dijo que era demasiado joven para jubilarse y demasiado tenaz como para renunciar.[2]

En poco tiempo desarrolló algunas estrategias para conectarse con los estudiantes. «Trataba de usar el humor en lugar de las amenazas», explicó Johnson. «A veces me ponía sobre mis rodillas y les decía: "Por favor no me hagan rogarles, no se ve muy bonito". Es difícil portarse como el bravucón de la clase mientras te ríes de la maestra».[3]

Sin embargo, por encima de todo lo demás, se ganó a los estudiantes con su profunda fe en ellos. Una práctica que preparó para el primer día de clases, algo que llamó «truco de las tarjetas», era una de las cosas típicas que hacía. Pasó tarjetas de memorando a los estudiantes para que escribieran su nombre, dirección, teléfono y demás información personal. Mientras llenaban las tarjetas, ella caminaba por el salón y miraba sus tarjetas para memorizar los nombres sin que se dieran cuenta.

A medida que cada adolescente terminaba de llenar la información, ella tomaba cada tarjeta y agradecía a los estudiantes, uno por uno. Cuando ya tuvo en su poder todas las tarjetas, anunció a los estudiantes que estaban a punto de tener su primera evaluación. Todos se quejaron de inmediato, pero ella les aclaró que la evaluación no era para ellos sino para ella. Si era capaz de llamar por nombre propio a cada estudiante, ella ganaría. Si se equivocaba en un solo nombre, todos los estudiantes recibirían automáticamente la mejor calificación en su primer examen.

Después de nombrar a todos los estudiantes (algo que siempre había podido hacer), muchos de los jóvenes quedaron impresionados, y ella les dijo: «Conozco sus nombres porque ustedes son personas importantes para mí. Cada vez que les observo, veo a cada uno de ustedes y me gusta lo que veo. Además, ustedes me interesan mucho y por eso es que estoy aquí».[4]

La parte difícil: Cumplir lo prometido

La actitud de Johnson no se limitaba a trucos de habilidad mental como el que hizo para aprenderse los nombres de los estudiantes. Ella la vivía en la práctica todos los días. En cierta ocasión un estudiante llamado Raúl le debía cien dólares a un maleante callejero, y Johnson le prestó el dinero con una sola condición. Raúl, a quien le faltaban dos años para graduarse, solo podía devolverle el dinero el día en que se graduara. El diario de Raúl revela la impresión que dejaron en él las acciones de Johnson:

> La semana pasada, usted nos dijo que escribiéramos en nuestros diarios sobre el detalle más especial que alguien hubiera tenido con nosotros, y yo tuve que inventarme una historia porque no podía recordar a alguien que hubiera hecho algo especial por mí. Así que lo que hice fue escribirle una mentira… Bueno, el caso es que lo que usted hizo por mí ayer es el detalle más especial que alguien ha tenido conmigo y creo que usted lo hizo porque piensa que soy maravilloso, honesto, inteligente y especial. Al menos eso es lo que siempre nos dice y yo pienso que usted lo cree de verdad. Le prometo que voy a trabajar más duro en la escuela para no defraudarla porque si cree que puedo lograrlo entonces lo voy a lograr.[5]

Johnson creía tanto en sus estudiantes que ellos empezaron a creer en ellos mismos. Raúl, cuyos padres habían dejado de ir a la escuela en el tercer y segundo grado, se mantuvo constante y logró graduarse. Fue la primera persona en su familia que obtuvo el título de secundaria. Johnson recuerda: «Nuestro equipo tenía altas expectativas para nuestros estudiantes, demasiado altas en opinión de muchos. Nos advirtieron que no pidiéramos ni esperáramos demasiado, sería suficiente que unos cuantos tuvieran calificaciones aceptables y se graduaran. Nosotros en cambio queríamos más. Pedimos a nuestros alumnos que vinieran a estudiar todos los días sin falta, que se mantuvieran alejados de las drogas y el alcohol, que cambiaran sus malos hábitos, que hicieran todas las tareas en el salón de clase y en la casa, que resistieran a la presión de unirse a pandillas, que dejaran sus malas actitudes y limpiaran su lenguaje. Les pedimos todo lo que se nos ocurrió, y ellos nos dieron todo lo que tenían».[6]

«Creo que la docencia es prácticamente una declaración política», explicó Johnson. «Lo que uno declara es que cree en los niños y jóvenes de este país y que no se va a dar por vencido con ellos. Es casi como ser un voluntario de los Cuerpos de Paz».[7] Por esa misma razón ella escribió acerca de su experiencia. «Escribí el libro [*My Posse Don't Do Homework* o "Mi pandilla no hace tareas"] después de trabajar con jóvenes en riesgo de perderse, porque me preocupaba la facilidad con que los adultos se dan por vencidos con los chicos que han cometido errores. Si les abandonamos a su suerte, ellos también se darán por vencidos, PERO si creemos que ellos pueden superar los obstáculos que enfrentan, ellos también lo creerán».[8] En otras palabras, Johnson está convencida de que creer lo mejor de la gente saca a relucir lo mejor que hay en ellos.

Tienes puntaje perfecto, ¡eres un 10!

Me he apropiado de este principio de todo corazón, tanto así que es la razón por la que he enseñado a la gente durante más de treinta años. Estoy convencido de que todas las personas tienen potencial. Si cualquier persona tan solo cree en sí misma, puede alcanzar su potencial y convertirse en el ser único e irrepetible que fue creado para ser. Así es como lo aplico al interactuar con la gente: creo que cada persona a quien conozco es un 10, por eso lo llamo el principio del número 10.

En 1983, hice una presentación en el Centro de Convenciones de Spokane que ha sido transmitida varias veces en el programa de James Dobson *Enfoque a la Familia*. Es la mejor ilustración de mis sentimientos hacia la gente. Se tituló «Cinco cosas que sé acerca de la gente», y esto es lo que dice en esencia:

1. Todo el mundo quiere ser alguien

El autor George M. Adams declara: «Hay momentos sobresalientes en todas nuestras vidas y la mayoría de ellos vinieron como resultado del ánimo que otra persona nos dio. No me importa cuán grande, famoso o exitoso puedan ser un hombre o una mujer, cada uno tiene hambre del aplauso de los demás». ¿No le parece que esto es cierto? Todos los seres humanos quieren que su vida importe para algo, todos quieren sentir que son importantes. ¿No siente usted lo mismo? Entonces usted sabe que es cierto para todo el mundo, incluso para los que no lo demuestran.

2. A nadie le importa saber cuánto sé hasta que sepan cuánto me importan

LouAnne Johnson trabajó con jóvenes que tenían poco o ningún interés en el aprendizaje. La mayoría de los estudiantes en sus circunstancias se salían de la escuela tan pronto pudieran hacerlo. Ella fue en contra de esa tendencia generalizada al hacerle saber a sus alumnos cuánto le interesaban, con un interés muy genuino. Tan pronto ellos entendieron eso, estuvieron abiertos para recibir lo que ella tenía para ofrecerles en términos de educación. Con demasiada frecuencia queremos ayudar a la gente en virtud de lo que sabemos en lugar de interesarnos en ellos en virtud de lo que son.

3. Todos necesitan a alguien

No existe una sola persona en el mundo que no necesite a otro individuo. Si somos sinceros, el asunto no es si necesitamos o no a otros,
sino *cuánto* les necesitamos.

Hace poco recibí un mensaje electrónico de mi amigo Steve
Babby. Contaba la historia de un niño llamado Fred, quien jugaba en
una liga de baloncesto de verano bajo la tutela del entrenador Corky
Calhoun, un antiguo jugador universitario de la Universidad de
Pennsylvania. El equipo de Fred tenía los mejores jugadores de la liga
y era obvio que estaban destinados a ganar. Sin embargo, Corky se dio
cuenta de que Fred tenía problemas serios con su confianza e imagen
de sí mismo. Corky retó a los jugadores a ayudar a Fred a creer en sí
mismo, así que cada vez que él hacía una canasta, todos le elogiaban
con mucho entusiasmo. Al terminar la temporada, dos cosas sucedie-
ron: el equipo ganó el campeonato y Fred creyó que era el mejor jugador del equipo, algo en lo cual se había convertido sin duda alguna.
Fred no fue el mismo después de esa experiencia, pero nunca lo habría
podido lograr por cuenta propia. Se necesitó la ayuda y la fe de otras
personas.

4. Cualquiera que ayude a alguien influye a muchos otros

Cuando LouAnne Johnson se ganó el corazón de Raúl, también se
ganó al resto de su «pandilla». Raúl era un chico menudo con escasos
cincuenta kilos a la edad de diecisiete años, en parte como resultado
de no comer más que fríjoles y arroz toda la vida. Desde la escuela ele-
mental, había pasado su tiempo con tres amigos que siempre le consi-
deraban el payaso del grupo. Sin embargo, después que empezó a
estudiar en serio, su papel en su grupo de amigos cambió. Al principio
ellos se resintieron, pero poco después empezaron a verle como un
ejemplo digno de seguir. Más adelante, todos estudiaban juntos y trataban de mejorar como personas.

Por medio de ayudar a Raúl, Johnson los ayudó a todos ellos. Así es como resulta muchas veces. Cuando usted ayuda a una persona, los beneficios rebosan y alcanzan la vida de otras personas.

5. Alguien se levantará hoy para convertirse en alguien

Cuando usted cree en la gente y aprenda a ver a cada persona como un número 10, cada día que pasa es un día fabuloso. ¿Por qué? Porque cada mañana trae un día en el que a alguien le cambiará la vida. ¡Qué don más maravilloso! Al levantarse aquel día, LouAnne Johnson no tenía ni idea de que por ofrecer ese préstamo de dinero cambiaría para siempre la vida de un joven. Sin embargo, ella veía cada día como una oportunidad para hacer una diferencia. Si usted cree en la gente, cada día de su vida contiene la misma promesa para usted.

ES MEJOR CREER

La vida me tiene reservada esa promesa. De verdad creo en la gente y veo lo mejor en cada persona, es una de mis fortalezas más grandes. A veces también puede ser una gran debilidad porque en ocasiones confío demasiado y deseo darle poder a otros antes de que estén preparados. Me he metido en problemas por esto, pero sigo dispuesto a vivir con ese riesgo porque las recompensas para los demás son muy grandes. Si usted no es actualmente una persona que tiene mucha fe en la gente, por favor considere lo siguiente:

Ser defraudados por unos cuantos no debería impedirnos creer en la gente

Cuando era un joven líder, una de las primeras personas que contraté me desgastó por completo. No se desempeñaba como debía y luego mentía al respecto para librarse de las consecuencias. En mi ingenuidad optaba por creerle. Salí de esa interacción diciéndome: *Nunca volveré a dejar que un miembro del personal se acerque tanto a mí.* Sin embargo, fui incapaz de mantener esa mentalidad. Primero que todo, era injusto con las demás personas a quienes dirigiría en el futuro. ¿Por qué debería la falla de una persona afectar la manera como trato a otra? En segundo lugar, me di cuenta de que si mantenía la gente a distancia, ellos no podrían hacerme daño pero tampoco podrían ayudarme.

Si le han lastimado o defraudado en el pasado, por favor no deje que esto dañe su actitud en el futuro. La mayor parte del tiempo, creer en la gente sí saca a relucir lo mejor de la gente.

Un corazón que confía tiene salud emocional

En su libro *The Trusting Heart* [El corazón confiado], el Dr. Redford Williams, director del Centro de Investigaciones en Medicina del Comportamiento en el Centro Médico de la Universidad de Duke, escribe: «Las personas confiadas tienen mayor probabilidad de mantenerse saludables durante el transcurso de su vida y gozar de larga vida». También dice que un corazón confiado «cree en la bondad básica de la humanidad, que la mayoría de la gente será justa y buena en sus relaciones con los demás». Un corazón tierno es más probable que sea un corazón sano.

Nos comportamos conforme a nuestras creencias

Si a usted no le gusta la gente o no cree en la gente, no será capaz de aparentarlo. Los estudiantes de LouAnne Johnson reaccionaron bien con ella porque notaron que su afecto e interés hacia ellos era real. No era actuación sino acción basada en su creencia sincera en la gente. Si usted desea añadir valor a las personas, primero necesita valorarlas.

Un matrimonio sano se construye sobre altas expectativas

Si usted está casado, la persona más importante en quien debe creer es su cónyuge. En una conferencia de Liderazgo Vivo en 2003,

Marcus Buckingham, vicepresidente de la organización Gallup y autor de *Now, Discover Your Strengths* [Ahora, descubra sus habilidades], dijo que el indicativo número uno de un matrimonio sano es que los cónyuges se ven uno al otro de manera más positiva que el resto de la gente. Además, si un esposo o esposa aprecia a su cónyuge menos que las demás personas fuera de la relación, es un síntoma de que la relación está en problemas. Mi experiencia como pastor y consejero así lo confirma. Durante la consejería prematrimonial de parejas, vi que cada persona pensaba que la otra no podía equivocarse en nada, en cambio al aconsejar a parejas que contemplaban el divorcio, cada persona creía que la otra no podía hacer nada bien. Cada uno de nosotros tiene que ser realista en cuanto a su cónyuge. Nadie es perfecto y ninguna persona puede hacer feliz a otra, pero si usted está casado y no cree en su cónyuge ni le apoya al cien por ciento, consiga ayuda porque su relación puede ir encaminada a un serio problema.

Expresar fe en el potencial de la gente les anima a alcanzarlo

No es suficiente creer en la gente y pensar que son un 10 sobre 10. Usted necesita expresar esa creencia. El filósofo y poeta Johann Wolfgang von Goethe dijo: «Trata a un hombre como parece ser y le harás peor. Trátale como si ya fuera lo que podría llegar a ser, y le harás aquello que debería ser». Uno de los «creyentes en la gente» más hábiles que conozco es Dan Reiland, quien solía trabajar conmigo como pastor ejecutivo y más adelante como vicepresidente de una de mis empresas. He conocido a Dan desde que era un auxiliar. Desde que empezó su carrera, creyó en la gente, pero no siempre lo expresó bien. Ahora es todo un experto. No solo lo hace todos los días, sino que cada año desde 1987 ha tomado un puñado de hombres con potencial y ha sido su mentor personal. Vez tras vez, ha visto a personas que se apropian de su potencial y salen adelante. Esto es algo que creo que todos podemos hacer, por lo menos en cierto grado, si estamos dispuestos a invertir en la gente.

Piense en las personas que han hecho una diferencia en su vida: el maestro que le hizo creer que podía lograrlo, el jefe que le dio una oportunidad para mostrar que usted sí podía hacerlo, el consejero que le hizo saber que usted sí tenía lo que se requiere para cambiar y tener una vida mejor, el hombre o la mujer que le amó lo suficiente para decirle «sí» el día de la boda. Ellos no solo estuvieron presentes en esos momentos definitivos, sino que en muchos casos fueron quienes los crearon para beneficiar su vida.

> «Trata a un hombre como parece ser y le harás peor. Trátale como si ya fuera lo que podría llegar a ser, y le harás aquello que debería ser».
>
> Johann Wolfgang Von Goethe

En casi todos los casos en que se dio un impacto positivo, la persona creyó en usted de antemano. Lo más probable es que él o ella viera en usted algo que quizás usted mismo no había visto. ¿No le gustaría ser esa persona para otros? Si la respuesta es afirmativa, entonces trate de amar a los demás y verles como los mejores, como el número 10. Si tiene familia, empiece con su cónyuge y sus hijos, y después amplíe el círculo de influencia a partir de allí. Crea lo mejor de los demás y sacará a relucir lo mejor.

PREGUNTAS DE DISCUSIÓN SOBRE EL
PRINCIPIO DEL *NÚMERO 10*

1. ¿Qué características muestra una persona que desea arreglárselas por sí sola en la vida? Nombre algunas cosas que podrían ser causantes de esa actitud. ¿Por qué es tan difícil ayudar a alguien que tiene esa mentalidad? Si usted tiene esa mentalidad, ¿cómo le dificulta ayudar a los demás?

2. ¿De qué maneras, tanto positivas como negativas, se hace evidente el deseo de una persona de ser «alguien»? En general, ¿le ha llevado su deseo de reconocimiento o importancia en una dirección positiva o negativa? ¿Cómo cree que matiza su reacción al deseo de atención de los demás? ¿Le ha llevado a apoyar a otros o a sentir resentimiento?

3. ¿Está de acuerdo en que tener un corazón confiado produce una vida emocional sana? Explique su respuesta.

4. ¿Dónde le resulta más fácil creer en la gente, en el hogar o en el trabajo? Explique su respuesta. ¿Cómo desea cambiar? ¿Qué pasos positivos podría dar para cambiar?

5. Nombre algunas maneras en que una persona puede *expresar* su fe en otras personas. ¿Cómo calificaría su práctica de expresar fe en otros: deficiente, regular o excelente? ¿Por qué? ¿Estarían sus familiares y colegas de acuerdo con usted? ¿Cuál de los medios de expresión nombrados podría adoptar y usar para expresarse mejor al respecto?

EL PRINCIPIO DE LA CONFRONTACIÓN

INTERESARSE EN LAS PERSONAS DEBE PRECEDER A CONFRONTARLAS

El conflicto es como el cáncer: la detección temprana incrementa la posibilidad de un resultado favorable.

LA PREGUNTA QUE DEBO RESPONDER:
¿ME INTERESO LO SUFICIENTE COMO PARA
CONFRONTAR DE LA MANERA CORRECTA?

Años atrás, cuando llegué a la iglesia Skyline en San Diego, California para convertirme en su pastor principal, venía para continuar la obra empezada por el pastor fundador, Orval Butcher. Al enterarme por primera vez de que él se iba a jubilar y la posición de pastor quedaría disponible, algunas personas me aconsejaron que no la considerara. En el mundo de las iglesias es muy difícil reemplazar a un pastor fundador, en especial uno como el pastor Butcher quien había servido durante veintisiete años y había hecho un trabajo estupendo. Todos en la iglesia amaban a Orval Butcher.

UNA CUESTIÓN DE LEALTAD

Como sucede con muchos líderes o ejecutivos que llegan desde afuera a una organización, pronto descubrí que no todos estuvieron de acuerdo con el cambio. Sin embargo, gracias a que la gente era muy generosa y el pastor Butcher había sido un buen líder, fui aceptado por la mayoría. En poco tiempo me instalé y empecé a construir relaciones.

Un domingo después de mis primeros meses en el trabajo, noté que Sally Johnson no estaba acompañada por su esposo Joe. Ellos siempre habían sido activos en la iglesia y eran constantes en la asistencia. Me di cuenta de que llevaba varias semanas sin ver a Joe, así que le pregunté a Sally cómo estaba su esposo.

—Bueno, para serle sincera, él tiene dificultad para aceptar los cambios aquí en la iglesia y no ha querido venir.

De inmediato llamé a Joe y le pregunté si estaba dispuesto a encontrarse conmigo.

Unos días después, Joe se sentó conmigo en mi oficina y le dije:

—Joe, ¿cómo te va? Sally me cuenta que has tenido dificultad para aceptar la transición.

—Supongo que podría decir eso —respondió Joe—. Es que me hace falta el pastor Butcher.

—Joe —le dije— ¿podrías hacerme un favor?

—¿Qué? —preguntó Joe con algo de sospecha.

—Dime qué cosas te hacen falta del pastor Butcher.

Joe pareció sorprendido por la solicitud, pero respondió con gusto.

—Pues bien —empezó a decir— el pastor Butcher siempre estuvo allí para nosotros. Él fue quien casó a todos nuestros hijos. Dirigió el funeral de mi mamá y mi papá, y también el de mi hermano.

Joe continuó hablando acerca de cómo Orval Butcher había estado junto a ellos en los momentos más importantes de su vida.

—No me sorprende que el pastor Butcher tenga un lugar tan especial en tu corazón, Joe —le dije mientras él parecía esforzarse por no llorar—. Mira, el pastor Butcher debería ser tu favorito, y déjame decirte algo, nunca me sentiré ofendido si él es *siempre* el número uno. Te doy permiso para que él siempre sea tu pastor favorito.

Los ojos de Joe brillaron y fue como si le hubieran quitado un peso de los hombros.

—Además, si alguna vez te sobra amor, mándame un poquito y yo con gusto lo recibiré.

Joe volvió a la iglesia el domingo siguiente y volvió a ser el mismo de antes. De vez en cuando me tomaba por sorpresa y me daba un gran abrazo mientras decía: «Pastor, este mes me sobró un poquito de amor». Así lo hizo hasta el día en que murió.

LA VERDAD ACERCA DEL CONFLICTO

Mi interacción con Joe Johnson tuvo un final feliz, pero como usted podrá imaginar, no todos mis conflictos han corrido con la misma suerte. Como cualquier otra persona, he tenido confrontaciones que no terminaron muy bien. No obstante, la mayor parte del tiempo han

CÓMO GANARSE A LA GENTE

sido positivas y le diré por qué. Me involucré en ellas con la mentalidad de interesarme en la otra persona y tratar de ayudarle. Podría haber echado a un lado a Joe Johnson, podría haberle dado un ultimátum y decirle que me siguiera o se atuviera a las consecuencias. Así es como muchos líderes manejan el conflicto al entrar a una organización, y es una de las razones por las que hay tantos despidos y reestructuración cuando un departamento u organización tiene un líder nuevo. También podría haberme dado por vencido con Joe, diciendo: «Él era parte de la vieja guardia, es obvio que yo no le importo, así que ¿para qué tomarme la molestia?» En lugar de eso, le reconocí y validé sus sentimientos. No fue una cuestión de competencia. Habría sido necio pensar que podía reemplazar a Orval Butcher en su corazón, y habría sido inapropiado intentarlo. Es algo similar a una madrastra o un padrastro que dice cosas negativas sobre la madre o el padre biológico del niño y tratan de robarse los afectos del menor. Creo que nosotros sabemos por instinto cuán ciertas son las siguientes afirmaciones en cuanto a las relaciones personales:

El conflicto es inevitable

Quizás debemos añadir el conflicto a la muerte y los impuestos como una de las cosas con las que podemos contar en esta vida. La única manera de evitar el conflicto es aislarnos del resto del planeta. Claro, si usted ha visto la película de Tom Hanks *Castaway* [Náufrago], donde su personaje tiene altercados con una pelota de voleibol, ya sabe que hasta la gente que vive aislada puede encontrar la manera de generar conflictos.

La confrontación es difícil

Solía enseñar en conferencias de liderazgo una sesión entera sobre el tema de la confrontación. Empezaba con una encuesta informal para determinar cuántos de los asistentes experimentaban conflicto continuo con alguien en su organización. Casi todos tenían ese problema.

Al preguntarles cuántos de ellos habían confrontado a esa persona, por lo general solo el cinco por ciento levantaba la mano. A nadie le gusta la confrontación, por eso todo el mundo la evita. (Claro, a los que les gusta ¡es porque tienen su propia problemática psicológica!) ¿Por qué es tan difícil confrontar? Tememos caerle mal a la gente, que no nos entiendan o que nos rechacen. Tenemos temor de lo desconocido, no estamos acostumbrados a hablar sobre

> Quizás debemos añadir el conflicto a la muerte y los impuestos como una de las cosas con las que podemos contar en esta vida.

nuestros sentimientos y nos preocupa que empeoremos las cosas. Admitámoslo: A muy pocas personas les han enseñado tácticas de confrontación saludables y beneficiosas.

Cómo manejamos el conflicto determina nuestro éxito en situaciones difíciles

¿Cómo maneja usted el conflicto en sus relaciones? ¿Sabía que el conflicto siempre se agrava cuando la confrontación no se hace de manera rápida y correcta? Por eso es tan importante nuestra metodología. A continuación, una muestra de estrategias dañinas que veo usar a la gente al enfrentarse a un conflicto.

- *Gane cueste lo que cueste.* Es como un tiroteo al estilo del viejo oeste: Rápido, brutal y fulminante.

- *Actúe como si no existiera.* Si usted no oye maldades, ni ve maldades, ni habla maldades, la maldad no dejará de existir.

- *Rezongue.* Los ganadores no son gemidores y los gemidores no son ganadores. Hacerse la víctima no cura el conflicto, solo irrita a todos los demás.

- *Lleve cuentas.* La gente que lleva un registro cuidadoso de las faltas no puede experimentar un nuevo comienzo, y lo cierto es que nadie jamás podrá «desquitarse».

- *Imponga su autoridad.* El uso del rango nunca resuelve el conflicto, solo lo posterga.

- *Saque la bandera blanca.* Darse por vencido es una solución permanente a un problema temporal.

Ninguno de estos métodos dará la ayuda que una persona necesita para resolver el conflicto de una manera saludable.

PAUTAS PARA LA CONFRONTACIÓN SALUDABLE

La resolución de conflictos no es complicada en sentido intelectual, pero emocionalmente puede ser difícil. Requiere sinceridad, humildad y dedicación a la relación. A continuación, un plan de seis pasos para ayudarle a cumplir la tarea de la confrontación:

1. Confronte a una persona solo si esa persona le importa

En muy raros casos debemos confrontar a alguien que nos tenga sin cuidado, como en un juicio legal o en casos serios de abuso. No obstante, estos no son conflictos típicos de relaciones personales. En casi todas las situaciones donde haya una relación personal de por medio, lo más productivo es proceder a la confrontación teniendo muy presentes los intereses de la otra persona.

En el pasado, cuando usted trató de resolver un conflicto con otra persona, ¿cuál fue su meta? ¿Que se identificaran con usted? ¿Alivio inmediato? ¿Victoria a cualquier costo? La próxima vez, trate de confrontar con la meta de alcanzar la victoria para ambas partes. Ahora, si usted se propone asegurar que la otra persona gane primero, sepa que ha puesto las cosas en la perspectiva más beneficiosa para todos. Bo Schembechler, quien fuera entrenador principal de fútbol americano para la Universidad de Michigan, dijo: «Muy en lo profundo de su ser, los jugadores deben saber que son importantes para uno. Esto es lo más importante de todo, nunca podría hacer todo lo que hago si ellos sintieran que no me importan. Ellos saben que al final, siempre voy a estar a su lado». Cuando usted se disponga a confrontar a alguien, esa persona debería tener la misma sensación en su relación con usted.

2. Reúnase con la persona tan pronto como sea posible

Tan pronto surge un conflicto, nos sentimos tentados a evitarlo, postergar su manejo o pedir a otra persona que lo resuelva por nosotros. Lo cierto es que cuando uno deja el conflicto sin resolver, por una u otra razón, siempre empeora. Si se deja a una persona en una posición tal que empiece a especular acerca de los motivos del otro o a pensar en qué sucedió realmente, casi siempre se le ocurrirá lo peor. Postergar la confrontación solo hace que la situación supure.

El consultor Fred Smith, quien fue uno de mis mentores en el liderazgo, habló así de su experiencia: «Siempre que me siento tentado a no actuar en una situación difícil en el manejo del personal, me pregunto: *¿Estoy dando la espalda por mi comodidad personal o por el bien de la organización?* Si hago lo que me hace sentir cómodo, estoy estafando a la empresa. Si hacer lo que es bueno para la organización también me hace sentir cómodo, eso es maravilloso. Lo cierto es que si trato la irresponsabilidad de forma irresponsable, debo recordar que dos errores no corrigen sino que empeoran lo dañado».

Siempre he seguido ese consejo. Por ejemplo, le digo a mi equipo de trabajo que si alguna vez experimento un problema grave que los involucre a ellos, se los diré con prontitud. Nunca deje que los problemas se vuelvan como un montón de anzuelos. Nunca es buena idea acumular una gran cantidad de líos y después darle a la persona involucrada una lección de historia durante la confrontación. En lugar de esto, reúnase con esa persona de inmediato, cara a cara. Si esto le resulta absolutamente imposible, considere una conversación telefónica, pero bajo ninguna circunstancia debería usted confrontar a una persona por escrito o por correo electrónico.

3. Procure primero el entendimiento, no necesariamente el acuerdo

Un obstáculo considerable a la resolución positiva de conflictos es tener demasiadas nociones preconcebidas al entrar en confrontación. Bien reza el dicho que la persona que da su opinión antes de entender es un ser humano, pero la persona que emite un juicio antes de entender es un necio.

El presidente Abraham Lincoln era bien conocido por sus tremendas habilidades sociales. Él comentó: «Cuando me preparo para razonar con un hombre, paso la tercera parte del tiempo pensando en mí mismo y en lo que voy a decir, y las otras dos partes pensando en él y en lo que va a decir». Esa es una buena pauta para seguir. Uno no puede llegar a un entendimiento si solo se enfoca en uno mismo. Como dijo el ingeniero Charles F. Kettering: «Existe una gran diferencia entre conocer y entender. Usted puede saber mucho acerca de algo sin realmente entenderlo».

> La persona que da su opinión antes de entender es un ser humano, pero la persona que emite un juicio antes de entender es un necio.

4. Puntualice el asunto

Cuando sea su turno de hablar y hacerse entender, es importante que aborde a la persona de forma positiva. He aquí lo que sugiero:

- *Describa sus percepciones.* Al principio, absténgase de llegar a cualquier conclusión o entablar juicios acerca de los motivos de la otra persona. Solo diga lo que cree que ve y describa el problema que esto ha ocasionado en su opinión.

- *Exprese cómo le hace sentir.* Si las acciones de la otra persona le producen enojo, frustración o tristeza, exprésalo con claridad y sin acusaciones.

- *Explique por qué es importante para usted*. Muchas veces cuando una persona se entera de que algo es una prioridad para usted, eso es suficiente para motivarle a cambiar.

Es esencial participar en este proceso sin acalorarse emocionalmente ni proyectar amargura. No significa que usted tenga que apagar sus emociones, solo necesita asegurarse de que no asalte verbalmente a la persona que confronta.

5. Aliente una respuesta

Nunca confronte a otros sin dejarles responder. Si a usted le importa la gente, querrá escucharles. Además, como declaró el político Dean Rusk: «Una de las mejores maneras de persuadir a otros es con sus oídos, si los utiliza para escuchar lo que tengan que decir».

A veces el simple hecho de tener la discusión le ayuda a darse cuenta de sus percepciones erróneas. Lo sé porque me ha sucedido, y la experiencia me enseñó humildad al descubrir que yo era el problema. En otras ocasiones uno descubre que necesita tener en cuenta ciertas circunstancias atenuantes. Alentar a la otra persona a responder le ayuda a ambos a entender mejor el problema y también le da a esa persona una oportunidad para procesar el asunto emocionalmente. Casi siempre cuando usted confronta a la gente, ellos tendrán una reacción emocional. Puede que queden atónitos, que se enojen o que se sientan culpables. Tal vez quieran compartir con usted esos sentimientos, tal vez no. En cualquier caso, usted debería animarles a expresarle una respuesta genuina. ¿Por qué? Porque si ellos no se pronuncian al respecto, no podrán avanzar hacia una resolución constructiva del problema. Estarán tan enfocados en su respuesta que no podrán oír nada más.

Según mi experiencia en lo que respecta a la confrontación personal, he descubierto lo siguiente:

El 50% de las personas no se dan cuenta de que sí hay un problema.

El 30% sabe que hay un problema, pero no cómo resolverlo.

El 20% sabe que hay un problema pero no quiere resolverlo.

La mala noticia es que una de cada cinco personas no quiere buscar una resolución positiva. La buena noticia es que el 80% de los casos tienen posibilidades excelentes para resolver el conflicto.

6. Acepte un plan de acción

La mayoría de la gente detesta la confrontación aunque a todos les encanta la resolución, y la única manera de alcanzar la resolución es emprender una acción positiva. Mediante la puesta en marcha y el acuerdo común en cuanto a un plan de acción concreto, usted pone el enfoque en el futuro y no en los problemas del pasado. Si la persona que usted está confrontando quiere cambiar, esto le motivará a gravitar hacia la posibilidad de mejorar las cosas.

Un buen plan de acción debería incluir los siguientes puntos:

a) Identificación clara del problema.

b) Acuerdo para resolver el problema.

c) Pasos concretos que demuestren la resolución del problema.

d) Una estructura de responsabilidad mutua, como un cronograma y reuniones para medir el progreso y rendir cuentas.

e) Una fecha límite para la culminación satisfactoria.

f) Un compromiso de ambas partes para dejar el problema en el pasado tan pronto se resuelva.

Si su confrontación es formal, como lo sería en el lugar de trabajo, ponga el plan de acción por escrito. Después podrá hacer referencia a ese documento si la resolución no avanza como se había planeado.

La confrontación exitosa por lo general cambia a ambas personas, no solo a una. ¿Sabía que las personas empiezan a tener opiniones similares la una de la otra con el paso del tiempo? Algunos llaman a esto la regla de la reciprocidad. El cambio

La confrontación exitosa por lo general cambia a ambas personas, no solo a una.

positivo es el primer criterio de éxito cuando se resuelven conflictos por medio de la confrontación. El segundo es el crecimiento continuo de la relación. Siempre que usted resuelve verdaderamente el conflicto en una relación, esta no sufre sino que el vínculo entre las personas se fortalece. Sin embargo, todo empieza con interés genuino por la otra persona. Abraham Lincoln lo resumió bien cuando dijo: «Si quieres ganar a un hombre para tu causa, primero convéncele de que eres su amigo de verdad... Trata de dictar su juicio, ordenar sus acciones o señalarle como alguien que debe ser evadido y despreciado, y él se aislará dentro de él mismo, de tal modo que no podrás influenciarle más de lo que se puede atravesar el caparazón de una tortuga con una paja».

PREGUNTAS DE DISCUSIÓN SOBRE EL
PRINCIPIO DE LA *CONFRONTACIÓN*

1. ¿Qué sucede cuando una confrontación no va por buen camino? ¿Fue usted la persona que confrontó o la que fue confrontada? Explique qué salió mal y cómo afectó la relación.

2. ¿Diría usted que la mayoría de la gente no tiene en cuenta los mejores intereses de la otra persona durante una confrontación? ¿Qué motiva con frecuencia a la gente a confrontar a otros? ¿Qué puede decir de sus propios motivos? En general, ¿son altruistas o defensivos?

3. Considere las diversas maneras en que la gente reacciona a un conflicto potencial:

   Ganar cueste lo que cueste.
   Evadir la situación.
   Pretender que no existe.
   Quejarse al respecto.
   Llevar las cuentas.
   Imponer la autoridad.
   Sacar la bandera blanca.

   En el pasado, ¿qué acción habría tomado usted con más probabilidad? ¿Por qué? ¿Cómo le gustaría manejar el conflicto en el futuro? ¿Qué pasos debe dar para mejorar en esta área?

4. ¿Qué sucede cuando la persona que inicia la confrontación se deja llevar demasiado por las emociones? ¿Qué sucede en caso contrario? ¿Qué puede hacer uno para mantener sus emociones y temperamento equilibrados durante una confrontación?

5. ¿Qué sucede con frecuencia cuando no se ha creado un plan de acción claro como parte de una confrontación? ¿Le resulta difícil crear esa clase de planes? ¿Cuáles son algunos de los obstáculos comunes a esa planificación? ¿Qué sucede si la otra persona no desea participar? ¿Cómo puede lograrse la resolución y la superación del conflicto en tales casos?

Antes de proseguir, revisemos los Principios de Interacción relacionados con el factor conexión...

El principio de la perspectiva: Toda la población del mundo, con una pequeña excepción, está compuesta por los demás seres humanos.

El principio del intercambio: En vez de poner a otros en nuestro lugar, debemos ponernos nosotros en el lugar de ellos.

El principio del aprendizaje: Cada persona que conocemos tiene el potencial de enseñarnos algo.

El principio del carisma: La gente se interesa en la persona que se interesa en ellos.

El principio del número 10: Creer lo mejor de la gente casi siempre saca a relucir lo mejor de la gente.

El principio de la confrontación: Interesarse en las personas debe preceder a confrontarlas.

EL FACTOR CONF

¿PODEMOS DESARROLL

LA CONFIANZA MUTUA?

La gloria de la amistad no es la mano extendida, la sonrisa cálida o el gozo del compañerismo. Es la inspiración espiritual que nos llega al descubrir que otra persona cree en nosotros y está dispuesta a confiar lo suficiente como para darnos su amistad.
—RALPH WALDO EMERSON

¿Por qué se dañan tantas relaciones? Algunos matrimonios empiezan con gran pasión y terminan con gran amargura. Amistades que la gente espera que duren toda una vida, se deterioran y mueren. Socios de negocios que empezaron una relación prometedora terminan en forma desastrosa. Son muchas las razones para esa clase de deterioro, pero la causa principal es la destrucción de la confianza mutua.

¿Cómo define usted confianza? El diccionario del Nuevo Mundo de *Webster*, tercera edición, define *confianza* como «una creencia o seguridad firme en la sinceridad, integridad, confiabilidad, justicia, etc. de otra persona». Kevin Myers dice: «Usted tal vez no sepa qué es la confianza, pero sí sabe lo que *no* es». Si alguien le miente, le roba o le inflige algún daño físico, usted sabe que no puede confiar en esa persona. Esto es obvio, pero ¿existen otras maneras en que una na pueda romper la confianza? ¿Hay cosas que la gente puede cer para que una relación no sea digna de confianza? ¿Qué clase de persona debe ser *usted* en una relación para considerarse digno de la confianza de otra persona? Estas preguntas son la médula de los siguientes cinco capítulos, y los Principios de Interacción contenidos en ellos le ayudarán a responder la pregunta: «¿Podemos desarrollar la confianza mutua?»

El principio del cimiento: La confianza es el fundamento de cualquier relación.

El principio de la situación: Nunca permita que la situación importe más que la relación.

El principio de Bob: Cuando Bob tiene un problema con todos, casi siempre Bob es el problema.

El principio de la accesibilidad: Si estamos a gusto con nosotros mismos, otros se sentirán a gusto con nosotros.

El principio de la trinchera: Al prepararse para la batalla, cave un hoyo en el que también quepa un amigo.

EL PRINCIPIO
DEL CIMIENTO

LA CONFIANZA ES EL FUNDAMENTO
DE CUALQUIER RELACIÓN

Mayor halago es ser confiado que ser amado.

—GEORGE MACDONALD

LA PREGUNTA QUE DEBO RESPONDER:
¿SOY UNA PERSONA DIGNA DE CONFIANZA?

Era un joven periodista muy prometedor. Estaba lleno de energía y trabajaba con tenacidad. El director de su secundaria recordaba: «Siempre estuvo involucrado en el negocio de los periódicos, incluso aquí. Todos admiramos su persistencia y positivismo».[1] En la Universidad de Maryland donde asistía como estudiante, era conocido como un escritor productivo y talentoso, y esa reputación le permitió ganar un internado de verano de diez semanas en el periódico más importante del país: el *New York Times*. Se dice que le fue muy bien allí después de escribir diecinueve artículos y contribuir con muchos más.

Esto fue en 1998. Al verano siguiente volvió a ese prestigioso diario para empezar en su nuevo trabajo y en poco tiempo lo ascendieron a reportero principiante, en lo cual se desempeñó con éxito aunque le advirtieron que era demasiado descuidado en su trabajo. En enero de 2001, Jayson Blair se convirtió en reportero de tiempo completo.

A pesar de su progreso, no todo iba de maravilla con Blair. Sus editores le seguían amonestando por hacer un trabajo negligente. Jonathan Landman, el editor metropolitano del diario, le dijo a Blair que la cantidad de correcciones que le hacían a su trabajo era «excesivamente alta según las normas del periódico».[2] Eso no le cayó muy bien al editor, quien dijo a su personal en un comunicado electrónico: «Precisión es todo lo que tenemos para defendernos, es lo que somos y es lo que vendemos».[3] En vista del talento y el potencial de Blair, los editores le supervisaban de cerca y trabajaban con él para mejorar su precisión en los reportajes. Más adelante, fue transferido al departamento de información deportiva.

De algún modo, le volvieron a pasar de la sección de deportes a la oficina nacional y le enviaron al campo para reportar sobre el caso del francotirador en Virginia. Tras hacer varios reportajes de historias nacionales, se destacó y ganó reconocimiento. Logró producir una historia tremenda alrededor del caso del francotirador, hizo un reportaje extenso sobre la familia de Jessica Lynch, la prisionera de guerra que cayó en manos enemigas en Irak, y también escribió muchas otras historias de alto nivel.

El resto de la historia

Pero entonces Jayson Blair se metió en problemas, grandes problemas. Alguien notó que partes de una historia que había enviado desde el sur de Texas acerca de la madre de un soldado estadounidense muerto eran demasiado similares a una historia de otra reportera que se había escrito varios días antes que la suya. Un editor del *San Antonio Express-News*, quien había publicado la historia original, escribió un correo electrónico a los editores del *New York Times* para alertarles sobre el problema. Esto motivó al diario a examinar más de cerca el trabajo anterior de Blair. El personal del *Times* encontró que unos cien de los más de seiscientos artículos que Blair escribió para ese diario tenían problemas o requerían correcciones significativas.[4] Además, casi la mitad de los artículos que escribió basados en reportajes de cobertura nacional tenían problemas de precisión. Claro, Blair era culpable de mucho más que imprecisiones en el reportaje. El antiguo editor del *New York Times* Howell Raines dice que una investigación reveló un «patrón patológico de falsificación, fabricación de hechos y engaño».[5] Blair había mentido a sus jefes al hacerles creer que había salido al campo para realizar el reportaje, enviando historias falsas «de primera mano». Había inventado partes de historias con el uso de fotografías y otras fuentes noticiosas, y plagió la obra de otros reporteros. Incluso envió informes falsos de gastos para tratar de cubrir sus huellas.

Cuando se publicó la historia, tuvo un impacto inmenso. La credibilidad del *New York Times* quedó en entredicho y sus representantes lo llamaron un «moretón en el ojo» y el «momento más bajo» en la historia de 152 años del periódico.[6] Escritores del diario comentaron: «Aunque el engaño de un reportero del *Times* no impugna la obra de los demás 375, expertos y profesores de periodismo dicen que este diario tiene el deber de reparar el daño hecho a la confianza del público».[7]

Blair renunció tan pronto se hicieron públicas las revelaciones. Sus antiguos jefes, colegas y amigos dejaron de confiar en él, y muchos expresaron mucho enojo por su traición.[8] Lo irónico del caso es que Macarena Hernández, la reportera cuya historia publicada en el sur de Texas había plagiado Blair, había servido como auxiliar voluntaria del *New York Times* junto a Blair. Ella dice: «Su historia es la de un tipo que le faltó el respeto a su profesión, embaucó a sus lectores, engañó a sus editores y le robó a sus colegas. Punto. Cualquier otra manera de ver la situación equivale a dejar que Jayson Blair se salga con las suyas».[9]

¿Qué hizo Blair durante el tiempo en que todos creían que realizaba sus reportajes de campo? Según reporteros del *New York Times*, se mantenía escondido en su apartamento de Brooklyn fabricando historias y trabajando en una propuesta de publicación para un libro sobre la historia del francotirador. Después que salió la noticia de su engaño, cambió su táctica y empezó a escribir sobre sus logros en el *New York Times*. Un escritor que revisó el libro resultante que Blair tituló *Burning Down My Master's House* [Cómo incendié la casa de mi amo] llamó a Blair un «Pinocho de talla mundial» y un «mentiroso confeso en serie»[10]. Es evidente que el publicador del libro esperaba que le fuera bien pues ordenó que se imprimieran 250.000 ejemplares, pero la revista *Time* informó que después de nueve días en el mercado, solo se vendieron 1.400 copias.[11] Supongo que eso significa que ¡ya nadie se comía el cuento de Jayson Blair!

CONFÍE EN MÍ EN ESTO

Es imposible sobreestimar la importancia de la verdad en el asunto de la confianza. El artículo del *New York Times* que describió los engaños de Blair incluyó las siguientes frases: «Todo diario, al igual que todo banco y departamento de policía, confía en que sus empleados respeten y hagan respetar ciertos principios fundamentales, y la investigación descubrió que el señor Blair violó en repetidas ocasiones el cimiento principal del periodismo, que es nada más y nada menos que la verdad».[12]

Si desmenuzamos las relaciones hasta llegar a su elemento más importante, este siempre va a ser la confianza, y no el liderazgo, el valor, la asociación o cualquier otra cosa. Si usted no tiene confianza, su relación está en serios problemas.

Esto se debe a que:

La confianza es el fundamento de cualquier relación

En *Las 21 leyes irrefutables del liderazgo*, escribí sobre la Ley del Terreno Firme: «La confianza es el fundamento del liderazgo».[13] En su libro *On Becoming a Leader* [Cómo convertirse en líder] Warren Bennis dice: «La integridad es la base de la confianza, y no es tanto un ingrediente del liderazgo como su producto más importante. Es la única cualidad que no puede adquirirse sino ganarse. Es conferida por compañeros de trabajo y seguidores, y sin ella el líder no puede funcionar». Esto puede afirmarse no solo de los líderes y sus seguidores, sino también de todas las relaciones. El desarrollo de la confianza es como la construcción de un puente, requiere tiempo y debe hacerse una parte a la vez. Como en la construcción, es mucho más rápido y fácil derribar algo que edificarlo, pero si el cimiento es fuerte, existe una buena probabilidad de que lo que se construya sobre él se mantenga en pie.

> «La integridad es la base de la confianza, y no es tanto un ingrediente del liderazgo como su producto más importante. Es la única cualidad que no puede adquirirse sino ganarse. Es conferida por compañeros de trabajo y seguidores, y sin ella el líder no puede funcionar».
>
> Warren Bennis

La confianza es el marco de cualquier relación

Una relación también puede describirse como una pintura. La confianza es como el marco que la rodea y la mantiene presentable y en buen estado. Suministra un contexto dentro del cual puede apreciarse la obra de arte. La confianza es lo que define los límites y asegura la relación a una pared para que pueda disfrutarse a plenitud. La confianza suministra una estructura emocional que nutre la relación.

William M. Boast, autor de *Masters of Change* [Los expertos en el cambio] ofrece esta perspectiva acerca de cómo se mantienen unidas las relaciones:

> La confianza se establece cuando las palabras y las acciones son congruentes. La confianza también se desarrolla cuando las personas se sienten seguras y aceptadas. Cuando las ideas son derribadas y ridiculizadas, no se requiere mucho tiempo para percibir que el ambiente no es seguro ni conducente a que uno se permita ser vulnerable. Los ambientes defensivos pueden desactivarse por medio de ofrecer comentarios descriptivos en lugar de evaluativos, expresar sentimientos de interés y participación, y estar dispuestos a buscar, escuchar, entender y utilizar activamente los puntos de vista de otras personas.[14]

Si usted quiere disfrutar la belleza de las relaciones, enmárquelas con confianza.

La confianza es la altura de cualquier relación

Cuando dos personas confían por completo la una en la otra, la relación puede crecer a un nivel de amistad que es una de las recompensas más grandes de la vida. Ambas personas conquistan juntas las alturas, y como dijo el escritor y capellán de la reina Victoria, Charles Kingsley: «Bienaventurado es cualquier hombre o mujer que tenga un amigo, un alma humana en quien pueda confiar totalmente, quien conozca lo mejor y lo peor del otro y que le ame a pesar de todas sus faltas».

CÓMO GANARSE LA CONFIANZA DE OTROS

El psicólogo y consultor Jack R. Gibb dijo que «la confianza es el resultado de un riesgo que valió la pena correr». ¡Qué descripción tan maravillosa! Cuando otros confían en nosotros, realmente incurren en un gran riesgo. No obstante, cada vez que la gente confía en nosotros y nosotros no les defraudamos, reducimos ese riesgo y edificamos la relación. Si usted desea ser cada vez más digno de confianza, y como resultado mejorar sus relaciones, recuerde estas tres verdades acerca de la confianza:

1. La confianza empieza con usted mismo

Shakespeare escribió: «Esto por encima de todo lo demás: Sé veraz contigo mismo y así, como la noche sigue al día, tampoco podrás ser falso con tu semejante». Si usted no es sincero consigo mismo, no será capaz de practicar la sinceridad con otros. El autoengaño es el enemigo de las relaciones y menoscaba el crecimiento personal. Si una persona no admite sus deficiencias, no puede superarlas.

Todo esto se relaciona con el principio del espejo: La primera persona a quien debemos examinar es a nosotros mismos. Examínese bien: ¿Es sincero consigo mismo en cuanto a su manera de vivir la vida? ¿Es sólido su carácter? ¿Su sí significa sí y su no significa no? ¿Cumple los compromisos que hace? No pida a otros que pongan su confianza en usted si usted cree que pueda traicionarla. Trabaje primero en su carácter y luego en sus relaciones.

2. La confianza no puede dividirse en compartimentos

Cheryl Biehl, esposa de mi amigo Bobb Biehl quien también es escritor, dice: «Una de las realidades de la vida es que si uno no puede confiar en una persona en todo sentido, realmente no se puede confiar en ella en ningún asunto en particular». Creo que eso es muy cierto. Por desgracia, pienso que mucha gente hoy día intenta dividir su vida en compartimentos. Creen que pueden mantener diferentes grados de sinceridad en las diferentes áreas de su vida, y que pueden negociar con sus valores de tal modo que no afectará el resto de su vida. No obstante, lo cierto es que el carácter no funciona así ni tampoco la confianza.

En 2003 escribí un libro llamado *There's No Such Thing as "Business" Ethics* [No existe tal cosa como la ética «en los negocios»]. La premisa es que uno no puede adoptar un tipo de ética en los negocios y otro en la vida personal. El carácter no opera de ese modo. Si alguien le pide que le ayude a sostener una mentira, no crea que esa persona se abstendrá de mentirle cuando le convenga. Lo que una persona esté dispuesta a hacer *con* usted, también se lo hará *a* usted. El carácter de un individuo siempre se hace evidente en todos los aspectos de su vida.

3. La confianza funciona como una cuenta bancaria

Mike Abrashoff, autor de *It's Your Ship* [El barco es suyo], dice: «La confianza es como una cuenta bancaria, uno tiene que seguir haciendo depósitos si quiere que crezca. En ocasiones las cosas saldrán mal y a uno le toca hacer un retiro. Mientras tanto, el resto se queda en el banco ganando interés».[15] Mike aprendió eso de sus años como oficial de la marina, yo aprendí lo mismo como pastor. Durante años enseñé en conferencias de liderazgo la idea de llevar siempre «monedas en el bolsillo (o cambio)» en lo que respecta a las relaciones. Cuando uno empieza una relación con alguien, debe partir de cero con esa persona. Si se trata de alguien que confía y es generoso, puede darle un poco de cambio suelto. Si es sospechoso o tiene heridas profundas, quizás no deba darle desde un principio. Cada vez que usted hace algo para desarrollar la confianza, a usted le depositan algo de cambio en su bolsillo. Cada vez que hace algo negativo, le toca desprenderse de esos fondos. Haga suficientes cosas negativas, debido a falta de carácter o competencia, y quedará en la bancarrota, esto marcará el fin de esa relación.

Esta dinámica funciona en cada área de su vida. Si usted gasta todo su cambio con sus colegas en el trabajo, ellos dejarán de trabajar de buena gana con usted. Si lo gasta todo con su jefe, terminará buscando otro trabajo. Si gasta todo con sus amigos, pasará mucho tiempo solo. Si gasta todos sus fondos con su cónyuge, terminará divorciado.

Si este es un concepto nuevo para usted, entonces necesita hacerse algunas preguntas al final de cada día:

- *¿Estoy haciendo depósitos?* Piense en sus relaciones más importantes. ¿Exhibe una conducta digna de confianza que deposita «dinero en el banco» de las relaciones?

- *¿Estoy haciendo retiros?* ¿Ha menoscabado la confianza en alguna de estas relaciones importantes? En ese caso, usted necesita tratar de corregir las cosas. No espere un minuto más para emprender la acción correctiva haciendo lo siguiente:

  1. Discúlpese.

  2. Pregúntese por qué traicionó la confianza.

  3. Corrija el problema en su vida.

  4. Reconozca que tarda más restaurar la confianza que perderla.

  5. Recuerde que la confianza se restaura con hechos, no solo con palabras.

Hacer esto no le permitirá *ganarse* fondos nuevos, pero puede prevenirle perder más, y tal vez pueda salvar la relación.

- *¿Produce ganancias mi confianza?* Mike Krzyzewski, entrenador principal de baloncesto en la Universidad de Duke, ofrece este consejo: «Si usted crea una atmósfera de comunicación y confianza, podrá convertirla en una tradición. Los miembros más antiguos del equipo establecerán su credibilidad ante los más nuevos, y aunque no les guste todo acerca de usted, todavía dirán que usted es digno de confianza y está comprometido con ellos como equipo». Como lo dice Mike Abrashoff, usted también puede desarrollar tanta confianza que esta aumenta sin necesidad de hacer depósitos adicionales. Por supuesto, esto requiere tiempo y una constancia extraordinaria.

UN AMIGO DE VERDAD

En 1978, cuando empecé a alcanzar cierto éxito como conferencista y consultor que me permitió llegarle a un público más grande, mi amigo Tom Phillippe me llevó a almorzar un día y me dijo: «John, vas a ser muy exitoso, y cuanto más alto llegues, más difícil será discernir los motivos de otros en cuanto a tus relaciones. Solo quiero que sepas que yo seré un amigo digno de confianza».

Así lo ha sido. Cuando cedí mi posición de impacto nacional en el ámbito eclesiástico para volver a ser pastor de una iglesia local, Tom se ofreció a encargarse de la organización que yo empecé y la mantuvo en buen funcionamiento hasta que pude volver a conducirla. Él siempre me ha dado consejos maravillosos, llenos de profundidad y sabiduría. También ha estado allí como amigo durante algunos de los tiempos más difíciles que mi familia ha enfrentado durante los últimos veinticinco años.

La razón principal para cualquier éxito que yo haya alcanzado se debe a gente como Tom. He sido bendecido con muchas personas de alto calibre como él. Confío en cualquiera de las personas en mi círculo de relaciones cercanas. Ellos me aman incondicionalmente, acogen mi visión y han incorporado mis valores, me representan bien ante los demás, procuran mis mejores intereses, dicen la verdad cuando necesito oírla, me apoyan durante los tiempos difíciles y me defienden de mis críticos. No podría hacer todo lo que hago sin ellos, y aunque pudiera, no querría hacerlo solo.

¿Titubea usted para confiar en otros?

En este capítulo he dado mucha atención al concepto de *ser* una persona digna de confianza, pero reconozco que algunas personas dignas de confianza tienen dificultad para confiar en otros. Quizás algunas personas han traicionado su confianza en ellas. En ese caso, trate de dar los siguientes tres pasos:

1. *Perdóneles.* Por cuanto usted es quien tiene la razón, usted tiene poder sobre las otras personas. Por favor no abuse de ese poder.

2. *Explique que la violación nunca más debe ocurrir.* Perdonar no significa que usted les permite seguir haciéndole daño.

3. *Recuerde sus mejores momentos.* Todos tenemos nuestros altibajos, y se requiere madurez para tratar a la gente conforme a sus mejores cualidades.

Existe un gran alivio en perdonar a los demás. Si usted desea perdonar y empezar a confiar de nuevo, aprópiese de estas palabras de Henry L. Simpson, antiguo secretario de estado de los Estados Unidos: «La lección principal que he aprendido durante mi larga vida es que la única manera de hacer digna de confianza a una persona es confiando en ella, y la manera más eficaz de hacerle indigna de confianza es desconfiar de ella y mostrarle nuestra desconfianza». Como dije antes, confiar en otros es un riesgo, pero bien vale la pena correrlo. Sin confianza, nadie puede desarrollar relaciones duraderas y saludables. Zambúllase. No le digo que nunca vaya a salir lastimado(a), esa siempre es una posibilidad latente. Lo que sí le digo es esto: nunca experimentará el gozo que solo viene a través de las relaciones en su vida si no se dispone a darle una oportunidad real a la confianza.

PREGUNTAS DE DISCUSIÓN SOBRE EL PRINCIPIO DEL *CIMIENTO*

1. ¿Cómo afectan la capacidad de conexión de una persona sus reparos para confiar en otros? ¿Qué puede hacer alguien que no confía fácilmente en otros para cambiar esa aprensión natural?

2. ¿Qué le sucede a una relación cuando una persona ya no parece ser digna de confianza? Describa cómo se deterioran las relaciones con el transcurso del tiempo. ¿Es posible que una relación quede sin esperanza de restauración? Si su respuesta es negativa, explique por qué. Si es positiva, describa cómo se puede estar seguro. ¿Es su respuesta la misma en cuanto a las diferentes relaciones en cada área de su vida (amigos, colegas, el cónyuge, los hijos)?

3. Piense en alguien con quien haya gastado una gran cantidad de sus fondos para las relaciones. Describa algunas cosas que usted hizo y que dañaron la relación. ¿Qué puede hacer para reconstruir la confianza y depositar más fondos en su «cuenta»? ¿Qué le impide hacer estas cosas en la actualidad?

4. La traición de la confianza no es siempre un problema de carácter. A veces se debe a una falta de competencia o de comunicación. ¿Cuáles problemas erosionan con mayor rapidez la confianza? ¿De cuál de estos problemas puede recuperarse una relación con mayor rapidez? Explique.

5. ¿Qué sucede cuando el círculo interior de una persona incluye a personas que no son dignas de confianza? ¿Cómo afecta esto su capacidad para alcanzar el éxito? ¿Cómo afecta su carácter? ¿Qué tan difícil es cambiar a las personas con las que uno se asocia? ¿Qué pasos pueden darse para crear un nuevo círculo interior?

EL PRINCIPIO
DE LA SITUACIÓN

Nunca permita que la situación importe más que la relación

*Es más gratificante resolver una situación
que disolver una relación.*

LA PREGUNTA QUE DEBO RESPONDER:
¿PONGO EN ALGUNAS OCASIONES LAS
SITUACIONES ANTES QUE MIS RELACIONES?

¿Qué haría usted si tuviera la oportunidad de toda una vida para hacer realidad sus sueños, elevarse a la cima y tomar su lugar entre la elite en su profesión, como todo un campeón? ¿Qué tal si nada más que una persona se interpusiera entre usted y su meta? ¿Le sacaría el mejor provecho a la situación? ¿Procedería a tomar control del momento? ¿Qué tal si esa persona en su camino fuera su hermana?

HERMANAS EN ACCIÓN

Esa es la situación que enfrentó Serena Williams. Si usted es aficionado al tenis sabe exactamente de qué le hablo, pero aunque no siga a los jugadores de este deporte, es probable que haya oído acerca de las hermanas Williams o que haya visto los comerciales de zapatos deportivos que ellas protagonizan.

Venus y Serena Williams fueron prodigios del tenis. Su padre, Richard, dice que cuando vio por televisión la imagen de una campeona de tenis femenino en el Abierto de Francia de 1978 y observó cómo recibía un cheque enorme, él decidió que si tenía más hijos con su esposa, los convertiría en tenistas profesionales. Venus nació en 1980 y Serena en 1981. Cuando Venus tenía cuatro años, Richard Williams empezó a enseñarle el deporte en un parque público de Compton, California. Un año después Serena empezó a practicar con ellos. Las niñas mostraron un futuro prometedor desde temprano y dominaron en todos los certámenes en que participaron. En 1991 Venus fue clasificada como número uno en la división de menores de diez años, pero en lugar de mantenerlas jugando en la categoría juvenil que era la ruta normal de los profesionales, Richard las sacó de esa liga, trasladó la familia a Florida y enroló a las niñas en una academia superior de tenis, donde entrenaron durante cuatro años.

En 1994, Venus fue elegible para convertirse en jugadora profesional, y Richard la inscribió en su primera competencia. Ganó su primer partido pero perdió el segundo ante la tenista número dos del mundo. Cuando los periodistas le preguntaron a Venus cómo comparaba la pérdida a derrotas previas, la adolescente explicó que no sabía, ¡porque nunca antes había perdido un partido! Al año siguiente la empresa de calzado Reebok firmó con Venus un contrato multimillonario de patrocinio comercial. Al final de 1997, ella ocupaba el lugar sesenta y cuatro en el mundo. Mientras tanto, Serena también se daba a conocer. A los dieciséis, terminó casi entre las cien mejores tenistas del mundo. Las niñas crecieron entrenando juntas, practicando juntas y jugando juntas. Venus la hermana mayor, siempre fue a la delantera, pero ellas nunca habían jugado la una contra la otra en un torneo profesional. En 1998 sucedió lo inevitable. Las dos jóvenes se enfrentaron entre sí en la segunda ronda del Abierto Australiano, y como era de esperarse, Venus ganó.

«No fue nada divertido eliminar a mi hermanita, pero tengo que ser firme», dijo Venus tras derrotar a Serena. «Después del partido le dije: "Lo siento mucho, pero tuve que derrotarte. Soy la mayor y me pareció que debía ganar"».[1] Las hermanas Williams siguieron viviendo y entrenando juntas. Jugaron dobles y ganaron juntas, y cuando se enfrentaron otra vez en la final del Campeonato Lipton en marzo de 1999, fue todo un acontecimiento. Era la primera vez que dos hermanas competían la una contra la otra por un título profesional de tenis femenino desde las hermanas Watson en Wimbledon en 1884. Venus dijo: «Por la forma en que jugamos, era inevitable que nos enfrentáramos en la final; también es inevitable que volvamos a enfrentarnos en el futuro».[2] Una vez más, Venus ganó.

QUE GANE LA MEJOR

Ese mismo año Serena alcanzó a probar el éxito cuando ganó el

Abierto de Estados Unidos. Era la primera vez que alguna de las hermanas ganaba una competencia del Grand Slam. Estaba lista para pasar a un nuevo nivel. Serena dijo: «Estoy harta de perder con jugadores que debería derrotar. Sea cual sea mi potencial, quiero alcanzarlo ahora mismo. Si logro hacerlo, veo a Venus como mi mayor competencia».[2]

En octubre de 1999, menos de un mes después de cumplir los dieciocho años, Serena finalmente lo logró. Derrotó a su hermana por primera vez al ganar la Copa Grand Slam en Munich. Después derrotó a Venus muchas más veces. En 2002, Serena se convirtió en la tenista número uno del mundo, y en 2003 firmó el contrato de patrocinio más grande para una mujer atleta: 40 millones de dólares con Nike.

¿Cómo afectó toda esa competencia su relación filial? ¿Acaso las alejó y sembró discordia o rencor? La respuesta es no. Tal como lo habían sido desde pequeñas, nunca dejaron de ser mejores amigas. Siempre compartieron la misma habitación durante sus viajes, y cuando Serena decidió no ir al Abierto Australiano en 2004, Venus habló de lo mucho que extrañaba a Serena.

«La familia siempre viene primero, sin importar cuántas veces juguemos la una contra la otra. Nada se interpondrá entre mi hermana y yo».[4] Ni la fama, ni la fortuna ni el rango profesional. Ellas no permiten que ninguna situación importe más que su relación.

¿Y USTED QUÉ DICE?

Venus y Serena no eligieron ser hermanas. La mayoría de nosotros no tiene la oportunidad de elegir familiares, pero sí elegimos cómo vamos a *tratar* a nuestra familia. Elegimos si vamos a cuidar o a descuidar nuestras relaciones familiares, y debemos admitirlo: cada familia tiene a alguien que hace más difícil mantener buenas relaciones. Cómo tratemos a esa persona es nuestra decisión.

Mucha gente espera que las relaciones funcionen a la perfección, sin contratiempos. Esta es una postura muy ingenua. Tan solo piense en cómo se escriben los votos matrimoniales. Típicamente, dicen algo similar a esto:

«Te acepto como mi legítima esposa, para tenerte y cuidarte desde este día en adelante, para bien o para mal, en riqueza o en pobreza, en alegrías y en tristezas, en salud y en enfermedad. Prometo amarte, respetarte y serte fiel hasta que la muerte nos separe».

Los votos matrimoniales dan por sentado que la vida es difícil y que ocurrirán situaciones que pueden causar una separación: Tristeza, pobreza, enfermedad y dificultades. La cuestión es, cuando lleguen los tiempos difíciles, ¿qué será más importante para nosotros, la situación o la relación?

Tome un momento para pensar en sus relaciones. Ahora examine las siguientes listas y determine cuáles palabras las describen mejor.

Explosiva	o	Calmada
Engañosa	o	Abierta
Egoísta	o	Madura
Extenuante	o	Refrescante
Insegura	o	Segura
Manipulación	o	Aceptación
Condicional	o	Incondicional
Desconexión	o	Unidad

La columna de la izquierda describe un tipo de interacción en el que la relación fluctúa según cada situación. La columna a la derecha describe la clase de interacción que sucede cuando la relación es sólida como la roca sin importar la situación del momento.

PRIMERO TOME LA DECISIÓN

En mi libro *Today Matters* [El hoy importa] afirmo que la gente exitosa toma decisiones correctas desde un comienzo y maneja esas decisiones a diario. Esto es cierto en cuanto a valores, prioridades, finanzas, fe, salud y en especial, las relaciones. Mantener fuerte una relación es una decisión consciente. Una razón por la que es tan alta la tasa de divorcios es que muchas personas entran al matrimonio sin un compromiso firme de nunca permitir que una situación importe más que la relación.

Habiendo dicho esto, me permito aclarar lo siguiente. Hay algunas situaciones de vida o muerte en las que la relación pasa a segundo plano. Cuando un cónyuge es abusivo, la otra persona necesita preocuparse por su seguridad. No obstante, el abuso no es un factor en la mayoría de las situaciones en que la relación se deteriora.

Cuando algunas personas se encuentran en una situación donde la relación requiere mucho trabajo o donde les toca hacer sacrificios personales, o simplemente no se sienten lo suficientemente «felices», optan por salirse de la relación. Otras personas violan el principio de la situación de otras maneras. Quizá no abandonen la relación, pero se quedan solo para hacer daño. Asimismo, prestan más atención a la situación que a la relación. Yo he sido culpable de hacer eso. Como padre de adolescentes, a veces dejo que la situación se vuelva demasiado importante para mí, y como resultado, mi insensibilidad hacia mis hijos ocasiona daños en la relación.

> La gente exitosa toma decisiones correctas desde un comienzo y maneja esas decisiones a diario.

También violé el principio de la situación en mi matrimonio. Ya le he contado sobre el daño que causé a mi esposa en los primeros años de nuestro matrimonio por mi interés egoísta en ganar todas las discusiones. También he dejado que las circunstancias nublen mi juicio como líder, y el resultado es que perjudiqué mi relación con algunas personas que he dirigido.

Siempre que una persona pone la situación por delante de la relación, sucede por una misma razón: pérdida de la perspectiva correcta. Esto fue cierto en los errores que cometí con mi familia y como líder de una organización. También será así en su caso si viola el principio de la situación. La gente siempre es más importante que las cosas. Nuestras propiedades, nuestro poder, nuestra posición y nuestra agenda son cosas transitorias.

¿Cómo puedo mantener la situación en la perspectiva correcta?

Para mantener su perspectiva y prevenir que la situación se vuelva más importante que la relación, usted puede hacerse varias preguntas. Le sugiero que empiece con estas cinco:

1. ¿Veo el cuadro general o solo el mal momento?

Siempre que experimentamos una etapa difícil en una relación, necesitamos acordarnos en primer lugar de por qué esa relación es importante para nosotros. Cuando un hijo llega a casa con una mala calificación, cuando el cónyuge se olvida de algo realmente importante para nosotros, o cuando un amigo nos decepciona, podemos sentirnos airados o defraudados, pero ¿qué es eso en el esquema mayor de las cosas? ¿Qué estaría usted dispuesto a recibir a cambio de sus hijos? ¿De su cónyuge? ¿De sus amigos más cercanos? Nada es más importante.

2. ¿Comunico el cuadro general junto al mal momento?

De niño, mis padres fueron fantásticos en comunicarme el cuadro general, aun cuando les estaba creando un mal momento que requería corrección y disciplina. Quizás me castigaban o me pegaban cuando lo merecía, pero siempre me decían que me amaban. Cuando tuve edad suficiente para entender, me explicaron muchas veces las razones detrás de sus acciones. No siempre lo apreciaba en el momento, pero más tarde en la vida me di cuenta que esto me hizo sentir muy seguro en mi relación con ellos. Gracias a su perspectiva, nunca perdí de vista el cuadro general, sin importar cuán mal me hubiera portado.

3. ¿Es una situación de una sola vez o algo que se repite con frecuencia?

Hay una gran diferencia entre una situación que ocurre una vez, y otra que sucede una y otra vez. Ambas afectan la relación y requieren de compromiso firme. Sin embargo, un asunto recurrente necesitará el compromiso de todas las partes involucradas para sostener la relación y en última instancia, cambiar la situación.

Por ejemplo, si un cónyuge comete un error que afecta a la pareja en sus finanzas, es relativamente fácil corregirlo y sostener la relación. En cambio, si uno de los dos abusa continuamente del presupuesto y endeuda cada vez más a la pareja, solo con un compromiso de parte de ambos para sostener la relación y cambiar sus acciones, permitirá que la relación sobreviva.

4. ¿Convierto demasiadas situaciones en asuntos de vida o muerte?

Dean Smith, antiguo entrenador de baloncesto en Carolina del Norte, comentó: «Si uno considera cada partido como una situación de vida o muerte, va a morir muchas veces». En otras palabras, necesitamos ser selectivos con las batallas que peleamos. Si usted es o ha sido padre de adolescentes, sabe por experiencia que esto es verdad. Si uno hace de cada asunto un motivo válido de enfrentamiento, peleará tanto con sus hijos que los alejará de usted.

¿Cómo puede saber si está convirtiendo demasiadas situaciones en asuntos de vida o muerte? Conteste estas preguntas:

- ¿Con cuánta frecuencia se siente tenso y malhumorado?

- ¿Con cuánta frecuencia levanta la voz más de lo normal al hablarle a otros?

- ¿Con cuánta frecuencia pelea por sus derechos personales o por lo que es justo y correcto?

Si estos asuntos ocurren día tras día, es posible que su perspectiva esté mal sincronizada con la realidad. Vivir en un estado constante de agitación no es muy saludable que digamos, y tampoco contribuye a desarrollar y mantener relaciones sanas.

5. ¿Muestro mi amor incondicional durante situaciones difíciles?

Mi amigo Tim Elmore me contó la historia de una niña llamada Diana, una estudiante de secundaria que sacaba muy buenas calificaciones. Como preparación para entrar a la universidad, se inscribió en una clase de química y trabajó duro. Sin embargo, por alguna razón la asignatura no le resultó fácil, y por primera vez en su vida fracasó en una clase.

Por fortuna, Diana tenía un profesor alentador que creía en ella y sabía que su desempeño deficiente era inusual. Estaba seguro de que triunfaría en la universidad, pero le molestaba tener que poner aquella mala calificación en su tarjeta de progreso. ¿Qué hizo entonces el profesor? Estaba consciente que no podía darle otra calificación para que pasara el curso, así que escribió al margen, junto a la F: «No todos podemos ser químicos, pero a todos nos encantaría ser Dianas».

En algún punto de la vida todo el mundo enfrenta situaciones difíciles en relaciones cercanas, pero no todos las manejan bien. Si usted puede comunicar su amor a los seres más cercanos en su vida en medio del dolor o la dificultad, usted incrementa en gran medida la estabilidad de la relación. Nadie en mi vida ha sido un ejemplo mejor del principio de la situación que mi madre, Laura Maxwell. Ella me comunicó amor incondicional todos los días de mi vida, y yo siempre podía hablar con ella sin importar qué sucediera. Cuando era niño y pasaba por mi época más rebelde, me decía muchas veces antes de irme a la escuela: «John, siempre quiero que hagas lo correcto, pero sin importar qué hagas, quiero que sepas que te amo». Siempre he deseado parecerme más a mi madre. Quizás haya alguien en su vida cuyo ejemplo usted también quisiera emular. Tome la decisión de poner sus relaciones por delante de las circunstancias de la vida. Si lo hace, desarrollará una confianza más profunda en sus relaciones y éstas podrán avanzar a un nuevo nivel.

PREGUNTAS DE DISCUSIÓN SOBRE EL PRINCIPIO DE LA *SITUACIÓN*

1. ¿Qué presiones de la vida hacen que la gente dé menos prioridad a las relaciones? ¿Cuán propenso es usted a permitir que las presiones dañen sus relaciones? ¿Qué puede cambiar usted para romper los patrones dañinos?

2. ¿Bajo qué circunstancias legítimas puede considerarse una relación menos importante que la situación del momento? ¿Qué puede suceder si uno no reordena sus prioridades en tales situaciones?

3. ¿Ha conocido a alguien que convirtiera cada pequeño detalle en una situación de vida o muerte? En ese caso, ¿cuál fue el resultado? ¿Cómo fue la experiencia de tratar de desarrollar una relación con esa persona? ¿Es posible sostener una relación sana con una persona así? Explíquese.

4. Piense en una relación importante en la que usted permitió que una situación le llevara a actuar mal. ¿Cuál fue el resultado? ¿Ha podido reparar la relación? ¿Se ha disculpado? ¿Qué podría hacer ahora para mejorar o restaurar esa relación?

5. Sus relaciones con sus familiares más cercanos son las más importantes en su vida. ¿Qué significan esas relaciones para usted? (Si nunca ha expresado por escrito esas ideas y sentimientos, considere hacerlo ahora mismo.) ¿Cómo puede usar esos pensamientos para mantener la perspectiva correcta la próxima vez que enfrente una situación problemática?

EL PRINCIPIO DE BOB

CUANDO BOB TIENE UN PROBLEMA CON TODOS, CASI SIEMPRE BOB ES EL PROBLEMA

Todo le parece infectado al infeccioso, así como todo
se ve amarillo a través del ojo del bilioso.

—ALEXANDER POPE

LA PREGUNTA QUE DEBO RESPONDER:

¿SERÉ BOB?

El 23 de junio de 1988, Billy Martin fue despedido de su puesto como manejador del equipo de béisbol de las grandes ligas, los Yankees de Nueva York. Los manejadores de béisbol pierden su trabajo todo el tiempo, así que eso tal vez no suene como una gran noticia. Lo diferente del caso es que Martin fue despedido de su trabajo como manejador de los Yankees ¡por *quinta* vez!

Nueva York, tenemos un problema

¿Alguna vez ha conocido a una persona a quien los problemas parezcan seguirle dondequiera que va? Este fue el caso de Billy Martin. Al ser llamado a trabajar con los Yankees en 1950 como cuidador de segunda base, se unió a uno de los mejores equipos de todos los tiempos. Aunque Martin solo fue un bateador de .257 en su carrera, se las arregló para mantenerse en el juego. En particular, se desempeñó muy bien durante los partidos de la Serie Mundial y fue nombrado jugador más valioso de la serie en 1953. Mientras estuvo con los Yankees como jugador (1950–57), el único año en que no ganaron el título nacional fue 1954, el mismo año en que Martin estuvo en el ejército. A pesar de sus éxitos, la vida de Martin nunca estuvo libre de problemas, sobre todo porque tenía mucha dificultad para llevarse bien con la gente. La razón por la que salió de los Yankees después de siete temporadas fue su intercambio y transferencia a otro equipo después de una gran pelea que armó en un club nocturno que involucró a otros jugadores de los Yankees. No fue su primera pelea ni sería la última. Después que Martin salió de los Yankees, jugó para otros seis equipos en un período de cuatro años: Los Atléticos, los Tigres, los Indios, los Rojos, los Bravos y los Gemelos. Se retiró en 1961 y empezó a ejercer como entrenador hasta 1969 cuando se convirtió en manejador. Sin embargo, dondequiera que iba, se armaban líos. Era legendario por las peleas a puño limpio que empezaba. La primera que llamó la atención fue en 1952, pero tuvo demasiadas como para enumerarlas todas. Tobias Seamon del periódico *The Morning News* resume a Martin de este modo:

> Las peleas y la ebriedad [de sus días como jugador] continuaron en la carrera de Martin como manejador. En 1969 durante su trabajo como manejador de los Twins de Minnesota, golpeó a su lanzador estrella Dave Boswell y fue despedido. En 1974 con los Rangers de Texas, le pegó al secretario itinerante del equipo que tenía 64 años, en una pelea por la propuesta de abrir un club para las esposas de los jugadores. Los Yankees volvieron a contratarlo en 1977, y él condujo al equipo a un título mundial, pero en un momento dado se le vio pelear con Reggie Jackson en el «banquillo de los jugadores» durante un partido televisado. Esto provocó que fuera despedido otra vez de su posición. En 1979 mientras se desempeñaba otra vez como manejador en Minnesota, golpeó con un bate a un vendedor de golosinas.
>
> A comienzos de los ochenta ya se sabía qué esperar de Martin. Contratado, despedido y vuelto a contratar por los Yankees, Martin salió de todos los trabajos que tuvo a punta de licor y riñas. Sus equipos casi siempre ganaban, pero el precio de vivir con Martin era demasiado alto. La estrella de los Yankees Ron Guidry dijo esto sobre su manejador: «Si te acercas a Billy Martin de la manera correcta, él se comporta bien. Yo opto por evadirlo del todo».[1]

Martin fue expulsado de los partidos en muchas ocasiones y suspendido varias veces por su trato a los árbitros. Tampoco se llevaba bien con los dueños de los equipos que lo empleaban. Cierta vez exigió una extensión de cinco años a su contrato y lo que recibió a cambio fue la carta de despido. El columnista deportivo y ganador del premio Pulitzer Jim Murray dijo de Martin: «Algunas personas tienen una astilla en el dedo. Billy tiene el almacén de madera completo».[2]

SE PARECE A BOB

Billy Martin es el ejemplo perfecto de lo que llamo «el principio de Bob». Es una verdad sobre las relaciones que descubrí hace años: Si Bob tiene problemas con Bill y Bob tiene problemas con Fred y Bob tiene problemas con Ana y Bob tiene problemas con Juan y Bob tiene problemas con Sam, entonces usualmente Bob es el problema.

Billy Martin parecía tener problemas con casi todo el mundo. ¡Se metía en más peleas que un boxeador profesional! Sin embargo, nunca mostró que viera un problema en su manera de comportarse. Martin dijo: «Creo que si Dios fuera manejador de equipos, lo haría con mucha agresividad, como es mi estilo de manejar equipos».[3] ¿Por qué razón pensaba él que le habían despedido de tantos equipos? Esta fue su explicación: «A mí me despiden porque no le digo sí a todo. El mundo está lleno de debiluchos que le dicen sí a todo».[4]

No todo Bob se mete en peleas a puño limpio como Billy Martin, ni se las arregla para que lo despidan ¡cinco veces del mismo trabajo! Mientras alguien que quebrante el principio del espejo puede ser incapaz de construir buenas relaciones, un Bob lleva las cosas a otro nivel porque no solo ocasiona problemas para sí mismo sino para todas las personas con quienes entra en contacto. ¿Cómo se puede reconocer a un Bob? Considere las siguientes cuatro características:

1. Bob es un portador de problemas

Los Bob del mundo llevan problemas por todas partes y esos problemas afectan a otros. Me di cuenta de esta verdad por primera vez a los pocos años de haber comenzado mi carrera profesional. En una reunión mensual de la junta, uno de los miembros llamaba la atención sobre un asunto, diciendo que un miembro de la congregación tenía problemas con algo que yo hacía. De inmediato, otros tres o cuatro miembros de la junta decían que habían oído quejas similares. Mi primer pensamiento fue examinar mis acciones. Tras reflexionar al respecto, seguía creyendo que estaba haciendo lo correcto, pero si tantas personas tenían un problema con ello, me pregunté si necesitaba considerar el asunto con más cuidado.

Después de tener esta misma clase de discusión en varias ocasiones, tomé una decisión. Hablé con los miembros de la junta y todos nos pusimos de acuerdo en que si alguien de la junta oía una queja, tenía que revelar quién la había expresado. En la siguiente reunión, uno de los miembros de la junta mencionó una queja que había escuchado, otros miembros de la junta confirmaron que también la habían oído. Cuando el primer miembro de la junta reveló el nombre de la persona que se quejó, los otros dijeron: «Esa es la misma persona que se quejó conmigo».

Sentí como si estuviera en la misma situación del granjero que acudió al dueño de un restaurante para averiguar si quería comprarle un millón de ancas de rana. Cuando el propietario preguntó dónde podía encontrar tantas ranas, el granjero respondió: «Tengo un pantano lleno de ranas, me vuelven loco día y noche». Después de llegar a un acuerdo para la venta de varios cientos de ancas de rana, el granjero regresó una semana después con dos pares de ancas de rana y una cara de yo no fui. «Supongo que me equivoqué», tartamudeó. «Solo había dos ranas en el pantano, pero ¡hacían ruido como un millón!».

Esa noche aprendí algo, no solo descubrí que teníamos una persona en la iglesia que no vacilaba en expresar su opinión, sino que los portadores de problemas esparcen su veneno por todas partes. ¿Sabe qué pasó también? Las próximas ocasiones en las que se mencionó algún comentario negativo en una reunión, descubrimos que se trataba del mismo miembro quejumbroso. Si usted es un líder y alguien le dice que se oyen «muchas quejas», averigüe cuál es la fuente pues podría tratarse de una sola persona que se queja más de lo normal.

2. Bob es experto en encontrar problemas

A Bob también le gusta encontrar problemas y mostrárselos a los demás. Es un fiel cumplidor de la segunda ley de Chisholm que dice: «Cuando parezca que las cosas están mejorando es porque se ha pasado algo por alto». Debido a que algunas personas tienen esta tendencia, he implementado una regla para los miembros del personal. Cualquiera que me llame la atención sobre un problema también debe presentar tres posibles soluciones pues no se necesita un talento especial para notar un problema. De hecho, si uno se fija lo suficiente, puede encontrar problemas en cualquier situación. Se requiere de mucho más talento para resolver problemas, y casi todos los Bob no tienen interés alguno en ello.

3. Bob es un generador de problemas

Bob siempre crea problemas y por lo general involucra a otros en lo que hace. Es como el tipo del chiste que se jacta frente a sus amigos diciendo: «Sí, en mi familia nos enorgullecemos de tener una gran tradición bélica: mi tatarabuelo prevaleció en el bloqueo de Boston en Bunker Hill contra los británicos, mi bisabuelo se unió con valentía a las tropas aliadas para destruir a los alemanes, mi abuelo estuvo en Pearl Harbor y mi padre luchó contra los coreanos del norte». «Válgame», dijo uno de sus amigos, «¿acaso alguien en tu familia se lleva bien con alguien?»

> «Cuando parezca que las cosas están mejorando es porque se ha pasado algo por alto».
> CHISHOLM'S SECOND LAW

Enseño a la gente que trabaja en mis organizaciones que tienen dos alternativas cada vez que se encuentren con Bob o cualquier persona que cree un problema. Cada generador de problemas es como un encendedor de cigarrillos, y cada uno de nosotros es como una persona que lleva dos baldes, uno está lleno de agua y el otro de gasolina. Cuando vemos la chispa de un problema que empieza a arder, podemos elegir entre apagarlo con agua o avivarlo con gasolina. Si queremos controlar la cantidad de daño que Bob puede hacer, necesitamos usar el agua.

4. Bob es un receptor de problemas

Por lo general, Bob es un recipiente de los problemas de otros, y alienta a los demás para que le traigan cada vez más. Por supuesto, algunas veces Bob tiene nombre de mujer, como la que conocí en una organización y a quien llamaré «Betty». Después de apagar una serie de incendios, su supervisor descubrió que todos los problemas se conectaban de algún modo con Betty. La llamó a su oficina para conversar y le relató todo lo que había descubierto. Ella admitió su parte en lo sucedido y hablaron al respecto:

—Es que la gente acude a mí para que les resuelva sus problemas todo el tiempo —dijo—. No les pido que lo hagan, pero no dejan de hacerlo.

—¿Quieres saber por qué? —le preguntó su jefe.

—Claro que sí —respondió Betty— me gustaría saber por qué.

—La gente te ve como un vertedero. Los camiones de basura llevan sus cargas de desechos a un lugar que los acepta. La gente que tiene problemas lleva sus inconformidades, sus chismes y sus quejas a alguien que esté dispuesto a recibirlos. Como dejas que la gente te eche encima todos sus problemas y tú no te esfuerzas en impedirlo, ellos siguen utilizándote como vertedero y no dejarán de hacerlo hasta que les hagas saber que no son bienvenidos.

Lamento decir que Betty, según me informaron, no cambió, sino que siguió dejando que la gente se acercara a su escritorio para descargar toda su basura emocional sobre ella.

¿Qué hacer con Bob?

¿Qué puede hacer usted si hay un Bob o una Betty en su vida, alguien que porta, encuentra, genera y esparce problemas? Considere las siguientes sugerencias:

Responda con un comentario positivo

Cuando una persona negativa trate de echarle un problema encima, responda con algo positivo. Si el comentario es acerca de una situación, trate de encontrarle el lado positivo; si es acerca de una persona, señale alguna característica positiva que haya observado en ella.

Muestre interés en la persona criticada

Siempre que se critican los motivos de una persona, la mejor alternativa es concederle el beneficio de la duda. Nadie debería presumir que conoce el corazón de otra persona, eso es algo que solo Dios puede juzgar. Crea lo mejor de los demás y exprese esa creencia, a no ser que los individuos le demuestren lo contrario a toda luz y directamente.

Motive que se den pasos concretos hacia una solución

Cada vez que alguien le trae un problema que tiene con otra persona sin haberlo tratado directamente con ella, en realidad está practicando el chisme. Y si usted escucha, también está chismeando.

La mejor manera de lidiar con el chisme es instruir a la persona que se queja para que hable con la persona con quien tiene un problema. Anímele a encontrarse con él o ella cara a cara y a arreglar las cosas. Si vuelve a mencionar el asunto, pregúntele sin rodeos: «¿Ya hablaste con esa persona sobre este asunto?» Si la respuesta es negativa, rehúse discutirlo.

Pida a Bob que PIENSE antes de hablar

No todos tendrán una respuesta positiva a sus sugerencias, pero si usted tiene una conexión fuerte con Bob o está en una posición de autoridad con esa persona, pídale que PIENSE antes de decir lo que se le ocurra, mediante el uso de este acróstico:

P—¿Es positivo?
I—¿Es inspirador?
E—¿Es evidente?
N—¿Es necesario?
S—¿Es sensible?
E—¿Es ecuánime?

Si puede responder «sí» a todas estas preguntas, será apropiado que proceda.

Mantenga a Bob alejado de los demás

El antiguo manejador de béisbol de las grandes ligas Casey Stengel dio muy buenos consejos acerca de cómo lidiar con gente problemática. Dijo que en la mayoría de equipos, un manejador tendrá quince jugadores que están dispuestos a atravesar una pared por él, cinco que le detestan y cinco indecisos. Él creía que el truco consistía en mantener alejados a los cinco que le detestan de los cinco que están indecisos. Si usted supervisa a uno o más tipos como Bob y no puede o no quiere sacarlos de su equipo, entonces por lo menos haga control preventivo de daños y aíslelos. No deje que esparzan su negativismo.

¿QUÉ TAL SI USTED ES BOB?

He dicho bastante sobre qué hacer si hay un Bob en su vida, pero ¿qué hacer si *usted* es Bob? Si no está seguro, hágase estas preguntas:

- *¿Experimento alguna clase de conflicto casi todos los días?*

- *¿Me irrita la gente con frecuencia?*

- *¿Me suceden cosas malas como si fuera algo natural?*

- *¿Tengo pocos amigos y quisiera tener más?*

- *¿Parece que siempre digo lo indebido?*

Si su respuesta fue afirmativa a varias de estas preguntas, es posible que usted sea Bob (o Betty). Si es así, recuerde la primera ley de los hoyos. Si se encuentra en uno, deje de excavar.

Lo primero que debe hacer es admitir que es Bob, en segundo lugar, usted debe tener el deseo de *cambiar* su estilo de vida. No puede ser como la señora Mohler, quien fue sometida a juicio por el homicidio de su tercer esposo. El abogado preguntó:

—¿Qué le pasó a su primer esposo?

—Murió por comerse un champiñón envenenado —dijo la señora Mohler.

—¿Y qué le pasó a su segundo esposo? —preguntó el abogado.

—También se murió después de ingerir un champiñón envenenado —dijo la señora Mohler.

—Muy bien, ahora explíquenos —dijo el abogado— ¿qué le pasó a su tercer esposo?

—Tuvo una contusión cerebral —contestó la señora Mohler.

—¿Y cómo le pasó eso? —preguntó el abogado.

—Es que no quiso comerse los champiñones —contestó la señora Mohler.

El cambio no será fácil en todos los casos y tampoco existen curas instantáneas. Neil Anderson, autor de *Victory Over the Darkness* [Victoria sobre las tinieblas] dice:

> Los estudios han mostrado que en el hogar promedio, por cada expresión positiva, un niño recibe diez negativas. El ambiente escolar solo es un poco mejor porque los estudiantes escuchan de sus profesores siete comentarios negativos antes de escuchar uno positivo. No es de sorprender que tantos niños crezcan sintiendo que son perdedores pues tanto padres como maestros transmiten esa percepción todos los días en su manera de hablar a los menores. Estos estudios también indican que se requieren cuatro mensajes positivos para invalidar el efecto de uno negativo.[6]

Empiece siguiendo las siguientes pautas que ya he dado. Conteste las preguntas del acróstico PIENSE antes de hablar. Además, trate de ver lo positivo en cada situación y pida a las personas que le hagan rendir cuentas por su actitud y sus acciones. Nadie tiene que ser un Bob para siempre.

PREGUNTAS DE DISCUSIÓN SOBRE EL PRINCIPIO DE BOB

1. ¿Por qué es tan llamativo el chisme para muchas personas? ¿Cómo puede darse cuenta de que algo que le dicen es un chisme? ¿Qué puede hacer para detener con amabilidad a alguien que quiere contarle chismes?

2. Piense en la última vez que fue confrontado con motivo de un problema de relaciones personales. ¿Cuál fue su reacción? ¿Terminó allí el problema o continuó su proceso de combustión? ¿Diría que su respuesta fue como echarle agua o gasolina al fuego? ¿Por qué? ¿Cómo habría podido responder mejor?

3. ¿Cada persona que le traiga un problema sin ofrecer soluciones debe considerarse automáticamente como un Bob? ¿Con cuánta frecuencia se trata de un problema de actitud? ¿Cuántas veces puede relacionarse con falta de entrenamiento? Cuando usted ha entrenado bien a la gente para que busquen soluciones y un individuo insiste en señalar los problemas sin ofrecer soluciones, ¿qué debería hacer? ¿Qué sucederá si usted ignora la conducta?

4. En el pasado, ¿cómo ha manejado una situación en que un amigo o colega se acerque para decirle que otra persona tiene un problema con algo que usted ha hecho? ¿El resultado fue positivo o negativo? ¿Qué le sucedió a la relación después del incidente? ¿Cómo la manejaría en el futuro?

5. ¿Le resulta difícil o fácil conceder a las personas el beneficio de la duda, asumiendo que sus motivos son buenos? ¿Por qué? ¿Qué es peor, acusar a una persona buena de tener motivos malos, o suponer que una persona mala tenga motivos buenos? ¿Cómo afecta sus relaciones su actitud en esta área? ¿Cómo se conducirá en el futuro y por qué?

EL PRINCIPIO DE
LA ACCESIBILIDAD

SI ESTAMOS A GUSTO CON NOSOTROS MISMOS, OTROS SE SENTIRÁN A GUSTO CON NOSOTROS

*El regalo más grande que podemos dar a los demás
es hacerles sentir cómodos.*

LA PREGUNTA QUE DEBO RESPONDER:
¿DIRÍAN MIS AMIGOS QUE LES RESULTA
FÁCIL ACERCARSE A MÍ PARA TRATAR
ASUNTOS DIFÍCILES?

¿**H**a tenido alguna vez un encuentro con alguien famoso? ¿Cómo fue la experiencia? ¿Fue súper emocionante o le sorprendió que fuera común y corriente? ¿Sintió decepción o fue hasta mejor de lo que se había imaginado? ¿Se conectó con esa persona o sintió que le trataron como un estorbo? ¿Tal vez sintió tal intimidación que ni siquiera intentó hablarle a la persona? La calidad de cualquier experiencia de primer encuentro con una persona, bien sea alguien famoso o no, depende en gran parte de la accesibilidad que nos demuestren. Todos nos hemos encontrado con personas que parecen frías y fuera de alcance, y también hemos conocido a personas que nos tratan como amigos de toda la vida desde el primer momento. Esto no es un asunto que solo se relaciona con personas importantes y famosas. ¿Cuán accesibles son las personas más importantes en su vida? Cuando usted necesita hacerle una pregunta a su jefe, ¿es fácil o difícil? Cuando necesita hablar con su cónyuge sobre un tema problemático, ¿espera un diálogo o una pelea? ¿Puede mencionarle un asunto delicado a su amigo más cercano sin preocuparse por una reacción inesperada?

¿Qué podría decirse de usted? ¿Puede la gente más cercana a usted hablarle de casi cualquier asunto? ¿Cuándo fue la última vez que alguien le trajo malas noticias o estuvo en fuerte desacuerdo con su punto de vista sobre algún asunto? ¿O que le confrontó acerca de algo que usted hizo mal? Si fue hace mucho tiempo, es posible que usted no sea tan accesible como cree.

Algunas personas consideran frívola la idea de volverse accesibles, creen que es algo bonito pero no indispensable. Muy pocos se toman la molestia de cultivar ese rasgo de la personalidad, pero lo cierto es que es mucho más que eso. La accesibilidad es un arma poderosa en la caja de herramientas de las relaciones personales. A continuación le relato la historia de una persona que la convirtió en un activo valorado en ¡12 millones de dólares al año!

¿QUIÉN NO PODRÍA HABLARLE?

Oprah Winfrey llama a esta persona su ídolo y mentor. Durante décadas esta mujer fue la presentadora de noticias mejor pagada en la industria de la televisión y ganó más dinero que Peter Jennings, Dan Rather, Tom Brokaw, o cualquier otro. Recibió numerosos Premios Emmy, un Premio Peabody, el Premio de la Prensa Extranjera y el Club de los Presidentes, el Premio al Mejor Locutor de la Sociedad Nacional de Radio y Televisión, el Premio de la Academia de Artes y Ciencias por sus logros de toda la vida, varios títulos honoríficos y la introducción al Salón de la Fama de la Academia de Artes y Ciencias. Sus especiales se han transmitido durante más de veinte años consecutivos, y una de sus entrevistas fue el programa de mayor sintonía de todos los canales de noticias en Norteamérica.[1] Su nombre es Barbara Walters. ¿Por qué cree que le pagan tanto dinero? Porque *cualquier persona* puede hablarle de *lo que sea* ya que es la presentadora de noticias más accesible en los Estados Unidos.

COMIENZOS HUMILDES

Cuando Walters empezó su carrera, pocas personas habrían acertado sobre su futuro. Walters misma dijo: «Era el tipo de persona del cual nadie pensaría que triunfaría, tenía un acento muy risible típico de Boston, no podía pronunciar la erre y no era ninguna reina de belleza».[2] Tras graduarse del colegio Sarah Lawrence con un título en inglés, se dedicó a trabajar para ayudar a su familia que pasaba dificultades económicas. Trabajó primero como secretaria y luego como escritora en los programas *Jack Parr* y *The Dick Van Dyke Show*. Entonces en 1961 le dieron la oportunidad de escribir y hacer reportajes de investigación para el conocido programa

Today Show [Hoy]. Tres años después, empezó a trabajar frente a las cámaras como «la chica de Hoy». Durante los siguientes trece años, Walters demostró su credibilidad como periodista. Formó parte de un puñado selecto de periodistas que fueron invitados a hacer el histórico viaje a China con el presidente Nixon en 1972 y en 1976 se convirtió en la primera coanfitriona de un noticiero vespertino de cobertura nacional. No obstante, su mayor reconocimiento se debió a su labor como entrevistadora. De hecho, Walters ha escrito un libro titulado *How to Talk with Practically Anybody About Practically Anything* [Cómo hablar con casi cualquier persona sobre casi cualquier tema].

Walters ha entrevistado a más estadistas y personajes famosos que cualquier otro periodista de televisión en la historia. Ha entrevistado a todos los presidentes desde Nixon. Se ganó la primera entrevista conjunta del presidente de Egipto Anwar Sadat y el primer ministro de Israel Menachem Begin. Ha entrevistado a líderes de otras naciones como Jiang Zemin, Boris Yeltsin, y Margaret Thatcher y personajes como Yasser Arafat, Saddam Hussein, Muammar Gadafi y Fidel Castro. También ha hablado con casi todas las estrellas del cine o la televisión que ha querido.

Bill Geddie, el productor de sus especiales televisivos, hace esta observación: «Bárbara ha desarrollado con los años un estilo de llegarle a la gente y de hacerles decir cosas frente a las cámaras que nunca pensaron que dirían en público».[3] Walters dice que sus entrevistas favoritas fueron con personas que enfrentaban grandes adversidades, como Steven McDonald, un oficial de policía paralizado, Dave Dravecky, un lanzador de béisbol a quien le diagnosticaron cáncer, y Christopher Reeve, el actor que interpretó el papel de *Superman* y que ahora está inmovilizado. Se dice que su habilidad como entrevistadora es resultado de la empatía y la compasión que adquirió al encargarse del cuidado de su hermana discapacitada Jacqueline. Sin duda esas cualidades le ayudaron, pero todo puede resumirse en confianza. La gente confía en Walters, por eso le hablan y se sinceran con ella.

No se lo pierda

La gente pierde muchas oportunidades para establecer conexión y desarrollar relaciones más profundas porque no se hacen accesibles a los demás. Note que uso a propósito la frase «se hacen». La accesibilidad tiene muy poco que ver con la timidez o el arrojo de los demás, y todo que ver con la manera como usted se comporta y los mensajes que envía a los demás.

Hace años leí un escrito titulado «El arte de llevarse bien con los demás», el cual dice:

> Tarde o temprano cada persona descubre, si es sabia, que la vida es una mezcla de días buenos y malos, de victorias y derrotas, de toma y dame. Descubre que no vale la pena ser demasiado sensible, que debería dejar algunas cosas pasar de largo como el agua resbala por las plumas de un pato. Descubre que los cascarrabias casi siempre salen perdiendo, que a todos les toca desayunar con tostada quemada de vez en cuando, y que no debería tomar demasiado en serio el mal genio de sus semejantes.
>
> Descubre que sentirse ofendido por la menor pequeñez es la manera más fácil de meterse en problemas, que la forma más rápida de perder la popularidad es llevar chismes de un lado a otro, que los tiros malintencionados siempre salen por la culata y que no importa quién reciba el crédito mientras el trabajo quede bien hecho.
>
> También descubre que casi todos los demás son tan ambiciosos como él o ella, que el cerebro les funciona igual o mejor, y que el trabajo duro y no la astucia es el secreto del éxito. Aprende que ningún hombre llega solo a primera base y que solo a través de la cooperación y el esfuerzo colectivo es que avanzamos hacia cosas mejores.
>
> En breve, se da cuenta de que el «arte de llevársela bien» depende casi un noventa y ocho por ciento de su propia conducta hacia los demás.[4]

Si quiere ser una persona agradable y accesible a los demás, usted debe hacer que se sientan cómodos. Permítame mostrarle cómo.

CÓMO HACER SENTIR CÓMODA A LA GENTE

Piense en todas las personas accesibles que ha conocido y creo que encontrará que por lo general exhiben las siguientes siete características:

1. Calidez personal: de verdad les gusta la gente

Uno siempre puede darse cuenta cuando a alguien no le gusta la gente. De igual modo, se puede sentir cuando un individuo muestra un interés genuino en los demás. Son personas cálidas y bondadosas, y como dijo Christian Bovee: «La bondad es un idioma que el mudo puede hablar y el sordo puede oír y entender».

> «La bondad es un idioma que el mudo puede hablar y el sordo puede oír y entender».
> CHRISTIAN BOVEE

Hay una escena clásica de la tira cómica de *Carlitos* en la que Charlie Brown dice: «Amo a la humanidad, pero no soporto a la gente». Para ser accesibles, no es suficiente amar a las personas en teoría, usted necesita irradiar calidez personal hacia la gente que conoce.

2. Aprecio las diferencias en las personas

Debo admitir que hubo un tiempo en mi vida en que tenía muy poca paciencia con las personas diferentes a mí, tendía a verles como inferiores porque no tenían mis habilidades. Entonces leí el libro *Personality Plus* [Personalidad y más] de Florence Littauer.[5] Ese libro realmente me abrió los ojos. Mi esposa Margaret y yo lo leímos al mismo tiempo, y nos reímos al leer sobre las debilidades del otro pero también celebramos las fortalezas de cada uno. A medida que aprendíamos sobre cada tipo de personalidad que se definía en el libro (melancólica, colérica, sanguínea y flemática), reconocimos a amigos, familiares y a nosotros mismos.

Después de ese estudio empecé a ver a la gente de forma diferente, y por fin entendí que las diferencias eran buenas y necesarias. Llegué a apreciar a las personas tal como eran, así como lo que tenían que ofrecer, aprendí a manejar mejor mis debilidades y vi cómo la gente puede complementarse entre sí. No solo me ayudó a que me gustara más la gente, sino que me ha hecho más agradable y accesible. Apreciar las diferencias de los demás puede aportarle el mismo beneficio.

3. Estado de ánimo estable

¿Ha trabajado alguna vez con alguien o para alguien cuyo estado de ánimo tuviera altibajos todo el tiempo, de tal modo que a la gente le tocaba entrar con sigilo a la oficina y preguntarle a un compañero de trabajo «¿de qué ánimo está hoy?» Con esa clase de personas uno nunca sabe lo que va a recibir, y como resultado, esas personas nunca son asequibles.

A diferencia de ellos, la gente asequible demuestra constancia y equilibrio en el manejo de sus emociones, son personas ecuánimes y hasta predecibles. Uno sabe qué va a recibir de ellas porque son prácticamente la misma persona cada vez que usted los encuentra.

4. Sensibilidad hacia los sentimientos de otras personas

Aunque la gente accesible es emocionalmente estable, eso no significa que esperen lo mismo de los demás. Reconocen que las emociones de otras personas van a ser diferentes de las suyas y en consecuencia, se sintonizan con el estado de ánimo y los sentimientos de los demás para ajustarse con rapidez y poder relacionarse bien con ellos. Son como el capitán del velero que prueba el viento y ajusta las velas de acuerdo con las condiciones climáticas del momento para poder llegar a su destino.

El novelista irlandés George Moore reconoció que «nuestras ideas están aquí hoy y mañana desaparecen, en cambio nuestros sentimientos siempre están con nosotros, por eso reconocemos de inmediato a los que se sienten parecido a nosotros, como por instinto». Cuando la gente percibe que otra persona está en su misma «onda», se inclina más a conectarse y sincerarse con ella porque parece accesible.

5. Entendimiento de las debilidades humanas y reconocimento de las propias

Nada es tan desalentador como una persona que trata de mantener la apariencia de que es perfecta. Recuerdo haber dado una conferencia en la que exhorté a los líderes que asistieron a que admitieran sus debilidades a las personas que trabajaban con ellos. Durante el receso, un hombre se acercó a mí para decir que no le parecía buena idea mi sugerencia: «¿Acaso la gente no va a sentirse insegura sobre mí después que les diga todo eso?»

Le respondí: «No. Mire, el problema es que usted opera bajo la suposición de que ellos no lo saben ya».

El novelista y editor Ed Howe dio este sabio consejo: «Expresa una opinión dura acerca de ti mismo de vez en cuando, esto le mostrará a tus amigos que sí sabes decir la verdad». La gente accesible es sincera en cuanto a sus habilidades y también sus faltas, están dispuestos a permitir que les digan no aquello que quieren oír sino lo que necesitan oír. Además son capaces de reírse de sí mismos, son personas que acogen este antiguo proverbio chino: «Felices son los que pueden reírse de sí mismos porque nunca dejarán de entretenerse». También, como pueden admitir sus fallas, no tienen problema en permitir que otras personas tengan sus propias fallas.

> La gente accesible es sincera en cuanto a sus habilidades y también sus faltas, están dispuestos a permitir que les digan no aquello que quieren oír.

6. Capacidad para perdonar con facilidad y pedir perdón con rapidez

El entendimiento de la debilidad humana y la disposición a admitir su propia debilidad hace que las personas accesibles también sean humildes. Debido a esa humildad, piden perdón de inmediato y lo dan con facilidad a los demás. El autor y maestro David Augsburger escribió: «Gracias a que no todas nuestras intenciones son perfectas y nada que intentamos hacer es por completo libre de error, y nada que logramos hacer carece de cierta medida de finitud y falibilidad a la que llamamos condición humana, nuestra salvación es el perdón».[6]

7. Autenticidad

Algo que Barbara Walters solía decirse a sí misma siempre que se sentía incómoda o insegura es una frase que le dijo la señora Eugene McCarthy: «Soy como soy, me veo como me veo y tengo la edad que tengo».[7] La gente accesible es genuina, son quienes son, y como resultado, se conectan con los demás en un nivel muy genuino. No aparentan ser alguien que no son, no se esfuerzan en esconder lo que piensan y sienten, y no tienen una agenda secreta. Dicen lo que quieren decir y lo dicen en serio. No hay que preocuparse por la opinión que tengan de uno.

Una de las razones por la que pueden ser auténticos es porque están seguros de sí mismos. La gente segura no siente que siempre tenga que ganar y tampoco tienen algo que probar. La seguridad es el rasgo personal más arrollador. La gente accesible se siente cómoda consigo misma y hace sentir cómodos a los demás.

Necesito decir una cosa más sobre la accesibilidad, y es que ¡es responsabilidad de la persona que está en posición de autoridad! Barbara Walters es la persona que ejerce la autoridad cuando hace sus entrevistas, por esa razón ella es la que se propone ser asequible. Los jefes deben asumir la responsabilidad de ser accesibles a sus empleados, los padres deben hacerse accesibles a sus hijos y los cónyuges deben ser accesibles el uno con el otro.

Cuando empecé a tener éxito como pastor y a recibir reconocimiento a nivel estatal y luego nacional por mi trabajo, descubrí que algunas personas se sentían intimidadas en mi presencia. Creo que la razón principal era mi confianza. Ciertamente no quería hacer sentir mal a la gente ni impedir que me hablaran, por eso trabajé para volverme una persona más accesible. Empecé a aprender cómo «caminar lentamente por la multitud», lo cual significa que siempre que me encuentre en un grupo de personas, trato de dedicar tiempo a hablar con la gente, establecer conexión personal con ellos y ser sensible a sus sentimientos, necesidades y anhelos.

Mi esfuerzo ha sido ricamente recompensado; he experimentado cuán amigables pueden ser las personas, he hecho muchos amigos nuevos y he desarrollado muchas relaciones fructíferas. Además, lo he hecho sin dejar de ser yo mismo y es algo que recomiendo de todo corazón.

PREGUNTAS DE DISCUSIÓN SOBRE EL
PRINCIPIO DE LA *ACCESIBILIDAD*

1. ¿Qué tan a gusto se siente usted consigo mismo? ¿Es una persona básicamente segura o insegura? ¿Tiene confianza en sus habilidades o lucha bastante con las dudas sobre sí mismo? ¿Se siente bien con su personalidad o quisiera parecerse más a otra persona? Explíquese.

2. ¿Está o no de acuerdo con que la persona que esté en la posición de autoridad tiene la responsabilidad de hacer sentir cómodos a los demás? Explique. ¿Qué sucede cuando la persona más débil debe tratar de conectarse con una persona de autoridad que no está interesada en establecer una conexión personal?

3. ¿Cómo puede darse cuenta de que una persona mantiene una agenda secreta? ¿Qué cosas suceden cuando se revela esa agenda? ¿Le impide sincerarse y ser accesible la posibilidad de tener que lidiar con una agenda secreta?

4. Piense en una persona susceptible a cambiar mucho de ánimo con la que haya tenido que lidiar en el pasado. ¿Qué clase impacto tuvo en usted sus cambios de ánimo? ¿Cómo afectó la relación? ¿Cuándo es usted propenso a experimentar tales cambios súbitos de ánimo? ¿Qué puede hacer para que tenga menos fluctuaciones de ese tipo?

5. Muchas personas inaccesibles no tienen ni idea de que otros les consideran intimidantes o lejanos. Haga una observación de 360 grados para determinar su propio nivel de accesibilidad. Averigüe si sus jefes, empleados, colegas, amigos y familiares le consideran una persona con la que pueden hablar fácilmente. Pídales que le digan cuándo fue la

última vez que le oyeron dar una evaluación sincera de usted mismo(a). Pídales que le describan una de sus debilidades y que observen cómo reacciona, pues su reacción será muy reveladora.

EL PRINCIPIO
DE LA TRINCHERA

AL PREPARARSE PARA LA BATALLA,
CAVE UN HOYO EN EL QUE TAMBIÉN
QUEPA UN AMIGO

En la pobreza y demás infortunios de la vida, los amigos verdaderos son un refugio seguro. Ellos librarán a los jóvenes de sus imprudencias, serán consuelo y auxilio para los ancianos en su debilidad, y motivarán a los adultos a realizar sus obras más nobles.

—ARISTÓTELES

LA PREGUNTA QUE DEBO RESPONDER:
¿SOY UN AMIGO EN EL QUE OTROS
DEPENDEN DURANTE TIEMPOS DIFÍCILES?

Hace unos cuantos años oí decir al pastor y superior del Seminario Teológico de Dallas, Chuck Swindoll, que en la Marina de los Estados Unidos le habían enseñado a cavar trincheras en las que también pudiera acomodar a un compañero. Ese comentario se grabó en mi mente porque me pareció muy sabio.

Si usted examina cualquier manual de entrenamiento de la infantería, encontrará que existen diversos tipos de trinchera (o «zanjas de combate» como ahora las llaman los marinos). Un soldado puede verse obligado a asumir una «posición súbita de combate», en la cual le toca correr a esconderse donde pueda, sin tiempo para prepararse. Ahora bien, si tiene algo de tiempo, puede excavar una posición en la que solo quepa él. Sin embargo, los expertos aconsejan que una «posición de combate de un solo soldado no tiene la misma seguridad que una posición para dos soldados». Todavía mejor sería un arreglo en el que dos soldados puedan combatir juntos. El *Manual de Campo del Ejército* describe así su eficiencia: «Un soldado puede proveer seguridad y hacer otros trabajos prioritarios, mientras el otro puede descansar y comer o realizar labores de mantenimiento. Esto permite que el trabajo prioritario se complete con más rapidez que con un solo soldado en posición de combate». También añade: «Es más difícil para el enemigo destruir este tipo de posición, pues para lograrlo el enemigo debe eliminar o neutralizar a tres soldados».[1]

El poder de la unidad de la gente ha sido aclamado durante miles de años. Salomón, el sabio del antiguo Israel escribió:

> Mejores son dos que uno; porque tienen mejor paga de su trabajo.
> Porque si cayeren, el uno levantará a su compañero;

pero ¡ay del solo! que cuando cayere, no habrá segundo
que lo levante.
También si dos durmieren juntos, se calentarán
mutuamente;
mas ¿cómo se calentará uno solo? Y si alguno prevaleciere
contra uno,
dos le resistirán; y cordón de tres dobleces no se rompe
pronto.[2]

A diferencia de Chuck Swindoll, nunca serví en la milicia. Sin
embargo, uno no tiene que ser soldado para apreciar el beneficio de
tener buenos amigos en tiempos difíciles. Esto es válido no solo en el
ejército sino también en el hogar o el trabajo, es indispensable incluso en el mundo de alta tecnología de la Internet de hoy día. Encontramos un buen ejemplo en la historia de la empresa Yahoo!

AL PRINCIPIO SOLO HABÍA DOS HOMBRES
EN LA «TRINCHERA»

Yahoo! empezó en febrero de 1994 como un pasatiempo de dos estudiantes de maestría de Stanford: Jerry Yang and David Filo. Estos dos
estudiantes de ingeniería eléctrica crearon un directorio para llevar
un registro de sus sitios favoritos en la red de informática. No pasó
mucho tiempo antes de que empezaran a compartirlo con otros. Al
principio se llamó «La Guía de Jerry a la Red Mundial de Informática». Por supuesto, cuando Yang pensó que «David hacía todo el trabajo y yo recibía todo el crédito», le cambió el nombre a «La Guía de
David y Jerry a la Red Mundial de Informática».[3] Más tarde recono-
cieron que necesitaban un nombre menos complicado y optaron por
llamar Yahoo! a su sitio en el ciberespacio.

Al principio ofrecieron dos servicios básicos: un directorio de sitios
de Internet (similar a la tabla de contenido de un libro) y un motor de
búsqueda por palabras clave (similar a un índice). A través de Yahoo! la
gente finalmente tuvo mejores herramientas para encontrar información

específica en Internet. En el otoño de 1994, más de 100.000 personas utilizaban su servicio. Yang y Filo vieron la oportunidad y la aprovecharon. Incorporaron la empresa bajo el nombre Yahoo! en marzo de 1995 y de inmediato aseguraron $2 millones de dólares de Sequoia Capital para poner en marcha su organización. Los amigos estaban listos para embarcarse en una guerra y conquistar el mercado. Ya venían practicando el principio de la trinchera desde que decidieron trabajar juntos, pero también sabían que no podrían triunfar por cuenta propia. Por esa razón se propusieron formar un equipo de administración y gerencia. La persona a quien encontraron e invitaron a la organización como director ejecutivo fue Tim Koogle (conocido como T. K.). Koogle a su vez incluyó a Jeffrey Mallett como director operativo. Los cuatro hombres trabajaron juntos y muy de cerca, pero los que realmente hacían suceder las cosas eran Koogle, Mallett y Yang, a quienes muchos llamaban «los tres mosqueteros».

Mallet comentó: «Por lo general soy el pragmático, Jerry es el creativo sin límites, y T. K. toma las decisiones finales. Los tres siempre estamos pensando en la próxima movida que vamos a hacer y anticipando lo que hace cada uno».[4] Además, cuando Yahoo! tuvo que enfrentarse a la irrupción en el mercado de «Eisner [de Disney], Welch [de General Electric] y Gates [de Microsoft] que se propusieron tomar nuestro lugar», como lo describió Mallett, ellos se mantuvieron unidos y defendieron su posición de avanzada. Mientras muchas otras compañías virtuales o «punto-com» quebraron y desaparecieron, Yahoo! siguió fuerte.

Desde aquel entonces, Koogle y Mallett han pasado a emprender otras aventuras en el capitalismo, sin haber tenido rencores ni resquemores con sus antiguos socios. Al lado de Yang y Filo, ellos contribuyeron para transformar a Yahoo! de un negocio con menos de diez empleados a una empresa multimillonaria cuyas acciones se compran y venden en la bolsa de valores. Hoy día Yahoo! sirve al público más grande del mundo, con más de 200 millones de usuarios cada mes, y como una red de difusión global de publicidad y otros servicios para sus clientes.[5]

HECHOS SOBRE LAS TRINCHERAS

Enfrentamos muchos tipos de batallas en la vida y las «trincheras» que nos toca utilizar en muchas ocasiones tienen diferentes formas y tamaños. El hogar es la más importante y lo ideal sería que siempre fuera un puerto seguro con personas en quienes podemos depender. Otras pueden incluir un negocio, un equipo deportivo, un grupo pequeño, un pelotón o algo por el estilo. Por supuesto, las personas que nos acompañan en estos lugares son tan variadas como ellos.

Antes de seguir adelante, necesito comentar sobre tres suposiciones que hago al escribir acerca del principio de la trinchera:

1. *La trinchera es para usted y un amigo, no solo para el amigo.*
   Usted puede pedirle a un amigo que combata con usted, pero nunca debería enviar a otra persona a librar sus batallas. Cuando Jerry Yang y David Filo contrataron a Tim Koogle, no se desentendieron de sus responsabilidades en Yahoo! Lo que hicieron fue asociarse con él.

2. *Antes de la batalla, usted ha desarrollado una amistad.* El principio de la trinchera no es cuestión de imponerse a contactos distantes ni usar a la gente. Usted necesita ser un amigo de verdad antes de pedir la ayuda de un amigo.

3. *Usted también ha estado con sus amigos en las trincheras de ellos.* Usted debe estar dispuesto a luchar por cualquier amigo que le pida ayuda. Eso es lo que hacen los amigos. El líder de los derechos civiles Martin Luther King Jr. dijo: «Al final de todo, no recordaremos las palabras de nuestros enemigos sino el silencio de nuestros amigos». ¡No quiero que alguien diga que fui un amigo silencioso!

Tras establecer estas premisas, presento a continuación algunas verdades acerca de las «trincheras»:

Las trincheras sin amigos son insalubres

Separarse de los demás y tratar de enfrentarse solo al mundo no es saludable ni beneficioso. Hace varios años leí sobre una campaña iniciada por el Departamento de Salud Mental de California con el lema «Los amigos pueden ser una buena medicina». Estos son algunos de los hechos que motivaron al departamento a embarcarse en la iniciativa:

- Si usted se aísla de los demás, tiene entre dos a tres veces más probabilidades de sufrir una muerte prematura. Esto es cierto sin importar que cuide su salud con buena alimentación, ejercicio y absteniéndose de fumar.

- Si se aísla de los demás, es más probable que contraiga cáncer terminal.

- Si es divorciado, separado o ha enviudado, tiene entre cinco a diez veces más probabilidad de ser hospitalizado por un desorden mental que una persona casada.

- Si es una mujer embarazada que no cuenta con buenas relaciones personales, su probabilidad de tener algún tipo de complicación es tres veces mayor que la de una mujer con relaciones sólidas, incluso si ambas padecen los mismos sufrimientos.[6]

Las experiencias de trinchera forjan grandes amistades

En la década de los ochenta cuando estaba buscando a alguien que me ayudara a realizar la difícil tarea de pastorear una iglesia grande mientras dirigía un ministerio nacional, Jack Hayford llegó a mi vida. Jack es pastor de Church on the Way en Van Nuys, California, un buen amigo, un consejero sabio y un mentor abnegado. No habría podido triunfar sin su ayuda.

Más de una década después, tuve que librar una batalla mucho más seria cuando sufrí un grave ataque cardíaco. Cuando Jack se

enteró, me llamó de inmediato y me dijo
que estaba trabajando demasiado y tendría que aprender a decirle no a la gente.
Además, Jack me dijo algo que nunca olvidaré: «John, sé que te resulta difícil decirle no a algunas personas, diles que me
llamen y yo diré no por ti, me aseguraré de

> Usted debe estar dispuesto a
> luchar por cualquier amigo que
> le pida ayuda. Eso es lo que
> hacen los amigos.

mantenerte alejado de esas situaciones». Jack ha sido un verdadero
amigo de trinchera para mí. Hace poco, cuando el yerno de Jack murió de forma inesperada, me metí en su trinchera y lo acompañé pues
era lo menos que podía hacer después de todo lo que él había hecho
por mí.

Las trincheras ponen a prueba las amistades

Cuando usted tiene que enfrentar tiempos difíciles, descubre quiénes
son sus amigos de verdad. Mientras Pepper Rodgers fue entrenador en
la Universidad de California en Los Ángeles, tuvo algunas temporadas difíciles. Al recordar un año especialmente malo, Rodgers le dijo
a un reportero: «Mi perro fue mi único amigo, y como le dije a mi esposa que el hombre necesita tener por lo menos dos amigos, ella me
compró otro perro».

Los falsos amigos son como nuestra sombra pues se mantienen
muy cerca de nosotros mientras caminamos bajo la luz del sol pero
nos abandonan tan pronto cae la noche. Los amigos de verdad se quedan a nuestro lado cuando llegan los problemas. Como dice el viejo
refrán: «En la prosperidad nuestros amigos nos conocen y en la adver-
sidad nosotros conocemos a nuestros amigos».

UN AMIGO FIEL

Se dice que cuando Benjamín Franklin firmó la Declaración de Independencia, dijo estas palabras: «Debemos, sin duda alguna, permanecer juntos pues de lo contrario, lo más seguro es que nos van a colgar

por separado». Él entendió el poder de mantener alianzas fuertes durante tiempos de gran conflicto. Se sabe que Franklin fue un amigo fiel y un aliado confiable para sus compatriotas durante toda su vida.

Tal vez usted tenga muchos amigos, pero no todos ellos serán amigos de trinchera y lo cierto es que usted tampoco será esa clase de aliado para todas las personas en su vida. Las amistades de trinchera son especiales, y usted debería tener presentes los siguientes cinco aspectos antes de ponerse de acuerdo para ir a la batalla junto a alguien:

1. Los amigos de trinchera son pocos

Durante la guerra civil, el presidente Lincoln recibió muchas solicitudes de indulto por parte de soldados que estaban sentenciados a morir por deserción. Cada apelación venía acompañada por numerosas cartas con testimonios de amigos y gente influyente.

Un día el presidente recibió una petición de indulto que le llamó la atención porque no venía acompañada de ningún otro documento de respaldo al soldado. Esto asombró a Lincoln, quien preguntó sobre ello al oficial encargado de resolver el asunto. Para sorpresa del presidente, el oficial de turno dijo que el soldado no tenía un solo amigo y que toda su familia había muerto en la guerra. El presidente consideró la información y dijo al oficial que le daría su decisión a la mañana siguiente. Lincoln luchó toda la noche con el asunto, la deserción no era un problema menor, y anular una sentencia de muerte enviaría el mensaje erróneo a los demás soldados. Sin embargo, tuvo dificultad para no compadecerse de alguien que estaba totalmente solo en el mundo.

A la mañana siguiente cuando el oficial le preguntó al presidente cuál era su decisión, quedó atónito al oír decir a Lincoln que el testimonio de un amigo había sellado su decisión sobre el soldado en cuestión. Cuando el oficial le recordó al presidente que la solicitud había llegado sin cartas de referencia, Lincoln simplemente dijo: «Yo seré su amigo». De inmediato procedió a firmar la petición e indultó al hombre.

Si hay personas en su vida que están dispuestas a ir a la batalla junto a usted, valórelas, pues realmente son escasas.

2. Los amigos de trinchera dan fuerzas antes y durante la batalla

Tener a alguien al lado durante una batalla es de gran ayuda. No obstante, antes de la batalla, el simple hecho de saber que alguien cree en uno y está dispuesto a luchar por uno es una motivación para seguir adelante. El filósofo griego Epicúreo dijo: «No es tanto la ayuda de nuestros amigos lo que nos ayuda, como el conocimiento confiado de que están dispuestos a ayudarnos».

Piense en un padre, profesor, jefe o entrenador que haya hecho más de lo que le correspondía para expresar su fe en usted. ¿No fue grandioso saber que alguien confiaba en usted? ¿No tuvo un impacto tremendo esa persona en su vida? Si es así, saque tiempo para agradecerle a ese individuo, y haga el mismo tipo de inversión confiando en las personas por quienes está dispuesto a luchar.

3. Los amigos de trinchera ven las cosas desde la misma perspectiva

Tracy tenía cinco años y le preguntó a su papá si podía jugar en la casa de una amiga que vivía al lado. Su padre le dijo que podía ir siempre y cuando estuviera de vuelta en casa a las seis de la tarde para cenar.

A las seis de la tarde, Tracy aún no llegaba. Su papá siguió esperando. Después de unos veinticinco minutos, Tracy abrió la puerta del frente. El padre se esforzó en controlar su impaciencia y le preguntó dónde había estado.

—Perdóname por llegar tarde, papá —respondió— pero la muñeca de mi amiga se rompió justo cuando tenía que regresar a la casa.

> «No es tanto la ayuda de nuestros amigos lo que nos ayuda, como el conocimiento confiado de que están dispuestos a ayudarnos.»
>
> Epicúreo

—Ya veo —dijo su papá— y me imagino que te quedaste para ayudarle a arreglar la muñeca.

—No —contestó Tracy— le estaba ayudando a llorar.

Las personas que se meten a la trinchera con usted ven las cosas desde su punto de vista y expresan empatía por su situación. Esto no solo hace que sean de gran ayuda sino también una fuente de consuelo y ánimo.

4. Los amigos de trinchera hacen una diferencia en nuestra vida

La gente que libra las grandes batallas de la vida con nosotros hace un impacto definitivo en nuestra vida. Mencioné antes que tuve un ataque al corazón el 18 de diciembre de 1998. En las primeras horas de la mañana mientras batallaba por seguir con vida, una llamada telefónica de mi asistente, Linda Eggers, motivó a un hombre a quien apenas conocía a meterse en la trinchera conmigo y salvar mi vida. Unos meses antes del suceso, había tenido un almuerzo con el Dr. John Bright Cage, un cardiólogo de Nashville quien se ofreció a ayudarme «de cualquier forma que pudiera» porque estaba preocupado por mi salud. Linda lo llamó, él llamó a un colega en Atlanta llamado Dr. Jeff Marshall y el Dr. Marshall salvó mi vida. Fue un caso en donde literalmente, una relación significó toda la diferencia entre la vida y la muerte.

5. Los amigos de trinchera nos aman incondicionalmente

Se dice que un amigo es alguien que…

- guardará mis secretos y nunca los divulgará, así sea torturado o tentado con chocolate (o en el caso de mi esposa, con donas Krispy Kreme).

- destruirá secretamente la fotografía que me hace ver como una vaca.

- sabe que no sé de qué estoy hablando pero me dejará llegar a esa conclusión por mi cuenta.

- empieza a hacer la misma dieta que yo, y también la dejará al mismo tiempo que yo.

Los amigos de trinchera son todo eso y mucho más. Son personas que enfrentarán cualquier peligro con usted, harán lo que sea por usted y le darán cualquier cosa que les pertenezca.

El autor y antiguo pastor del City Temple en Londres, Leslie D. Weatherhead, escribió acerca de dos amigos literales de trinchera, que habían sido soldados en el mismo pelotón. Dijo que cuando uno de los soldados fue herido y no pudo regresar a la posición de seguridad, su amigo fue a rescatarlo, en desacato a las órdenes de su superior. Regresó herido de muerte, y su amigo a quien había cargado de vuelta, ya estaba muerto.

El oficial estaba enojado.

–Le dije que no fuera, ahora los he perdido a ambos. No valió la pena –le dijo al soldado herido.

–Sí valió la pena, mi teniente, porque cuando llegué donde él estaba, me dijo: «Jim, sabía que vendrías» —contestó el moribundo.

A diferencia de lo que enfrentaban estos hombres, los conflictos que usted tiene quizá no sean en el campo de batalla ni una cuestión de vida o muerte. Sea como sea, ¿no preferiría enfrentarlos con un amigo a su lado? En ese caso, sea un amigo de trinchera para otros, la clase de amigo en quien otros pueden confiar no importa lo que pase.

Preguntas de discusión sobre el Principio de la *Trinchera*

1. ¿Qué hace que una persona esté dispuesta a pelear la batalla de otro junto a él? ¿Se debe siempre a motivos no egoístas? ¿Son importantes los motivos en estas situaciones? ¿Cambian el resultado final?

2. ¿Qué función cumple la empatía en el principio de la trinchera? ¿Se desarrolla antes de que las personas se junten o después que han empezado la pelea? ¿Qué otros factores, tales como valores, prioridades, visión, etc., podrían cumplir alguna función?

3. ¿Qué clase de amigo ha sido usted para otros? ¿Ha estado «en la trinchera» con un amigo, colega o familiar? ¿Cómo decide si va o no a ser esa clase de amigo para alguien?

4. ¿Por qué cree que algunos optan por «meterse a la trinchera» solos? ¿Es algo que hacen porque lo prefieren o porque no han desarrollado sus relaciones personales lo suficiente? ¿Qué le sucede a una persona que debe luchar sola todo el tiempo?

5. ¿En qué clase de situaciones es más probable que usted desarrolle una amistad antes de emprender la batalla junto a esa persona? ¿En qué situaciones es probable que tenga que batallar por una cuestión de supervivencia y desarrollar una amistad como resultado? ¿Conducen ambas situaciones por igual a relaciones profundas y duraderas? Explíquese.

Antes de proseguir, revisemos los Principios de Interacción relacionados con el factor *confianza*...

El principio del cimiento: la confianza es el fundamento de cualquier relación.

El principio de la situación: Nunca permita que la situación importe más que la relación.

El principio de Bob: Cuando Bob tiene un problema con todos, casi siempre Bob es el problema.

El principio de la accesibilidad: Si estamos a gusto con nosotros mismos, otros se sentirán a gusto con nosotros.

El principio de la trinchera: Al prepararse para la batalla, cave un hoyo en el que también quepa un amigo.

EL FACTOR INVERSIÓN: ¿ESTAMOS DISPUESTOS A INVERTIR EN OTROS?

Ningún hombre puede vivir feliz si solo se interesa en sí mismo
y trata de tener la ventaja en todo. Debes vivir para los demás
si quieres vivir para ti mismo.
—SÉNECA

Muchos de ustedes han aprendido hasta ahora los Principios de Interacción que les preparan para responder las preguntas de las primeras tres secciones de este libro, a saber:

Disposición: ¿Estamos preparados para las relaciones?
Conexión: ¿Estamos dispuestos a enfocarnos en los demás?
Confianza: ¿Podemos desarrollar la confianza mutua?

Si usted es una de estas personas, puede considerarse en muy buenas condiciones en su capacidad relacional. Podemos decir que ya se habrá preparado emocionalmente para las relaciones al abstenerse de darle prioridad a sus cargas y problemas personales. Esto le permitirá conectarse bien con los demás. La mayoría de las personas que interactúen con usted considerará que posee excelentes habilidades de interacción personal. Sin embargo, si se contenta solo con esto, se perderá la mejor parte de las relaciones.

Pasamos así a considerar el factor *inversión*: ¿Estamos dispuestos a invertir en otros? Tal vez se pregunte por qué creo que esto sea tan importante. Incluso puede ser que se pregunte: «¿Por qué alguien dedicaría parte de su tiempo y energía a invertir en los demás?» Para descubrir la respuesta, piense en lo siguiente:

> Usted puede construir una casa hermosa, pero tarde o temprano se derrumbará.
> Puede desarrollar una carrera espectacular, pero llegará el día en que terminará.
> Puede ahorrar una gran suma de dinero, pero no se la podrá llevar a la tumba.
> Puede gozar de salud excelente hoy, pero con el tiempo decaerá.
> Puede enorgullecerse de sus logros, pero alguien le superará más adelante.

Mucha gente invierte su vida entera en estas cosas, pero la verdad es que todas son transitorias. ¿Existe algo que perdure en lo que usted pueda invertir? ¡La gente! Si lo pensamos bien, ¿existe algo que de verdad importe en este mundo en comparación a la gente?

Las relaciones son como cualquier otra inversión en la vida: el rendimiento que usted recibe depende de lo que invierta. A veces cuando hablo en conferencias, los líderes jóvenes se me acercan y preguntan: «Me encantaría hacer lo que usted hace, ¿cómo consigo un puesto como el suyo?»

Sinceramente, esta pregunta me hace reír. A veces respondo: «Tal vez quieras hacer lo que hago, pero ¿te gustaría hacer lo que hice para llegar a hacer esto?» Ellos ven las luces y los auditorios llenos, pero no ven las décadas que pasé enseñando a grupos pequeños por el puro amor de enseñar así no me pagaran nada. No ven los cientos de veces que Margaret y yo cargábamos cajas pesadas llenas de libros y cuadernos que subíamos y bajábamos de los aviones, durante el tiempo en que no podíamos pagarle a alguien para que nos ayudara. No consideran los miles de horas que pasamos viajando, las habitaciones incómodas de hotel y las malas comidas. El trabajo real siempre ocurre tras bastidores, lo que ven ahora es realmente la culminación de treinta años de trabajo arduo fuera del escenario. Así son las mejores relaciones de la vida, requieren de mucho trabajo tras bastidores. Después de conocer gente, usted debe aprender a invertir en ellos. Las mejores relaciones son siempre el resultado de la generosidad abnegada. Los siguientes cinco Principios de Interacción suministran conocimiento sobre algunas de las mejores maneras en que podemos invertir en las relaciones de nuestra vida.

El principio de la huerta: Todas las relaciones necesitan ser cultivadas.

El principio del ciento uno por ciento: Encontremos el uno por ciento en que estamos de acuerdo y demos el cien por ciento de nuestro esfuerzo.

El principio de la paciencia: El viaje con otros es más lento que el viaje a solas.

El principio de la celebración: La prueba verdadera de las relaciones no es solo cuán leales somos cuando nos fallan los amigos, sino cuánto nos alegramos al verles triunfar.

El principio del camino alto: Subimos a un nivel más alto cuando tratamos a los demás mejor de lo que ellos nos tratan.

Si usted puede dar respuesta positiva a las preguntas que corresponden al factor inversión, entonces sus relaciones empezarán a subir a un nuevo nivel.

EL PRINCIPIO
DE LA HUERTA

TODAS LAS RELACIONES NECESITAN SER CULTIVADAS

La amistad es como el dinero, más fácil de hacer que de conservar.

—SAMUEL BUTLER

LA PREGUNTA QUE DEBO RESPONDER:
¿CULTIVO MIS RELACIONES DE MANERA
CONTINUA U OCASIONAL?

En 1997, el columnista deportivo Mitch Albom escribió un libro titulado *Tuesdays with Morrie* [Los martes con Morrie]. Contiene reflexiones y charlas con Morrie Schwartz, antiguo profesor universitario y mentor de Albom quien estaba muriendo de la enfermedad de Lou Gehrig. Después de ver una entrevista que Schwartz le concedió a Ted Koppel en *Nightline* en 1995, Albom volvió a conectarse con Schwartz después de una ausencia de veinte años y cultivó una relación más profunda con él.

El libro fue fruto de esas reuniones y se convirtió en un éxito inesperado que se mantuvo cuatro años en la lista de éxitos de venta del *New York Times*. Para marzo del 2004 tenía más de 5 millones de ejemplares impresos, se había publicado en treinta idiomas, en treinta y cuatro países, y se utilizó para una película que ganó un premio Emmy.[1]

LA PRÓXIMA HISTORIA

Los lectores de Albom estaban ansiosos de ver qué escribiría después de su gran éxito literario, y la mayoría de sus seguidores querían que escribiera un desenlace del primero. «Después de *Los martes con Morrie*», dice Albom, «me inundaron con ofertas para escribir *Los miércoles con Morrie*, *Los jueves con Morrie*, *Caldo de pollo con Morrie*, etc. Me rehusé porque ya había dicho todo lo que me había propuesto decir».[2] De igual modo, muchas personas se sorprendieron cuando en 2003 publicó *The Five People You Meet in Heaven* [Las cinco personas que conocerá en el cielo], no porque no se tratara de Morrie, sino porque a diferencia de sus siete libros anteriores, era una novela.

El libro contiene la historia de Eddie, un trabajador de ochenta y tres años en un parque de diversiones, quien vive lo que considera una vida insignificante, pero después de morir y llegar al cielo se entera de la gran influencia que ejerció. Lo interesante es que el libro fue inspirado por una persona real: Eddie, el tío de Albom.

Albom describe a Edward Beitchman como «un hombre inmenso con mandíbula ancha y pecho de barril que nació en 1908 de inmigrantes pobres en un vecindario pobre de inmigrantes. Era uno de nueve hijos y no era el menor ni el mayor pero sí el más porfiado», comenta Albom. «Era el campeón de mi árbol genealógico y la persona más fuerte que conocía».[3] El tío Eddie fue el héroe de infancia de Albom. Como veterano de la Segunda Guerra Mundial que trabajaba como taxista y obrero de una fábrica, Eddie había tenido que enfrentarse con un hombre que se subió a su taxi y quería matarlo. Albom dice que cuando el «infame pasajero trató de cortarle la garganta con un cuchillo, Eddie se lo quitó y lo apretó tan duro que el asesino en potencia salió huyendo».[4] Además Eddie contó que durante una cirugía de emergencia a corazón abierto, abrió los ojos un instante y vio a un grupo de parientes difuntos junto a la cama que estaban esperándolo, a quienes Eddie respondió: «Sálganse de aquí porque todavía no estoy listo para ninguno de ustedes».[5]

Albom creció y se convirtió en un periodista exitoso. Aunque no se había mantenido en contacto con su mentor Morrie Schwartz, siempre lo hizo con su tío Eddie. Solía llamar al viejo cada vez que salía de viaje por el país para hacer algún trabajo, y Eddie, de quien Albom dice que había vivido una vida de sueños no realizados, siempre se emocionaba y quedaba impresionado con las aventuras de su sobrino.

El tío Eddie dejó una huella profunda en Albom, pero Mitch nunca se lo dijo realmente a su tío antes de morir. Albom admite: «Fui yo quien dirigió los elogios a su persona durante el funeral y cuando iba a la mitad me puse a llorar de forma incontrolable. Sí era tristeza, pero también mucho pesar pues nunca le dije de frente todas esas palabras de cariño».[6]

Todas las relaciones necesitan ser cultivadas para crecer. Mitch Albom sí mantuvo su relación con Eddie, pero en realidad nunca la profundizó más allá de lo que había sido durante su infancia, y ahora se da cuenta de que perdió una gran oportunidad.

«Todos tenemos personas maravillosas en nuestra vida», afirma Albom, «pero cuando ya no están con nosotros parece que todo lo que podemos hacer es extrañarles. Extraño la tenacidad callada de Eddie. Me doy cuenta de que nunca he conocido una persona tan mágica como mi tío lo fue para mí cuando yo era niño. Él debió haberlo sabido, y quisiera habérselo dicho».[7]

¿Cómo crece su jardín?

Usted no puede descuidar una relación y esperar que crezca. Esto no significa que todas las relaciones sean iguales y necesiten la misma cantidad de tiempo y atención. La naturaleza y el propósito de la relación determinarán la energía y el tiempo necesarios para cultivarla. Piense en algunas de las muchas relaciones profesionales y personales que usted tiene en su vida. ¿Cuánto esfuerzo les dedica? ¿Las trata todas por igual? Por supuesto que no, y tampoco debería hacerlo. Cada relación es diferente, pero puede clasificarse en una de tres categorías:

Algunas personas entran en nuestra vida por una *razón*

Muchas relaciones son muy breves y ocurren por razones muy específicas, a veces llegan y luego se van para siempre, en otras ocasiones son constantes pero intermitentes. Estas relaciones solo requieren ser cultivadas de manera breve y periódica.

Un buen ejemplo de este tipo de relación es la que tengo con mi doctor. Nunca habría conocido al Dr. Jeff Marshall, mi cardiólogo, de no haber sido por el ataque cardíaco que sufrí en 1998. Lo considero

> La naturaleza y el propósito de la relación determinarán la energía y el tiempo necesarios para cultivarla.

mi amigo tanto como mi doctor, pero solo lo veo un par de veces al año, y siempre en relación con mi salud.

Algunas personas entran en nuestra vida por una *temporada*

Un segundo tipo de relación tiene una duración determinada, quizás por un par de semanas o hasta varios años. Muchas veces se desarrollan como resultado de nuestras circunstancias o situaciones del momento. Sin embargo, el hecho de que sean temporales no significa que no sean importantes. Lo cierto es que el cultivo de las relaciones debe ajustarse a la temporada en que se dan. La relación que mantenemos con los profesores y entrenadores de nuestros hijos se da durante una temporada específica, lo mismo sucede con muchas relaciones de trabajo. Quizá usted trabaje para un jefe con quien disfrute mucho trabajar, pero el único vínculo objetivo es el trabajo en sí, y tan pronto pase a realizar otra tarea, tendrá poca o ninguna razón u oportunidad para mantener el contacto. A veces esto mismo es lo que permite que tales relaciones funcionen.

Algunas personas entran en nuestra vida por *toda una vida*

La tercera clase de relación es continua y permanente. Son relaciones contadas y muy especiales, y si queremos mantenerlas saludables y alentar su crecimiento, debemos cultivarlas todo el tiempo, de otro modo, lo más probable es que se marchiten y mueran.

Nuestras amistades más cercanas son las más valiosas para nosotros, y como todo lo que es de valor, nos cuesta algo. No podemos descuidarlas y esperar que prosperen. El dramaturgo George Bernard Shaw escribió en cierta ocasión una nota a su amigo Archibald Henderson, que decía: «Te he descuidado muchísimo últimamente. Esto se debe a que he tenido que descuidar todo lo que podía descuidar sin caer en una ruina inmediata, y en parte porque has entrado a mi círculo de amigos íntimos, cuyos sentimientos ya ni se me ocurre tener en consideración». Shaw debió haberse dado cuenta de que su relación con su amigo necesitaba atención inmediata, y él quería salvarla. ¿Qué precio le pone usted a una gran amistad?

La relación más importante que tiene cualquier persona en este mundo es la que tiene con su cónyuge. Los hombres y las mujeres son tan diferentes que no siempre es fácil cultivar una relación realmente buena. Hace poco encontré un escrito muy gracioso sobre las diferencias entre los géneros:

- Un hombre pagará dos dólares por un artículo de un dólar que realmente quiera. Una mujer pagará un dólar por un artículo de dos dólares que no quiera.

- Una mujer se preocupa por el futuro hasta que consigue marido. Un hombre nunca se preocupa por el futuro hasta que consigue esposa.

- Un hombre exitoso es aquel que gana más dinero del que su esposa puede gastar. Una mujer exitosa es la que puede encontrar a un hombre así.

- Para ser feliz con un hombre hay que entenderlo mucho y amarlo un poco. Para ser feliz con una mujer hay que amarla mucho y ni siquiera tratar de entenderla.

- Los hombres casados viven más que los solteros, pero los casados están mucho más dispuestos a morir.

- Cualquier hombre casado debería olvidarse de sus errores. No tiene sentido que dos personas recuerden la misma cosa.

- Una mujer se casa con un hombre con la expectativa de que cambie, pero eso no sucede. Un hombre se casa con una mujer con la expectativa de que no cambie, pero eso sí sucede.

- Una mujer tiene la última palabra en cualquier desacuerdo. Cualquier cosa que un hombre diga a continuación es el comienzo de un nuevo desacuerdo.

- Existen dos ocasiones en las que un hombre no entiende a una mujer: Antes del matrimonio y después.[8]

Sócrates dijo: «Cásate como sea. Si consigues una buena esposa, serás feliz. Si consigues una mala, serás un filósofo». Elegir al hombre o la mujer correcta es importante, pero solo es parte del proceso de desarrollar un buen matrimonio. Antes de casarnos, nos enfocamos en el futuro cónyuge. Después de casarnos, nos enfocamos en nosotros mismos. El noviazgo saca a relucir *lo mejor* de ambos y el matrimonio hace evidente *el resto*.

El matrimonio, como cualquier otra relación a largo plazo, requiere que nosotros podamos...

- pasar por algunas cosas bastante difíciles.

- trabajar para hacer realidad muchas cosas que se necesitan.

- esperar por algunas cosas que toman tiempo.

- cuidarnos de aquellas cosas que puedan resultar dañinas.

- despedir por completo los egoísmos.

Todos estos son aspectos del cultivo de una relación. Los cónyuges que no cultivan una relación íntima de forma intencional, tarde o temprano se alejarán el uno del otro. Es triste, pero después de cinco años de matrimonio, todo lo que algunas parejas tienen en común es su día de bodas. Puede decirse que algunos matrimonios son hechos en el cielo, pero su mantenimiento debe hacerse aquí en la tierra.

Hay una historia que ilustra lo que quiero decir. Un hombre y una mujer que nunca se habían visto antes terminan juntos en el mismo dormitorio de un tren. Después del bochorno inicial, ambos se las arreglaron para irse a dormir, la mujer en la cama de arriba de la litera y el hombre en la de abajo. A media noche, la mujer se asomó desde arriba y dijo: «Lamento molestarlo, pero tengo mucho frío. ¿Será que usted me puede prestar otra cobija?»

El hombre asomó la cabeza y con una mirada de picardía le dijo: «Tengo una idea mejor. Hagamos de cuenta que estamos casados».

«¿Por qué no?», dijo la mujer con una risita.

«Perfecto», contestó el hombre, «entonces ¡vaya a buscar su propia cobija!»

Cómo dar continuidad al cultivo de relaciones importantes

¿Qué significa cultivar una relación? Trátese de un cónyuge, un padre o un amigo, usted puede empezar a cultivar una relación saludable y que crezca si se enfoca en los siguientes seis aspectos:

1. Compromiso

El investigador Alfred Kinsey dijo: «Tal vez no haya nada más importante en un matrimonio que la clara determinación de que persistirá como tal. Con esa clase de determinación, los individuos se obligan a sí mismos a ajustarse y aceptar situaciones que de otro modo parecerían razón suficiente para un rompimiento». El compromiso firme y profundo a la relación es uno de los recursos más valiosos que puede tener una pareja casada, pero también es una característica de *todas* las relaciones profundas.

El experto en teoría política Thomas Paine aseveró: «Todo lo que obtenemos a un bajo precio tendemos a apreciarlo poco; es solo la carestía lo que da valor a todas las cosas». Toda relación duradera sufre tensiones e inconvenientes de todo tipo, y no existen dos personas que estén siempre de acuerdo en todo. Hasta de las mejores amistades puede esperarse que enfrenten alguna clase de conflicto. La cuestión es, ¿qué vamos a hacer cuando lleguen los problemas? ¿Qué tan firme es su compromiso? ¿Está más dedicado a mantener la relación o a evitar el conflicto? Su respuesta podría determinar si su relación es para toda la vida o no pasa de ser un arreglo temporal.

2. Comunicación

¿Cómo puede formarse una relación sin comunicación? En casi todos los casos *empieza* con comunicación fácil. A veces la amistad se enciende con una sola chispa, pero lo cierto es que solo se *profundiza* con comunicación más compleja y hasta difícil. El autor Sydney J. Harris cree que «es imposible aprender cualquier cosa importante sobre una persona hasta que logramos que esa persona esté en desacuerdo con nosotros. Solo a la luz de una contradicción es revelado y expuesto el carácter». Por último, la relación es *sustentada* por medio de comunicación intencional.

Varios años después que Margaret y yo nos casamos, me di cuenta que cada vez que yo llegaba a casa, nuestra comunicación ya no era emocionante como al principio. Ella me preguntaba sobre lo que había pasado durante el día y yo no tenía mucho entusiasmo al discutirlo. Luego descubrí por qué: durante el transcurso del día, yo hablaba sobre los acontecimientos más emocionantes con un colega o con mi asistente, por eso no me sentía tan emocionado al relatar otra vez lo mismo a Margaret. Sabía que necesitaba hacer un cambio. ¿Cuál fue mi solución? Cada vez que sucede algo importante o emocionante durante el día, lo anoto en una tarjeta y me propongo no hablar con otra gente al respecto. Lo dejo reservado para el final del día, y de esa manera Margaret es la primera en enterarse y la receptora de mi mayor entusiasmo.

3. Amistad

El crítico Samuel Johnson comentó: «Si un hombre no se propone darse a conocer a más personas a medida que avanza por la vida, en poco tiempo quedará solo. Amigo mío, te aconsejo que mantengas tus amistades en reparación constante». Esto aplica tanto a amistades viejas como a nuevas. Creo que a veces no valoramos a las personas más cercanas a nosotros, y como resultado no nos proponemos ser primero sus mejores amigos.

Por esta razón, me acuerdo todo el tiempo de ser ante todo amigo de Margaret, antes de tratar de ser cualquier otra cosa para ella. Trato de darle prioridad a sus intereses y preocupaciones, y cuando hay conflicto entre nosotros o ella duda en cuanto a tomar una decisión, le digo: «Soy tu mejor amigo», para recordarle que siempre procuro lo mejor para ella.

4. Recuerdos

Creo que los recuerdos comunes son una fuente maravillosa de conexión y fomento de la unidad entre las personas. ¿Ha ido alguna vez a una reunión de ex alumnos o se ha encontrado con amigos a quienes no ha visto en diez, veinte o treinta años? ¿Qué le ayuda a volverse a conectar con ellos casi de manera instantánea? ¡Los recuerdos de sus experiencias en común!

> «Lo que obtenemos muy barato, estimamos muy poco; es el aprecio lo que da a todo su valor».
>
> THOMAS PAINE

Hoy día nuestros hijos han crecido, están casados y viven con sus hijos. Sin embargo, cuando eran adolescentes, al igual que muchos padres, nos preocupaba que ellos se desconectaran de nosotros y emprendieran un rumbo que no les conviniera. Al mismo tiempo, sabíamos que necesitábamos darles cada vez más libertad para que aprendieran a ser independientes. Una de las maneras en que mantuvimos fuerte nuestra conexión sin tratar de imponerla a la fuerza fue crear una historia familiar. Viajamos mucho juntos e hicimos muchas actividades diseñadas para crear recuerdos positivos. Todo eso dio a nuestros hijos algo positivo para reflexionar cada vez que su necesidad de independencia les pudiera alejar de nosotros.

5. Crecimiento

Benjamín Franklin dijo: «Una promesa puede ganarte amigos, pero es tu desempeño lo que determina si los conservas». Cuando usted empieza cualquier amistad, el ambiente está lleno de promesas y posibilidades, pero hay que encontrar maneras de mantener viva y fuerte la relación a fin de que conserve ese potencial para el futuro y no solo buenos recuerdos. Una manera de hacerlo es crecer juntos.

Mientras fui pastor titular de la iglesia Skyline en San Diego, cuatro miembros del personal trabajaron conmigo durante más de diez años. Esto no es algo muy usual en el ámbito eclesiástico, pero una de las razones es que optamos por crecer juntos. Siempre que iba a un seminario o conferencia de crecimiento personal, me llevaba a algunos de mi equipo y cada mes les daba a todos una lección de crecimiento personal. Todas estas cosas crearon un ambiente emocionante que nos permitió disfrutar el crecer juntos.

6. Mimarse

Voltaire escribió: «Si la primera ley de la amistad es que debe cultivarse, la segunda ley es ser condescendientes cuando se haya ignorado la primera». Es difícil equivocarse por mimar a una persona, con la posible excepción de los hijos, y hasta eso es difícil de evitarlo. Trato de tener detalles especiales con mis amigos todo el tiempo. Margaret y yo tratamos de complacernos mutuamente todo el tiempo, ¡y ni siquiera hablaré de cómo tratamos a nuestros nietos!

Hágale saber a sus amigos y familiares cuánto le importan con tanta frecuencia como pueda. No termine viviendo con remordimientos como el escritor Mitch Albom en cuanto a su relación con el tío Eddie.

Nancy Reagan, esposa del fenecido ex presidente de los Estados Unidos Ronald Reagan, dijo: «Soy una firme creyente en que es necesario nutrir cualquier relación. Todavía soy una parte importante en las vidas de mis amigos y ellos son una gran parte de mi vida. Una Primera Dama que no tenga esta fuente de fortaleza y consuelo puede perder la perspectiva y terminar aislada». Esto es cierto no solo para personas que viven ante el ojo público, sino también para todos nosotros. Las amistades que desarrollamos con otros enriquecen la calidad de nuestra vida, pero no podemos conservarlas si no las cultivamos. Por eso es importante que practiquemos el principio de la huerta.

Preguntas de discusión sobre el Principio de la *Huerta*

1. Mencione algunas maneras en que las personas involucradas en una relación pueden comunicarse de forma positiva entre sí. ¿Influye el tipo de relación que tengan en la forma apropiada de comunicación que deben mantener? ¿Cuáles son los métodos más eficaces para las relaciones que usted más valora?

2. ¿Cómo puede una persona notar la diferencia entre una relación que está destinada a durar una temporada y otra que tiene el potencial de durar toda una vida? ¿Cómo empezaron algunas de sus relaciones duraderas más significativas? ¿Con quién tiene usted una relación a corto plazo que tiene el potencial de durar y profundizar más? ¿Cómo puede tantear la relación para ver si puede pasar al siguiente nivel?

3. ¿Cómo determina usted con quién pasará tiempo? ¿Piensa en términos de la importancia de la relación? ¿Saca usted tiempo para las personas más importantes y se asegura de protegerlo o su calendario se llena conforme la gente llega para que usted les atienda en el orden en que llegaron? ¿Le satisface lo que hace actualmente en esa área de su vida? Si no es así, ¿cómo podría mejorarlo?

4. En el capítulo se mencionó la importancia de sortear las situaciones más difíciles y problemáticas. ¿Por qué la gente permite que ciertos asuntos queden sin resolverse en sus relaciones más importantes? ¿Cree que hay razones válidas para no tratar esos asuntos? ¿Existe algún asunto pendiente entre usted y alguien importante para usted que no han tratado como deberían hacerlo? ¿Cuándo lo resolverán?

5. ¿Cuándo fue la última vez que usted mimó a su esposa o a su ser amado? ¿Es algo que usted hace con frecuencia o no piensa mucho en ello? Explique por qué. ¿Qué podría hacer para mejorar en esta área?

EL PRINCIPIO DEL
CIENTO UNO POR CIENTO

ENCONTREMOS EL UNO POR CIENTO
EN QUE ESTAMOS DE ACUERDO Y
DEMOS EL CIEN POR CIENTO DE
NUESTRO ESFUERZO

*Si dos personas que hacen el mismo trabajo están de acuerdo todo
el tiempo, una de ellas está de más. Si nunca se ponen
de acuerdo, ambas están de más.*

—DARRYL F. ZANUCK

LA PREGUNTA QUE DEBO RESPONDER:
¿PUEDO ENCONTRAR ALGO EN COMÚN
CON MI SEMEJANTE Y DARLE EL CIEN
POR CIENTO DE MI ESFUERZO?

A veces construir relaciones es una batalla cuesta arriba y conectarse con otra persona puede ser particularmente difícil. ¿Cómo puede conectarse con personas que parecen no tener nada en común con usted? ¿Puede construir puentes para establecer relaciones en tales circunstancias? En ese caso, ¿pueden esas relaciones llegar a ser saludables, duraderas y productivas? Estas son preguntas legítimas. Debemos admitir que cuando no encontramos un terreno común con otra persona, es muy difícil conectarse. ¿Cómo puede lograrse tal conexión?

La respuesta puede encontrarse en el principio del ciento uno por ciento. Cuando la conexión personal es difícil, usted debe encontrar aquello en que ambos puedan ponerse de acuerdo. Esto es algo que puede hacer con *cualquier persona*. El problema es que muchas personas por naturaleza hacen todo lo opuesto y buscan las diferencias que tienen con los demás. ¿Por qué? A veces se debe a una competitividad instintiva que motiva a la gente a llevar la delantera. En otros casos la gente quiere sobresalir y encontrar su carácter distintivo. Otras veces la gente se enfoca en las diferencias porque se sienten amenazados por los demás.

En lugar de esto, para establecer una conexión, la gente necesita definir un terreno común. La mayoría de las personas tienen muchas cosas en común, pero hasta la pareja más dispareja puede encontrar algo en lo que ambos puedan ponerse de acuerdo, y tan pronto lo hagan, necesitan darle el cien por ciento de su esfuerzo. Entre mayores sean las diferencias, más importante será enfocarse en lo que tienen en común, y mayor será el esfuerzo que necesitan darle. Esto no siempre es fácil, pero los beneficios pueden ser muy satisfactorios y provechosos. La siguiente historia lo ilustra bien.

¡Vete al oeste!

Charles Howard fue un empresario ejemplar. En 1903, tras prestar servicio militar en la caballería de los Estados Unidos y trabajar como mecánico de bicicletas en Nueva York, Howard decidió buscar fortuna en el oeste norteamericano. Se instaló en San Francisco y se las arregló para abrir un taller para reparación de bicicletas en el centro de la ciudad.

En aquellos días, los automóviles eran una novedad —y con frecuencia poco confiables— en el panorama. Sin embargo, todavía no había talleres de reparación. Por esa razón, los dueños de automóviles empezaron a visitar el taller de Howard para solicitar su ayuda, y Howard estuvo dispuesto a probar cómo le iría con la mecánica automotriz. En poco tiempo Howard vio una tremenda oportunidad y se fue por tren hasta Detroit para conseguir una reunión con William C. Durant, director de la Buick y futuro fundador de General Motors. Howard le cayó bien a Durant, quien decidió contratarlo.

Más adelante, Howard se hizo acreedor a los derechos de franquicia para vender automóviles marca Buick en todo San Francisco, y en 1905 a la edad de veintiocho años, Howard abrió su primer concesionario Buick con tres vehículos comprados por él mientras estuvo en Detroit.

Al principio no le fue muy bien, pero después del terremoto y el incendio de 1906, Howard se aprovechó de la nueva necesidad de tener automóviles. Entre su instinto natural para olfatear oportunidades y su dominio de la promoción, empezó a experimentar un gran éxito. En 1909, Howard expandió sus funciones en el negocio. Adquirió la distribución exclusiva de los vehículos Buick, National y Oldsmobile en todo el occidente de los Estados Unidos. Esta empresa le reportó una riqueza fabulosa a este pionero de la industria automovilística. Varios años después, cuando Durant rebasó sus capacidades financieras y se encontró al borde de la bancarrota, Howard salió a su rescate con un préstamo personal de $190.000 dólares que Durant pagó con acciones de GM y un porcentaje de las ventas. Howard no habría podido ser más exitoso, pues ni siquiera la caída de la bolsa de valores de 1929 pudo destruirle como ocurrió con muchos otros. A comienzos de la década de los treinta, el otrora jinete de la caballería nacional convertido en magnate de autos reavivó su amor por los caballos y un amigo le hizo interesarse en las carreras equinas. Decidió que si iba a ser dueño de purasangres, no trataría más que con ejemplares de primera clase. Compró unos caballos y se puso a buscar un domador. El hombre a quien encontró fue Tom Smith de cincuenta y seis años, un hombre del viejo oeste. Estos hombres no habrían podido ser más diferentes. Mientras Howard era un vendedor y promotor excelente, Smith era un hombre callado que decía muy pocas palabras y podía pasar horas y hasta días seguidos tan solo viendo cada movimiento de un caballo. Howard era un hombre de negocios que apreciaba todos los lujos y comodidades de la vida en sociedad, en cambio Smith era un viejo vaquero y arreador que estaba acostumbrado a dormir en el suelo y sin compañía humana. Smith había sido cazador de caballos *mustang* y domador de caballos desde los trece años. Durante su carrera, había trabajado como cazador de venados, mayoral de rebaños de ovejas, rastreador de león montañés, fabricante de herraduras y entrenador de caballos. Los nativos americanos le llamaban el Vaquero Solitario.

La autora y experta en carreras de caballos Laura Hillenbrand dice lo siguiente acerca de Howard y Smith:

> Los dos hombres representaban las dos mitades del siglo. Smith era el último de los verdaderos exploradores de la frontera y Howard pavimentaba el viejo oeste de Smith con las ruedas aceleradas de sus automóviles. A Howard lo motivaba la imagen pública mientras que Smith prefería su anonimato de vaquero solitario y retraído. Sin embargo, Howard tenía un ojo infalible para el talento equino. Desde el primer momento en que vio a Smith, su instinto le dijo que era el hombre indicado. Llevó a Smith a su establo y le presentó su nuevo entrenador a los caballos.[1]

A esta mezcla paradójica debe añadirse un jinete que ya había visto pasar sus mejores días. John Pollard era un hombre tenaz, incluso en una profesión reservada solo para los más tenaces. No solo era jinete sino que había luchado en muchas ocasiones para ganar premios, lo que no había logrado con mucho éxito debido en gran parte a que era más alto que sus rivales. Al igual que muchos de ellos, torturaba su cuerpo para mantener su peso por debajo de las 115 libras. En 1928, Pollard había sido uno de los veinte mejores jinetes de la nación, pero sus habilidades habían desmejorado y a mediados de los treinta, cuando Smith lo contrató, ganaba cada vez menos carreras. En ese punto de su carrera, lo que le distinguía de los demás era su disposición a correr caballos que otros jinetes ni se atrevían a tocar.

¿CÓMO SE JUNTARON?

El millonario, el hombre de frontera y el campeón sin galardones. Tres hombres que no tenían nada en común excepto una sola cosa: un caballo de carreras que parecía inservible, Smith lo había encontrado y Howard lo compró. Además, los tres tenían la capacidad de enfocarse en la única cosa que tenían en común y no en sus diferencias.

Hillenbrand describe el caballo de esta manera:

> El abdomen del potro estaba demasiado cerca al piso y tenía todas las propiedades de un bloque de cemento. Sus patas eran demasiado cortas, y gracias a su ensamblaje desafortunado, parecía cojear al caminar y su galope era tan desorganizado que tenía una tendencia desesperante a pegarse en el tobillo de adelante con su propia pezuña de atrás. Todos estos problemas estructurales eran empeorados por su trayectoria en las carreras. Aunque apenas tenía tres años de edad, ya había corrido cuarenta y tres carreras, muchas más de las que corrían la mayoría de los caballos en toda su vida.[2]

El nombre del animal era Seabiscuit. Aquel ejemplar que a otros les parecía un estorbo incorregible se convirtió en uno de los caballos de carreras más famosos del mundo, un héroe nacional en medio de la Gran Depresión, un tiempo en que la gente necesitaba cualquier aliciente. Tanto así, que en 1938 Seabiscuit generó el mayor número de noticias en toda la nación, ¡incluso más que Franklin D. Roosevelt o Adolfo Hitler!

Seabiscuit no solo reportó las mayores ganancias, sino que en un duelo mano a mano derrotó a Almirante de Guerra, un ganador triple de la corona y uno de los mejores caballos de carreras de todos los tiempos. Esa carrera, la que la mayoría de los expertos de la época creyó que Seabiscuit no podría ganar, es ahora considerada por muchos como la carrera de caballos más espectacular de la historia.

CUÁNDO PRACTICAR EL PRINCIPIO DEL CIENTO UNO POR CIENTO

Realmente es admirable que tres hombres tan diferentes fueran capaces de encontrar un terreno común y concentrarse en aquella única cosa en la que podían ponerse de acuerdo e invertir toda su energía. Ese es el valor del principio del ciento uno por ciento. Es una herramienta increíble en el arsenal de relaciones personales de cualquiera. Sin embargo, no es algo que pueda sacarse de la caja para ser usado en todas las situaciones. Lo digo porque este principio supone un gran compromiso de tiempo y energía. Por lo tanto, antes de practicar este principio, necesita hacerse algunas preguntas:

¿Justifica la persona el compromiso?

Toda persona es valiosa, pero usted no puede darle a cada persona el tiempo o la energía que requiere la aplicación del principio del ciento uno por ciento. ¿Quién entonces es «digno» de este tipo de atención? La lista empieza con su cónyuge si usted está casado. En un área en la que no puedan ponerse de acuerdo, use el principio del ciento uno por ciento. (Por lo general, Margaret y yo no vemos de la misma manera el manejo de mi calendario, pero sí estamos de acuerdo en que queremos pasar tiempo juntos, así que nos enfocamos en eso.) Añada sus familiares a la lista; si es dueño de un negocio y tiene socios, ellos deben ser incluidos en la lista; a continuación, añada a sus amigos. Más allá de ese círculo de personas, use su criterio. Si existe buen potencial de una relación mutuamente beneficiosa y usted puede darse el lujo de invertirle energía, entonces quizás quiera probar el principio del ciento uno por ciento si le resulta difícil ponerse de acuerdo con la persona.

¿Justifica la situación el compromiso?

La mayoría de situaciones en que ocurren desacuerdos son de corta duración. En tales casos, tenga presente que «esto también habrá de pasar». Deje la situación en paz y ahorre su energía para escenarios en los que su inversión de tiempo y atención rendirá fruto a largo plazo.

¿Justifica el problema el compromiso?

Cuando un problema alcanza cierta prioridad en su vida o afecta uno de sus valores, aplique el principio del ciento uno por ciento. De lo contrario, piénselo dos veces y tenga presentes las palabras del clérigo Richard Baxter: «En lo necesario, unidad; en lo dudoso, libertad, y en todas las cosas, compasión».

¿Justifica el fruto tal compromiso?

Durante los primeros años de la vida de Seabiscuit mucha gente tuvo la oportunidad de encontrar su potencial. De hecho, antes de que Smith lo entrenara, Seabiscuit estuvo en el establo de James Fitzsimmons, el entrenador más respetado de su tiempo. El problema fue que Fitzsimmons tenía tantos caballos de alto calibre bajo su cuidado que no le pareció que valiera la pena invertir tanto esfuerzo en Seabiscuit. Smith vio las cosas de manera diferente, y ¡fíjese en el fruto que obtuvo a cambio!

RENDIMIENTO AL CIENTO UNO POR CIENTO

Practicar el principio del ciento uno por ciento puede beneficiarle de muchas maneras. A continuación le presento seis:

1. Prepara el terreno para el cambio

Si usted está en una relación en la que quiere influenciar a la otra persona a cambiar la manera como ve o hace algo, no debería tratar de iniciar el cambio en un área en la que no están de acuerdo. En las relaciones, el cambio debe empezar siempre por lo que se tenga en común. Cuando usted practica el principio del ciento uno por ciento, encuentra ese terreno común y lo expande, lo cual se convierte en un punto de partida excelente para el cambio.

2. Evita conflictos innecesarios

He aprendido que es difícil discutir con alguien que tiene la razón. Cuando usted se enfoca en el área en que está de acuerdo con otra persona, está en terreno seguro porque ambos tienen la razón. El general Ulysses S. Grant dijo: «En mi opinión, nunca ha habido una sola ocasión en que no se haya podido impedir que las espadas sean empuñadas». ¿Para qué crear conflicto si uno puede evitarlo?

> En las relaciones, el cambio debe empezar siempre por lo que se tenga en común.

3. Reduce la probabilidad de crear enemistades

Ralph Waldo Emerson aseveró lo siguiente: «Aquel quien tiene mil amigos no puede prescindir de uno solo, en cambio aquel que tiene un solo enemigo le encontrará en todas partes». ¿No está de acuerdo en que un solo enemigo en la vida es más de los que quisiéramos tener? La mejor manera de librarse de un enemigo potencial es convertirle en su amigo. Cuando usted busca las cosas en que están de acuerdo, aumentará la probabilidad de hacer precisamente eso.

4. Preserva algo de valor que de otra manera podría haberse perdido

¿Cuántas relaciones con el potencial de ser beneficiosas ha perdido porque se enfocó en las diferencias antes que en los puntos en común? ¿Cuántas amistades potenciales se le han escurrido entre los dedos? ¿Cuántas asociaciones productivas de negocios ha perdido? El antiguo manejador de los Yankees de Nueva York, Joe McCarthy, comentó: «Cualquier manejador que no pueda llevarse bien con un bateador de rendimiento excelente está loco». Si usted quiere mantener abierta la posibilidad de establecer relaciones beneficiosas, prepárese para practicar el principio del ciento uno por ciento.

5. Le ayuda a sentirse bien con respecto a su papel en la relación

La novelista Jane Austen comentó en una carta enviada a su hermana Casandra: «No quiero relacionarme con gente que esté de acuerdo conmigo en todo, así me ahorraré el problema de caerles bien». La gente que busca lo peor en los demás puede tratar de hacerse *quedar bien* al compararse con ellos, pero muy rara vez logran *sentirse bien* en cuanto a la manera como manejan la relación. A diferencia de ellos, la gente que busca lo mejor y se enfoca en los puntos en los que están de acuerdo pueden sentirse satisfechos al saber que hicieron su parte.

6. Le capacita para sacar lo mejor de situaciones difíciles

La gente más feliz no necesariamente *posee* lo mejor de todo. Solo *sacan* lo mejor de todo lo que poseen. Si usted adopta el principio del ciento uno por ciento sacará lo mejor de todas las oportunidades de relacionarse con los demás, y de nadie puede esperarse más que eso.

En el capítulo sobre el principio del dolor le conté la historia de Tom, el hombre que me envió una carta en la que criticaba mi sermón cada semana, y a quien gané como amigo tras varios años de esfuerzo concienzudo. ¿Cómo logré que me aceptara? Usando el principio del ciento uno por ciento. Como mencioné antes, sus hijos y los nuestros eran adoptados. La única cosa que pude encontrar en la que estábamos de acuerdo era en que los hijos adoptados eran muy especiales. Por eso siempre que hablábamos me enfocaba en nuestros hijos. Le di atención especial a sus hijos, les elogié cada vez que fue posible y los amé como si fueran mis sobrinas y sobrinos. Además, *cada vez* que estaba cerca de Tom, si era apropiado, traía conmigo a mis hijos Elizabeth y Joel Porter.

> La gente más feliz no necesariamente *posee* lo mejor de todo.

Los hijos de Tom me querían mucho y su esposa se encariñó conmigo en poco tiempo. Tom todavía era más difícil de tratar, pero no podía resistirse para siempre porque es difícil guardar rencor contra alguien que le gusta a toda la familia de uno, en especial cuando esa persona nunca le ha hecho nada malo.

Quizás usted tenga un «Tom» en su vida, alguien que nunca se haya llevado bien con usted, tal vez le resulte fácil ver todas las debilidades de esta persona y le parezca difícil ver más allá de sus diferencias. Le garantizo que pueden ponerse de acuerdo en *algo*. Todo lo que tiene que hacer es encontrarlo y tan pronto lo haga, dedíquele el cien por ciento de su esfuerzo. Se sorprenderá con los resultados y el impacto que esto puede tener.

PREGUNTAS DE DISCUSIÓN SOBRE EL
PRINCIPIO DEL *CIENTO UNO POR CIENTO*

1. ¿Alguna vez se ha encontrado con alguien que parece practicar el principio del ciento uno por ciento, una persona experta en encontrar el terreno común en las relaciones donde la gente no ve las cosas de la misma manera? En ese caso, describa a esa persona. ¿Qué admira de él o ella? ¿Qué cualidades personales poseen estas personas para ser tan eficientes en conectarse con otros? ¿Qué porcentaje de las personas en su negocio o carrera practican este principio?

2. ¿Por qué no debería aplicarse automáticamente el principio del ciento uno por ciento en todas las relaciones? ¿Cuáles relaciones en su vida justifican su uso? Describa cómo cambiará su interacción con una de estas personas.

3. ¿Cuáles situaciones no justifican el esfuerzo requerido para implementar el principio del ciento uno por ciento? ¿Cuáles sí lo justifican? ¿Qué asuntos son importantes para usted? ¿Cómo se relacionan estos asuntos con sus valores y prioridades?

4. ¿Ha permitido que una relación importante se le escurra entre los dedos porque no encontró un terreno común que le sirviera como base para conectarse? ¿De qué se ha perdido usted como resultado de ello? ¿Qué podría hacer para reparar la relación? ¿El fruto esperado justificaría el esfuerzo? ¿Qué le impide emprender acciones concretas?

5. Piense en una relación importante en su vida que realmente necesita cambiar. Hasta ahora, ¿ha intentado encontrar puntos en común para edificar la relación antes de tratar de iniciar el cambio? ¿Sobre qué punto concreto pueden usted y la otra persona ponerse de acuerdo? ¿Cómo puede usar esto a manera

de plataforma de lanzamiento que les permita mejorar la relación? ¿Cómo puede proceder a dar los pasos necesarios que les beneficiarán a ambos?

EL PRINCIPIO
DE LA PACIENCIA

EL VIAJE CON OTROS ES MÁS LENTO
QUE EL VIAJE A SOLAS

Para la amistad de dos, es necesaria la paciencia de uno.

—Anónimo

LA PREGUNTA QUE DEBO RESPONDER:
¿LLEVO A LOS DEMÁS CONMIGO ASÍ
ME RESULTE INCONVENIENTE?

De vez en cuando uno lee una historia que parece demasiado loca como para ser verídica. Tal es el caso de Larry Walters, un tipo que se atrevió a hacer el viaje a solas. Parece mentira pero es verdad:

El sueño de Larry desde su niñez era volar, pero la suerte no estuvo de su lado. Se unió a la Fuerza Aérea, pero sus problemas de visión le descalificaron para el trabajo de piloto. Cuando terminó su servicio militar, se sentó en su patio a mirar los aviones pasar por encima de su cabeza.

Se le ocurrió su plan genial de los globos sonda mientras estaba «extremadamente cómodo» en su silla reclinable. Compró 45 globos sonda en una tienda de suministros militares, los amarró a su silla de patio, llamó a su aparato *Inspiración I* y llenó con helio los globos de más de un metro de diámetro. Luego se amarró él a la silla, junto a sus suministros: un par de emparedados, cervezas Miller Light y una escopeta. Se imaginó que podría estallar unos cuantos globos a la hora del descenso.

El plan de Larry era elevarse un poco y flotar tranquilamente a una altura de unos 20 metros por encima de su patio mientras disfrutaba unas cuantas horas de vuelo antes de regresar al suelo. Sin embargo, las cosas no salieron como las había planeado.

Cuando sus amigos cortaron el cable que anclaba la silla reclinable a su Jeep, no flotó tranquilamente a 20 metros del suelo sino que salió disparado como una bala de cañón por los cielos de Los Ángeles, impulsado por 42 globos que contenían 33 pies cúbicos de helio cada uno. No se niveló a los 70 metros de altura, ni siquiera a los 300, sino que después de subir y subir llegó a ¡16 mil pies [5 kilómetros] de altura!

A esa altura le pareció poco prudente dispararle a cualquiera de los globos por el riesgo de desequilibrar el peso y verse en serios aprietos. Así que se quedó allí, muerto de frío y del susto, con su cerveza y sus emparedados, por más de 14 horas. Cruzó el corredor primario de aproximación de aeronaves del Aeropuerto Internacional de Los Ángeles, donde pilotos de TWA y Delta informaron por radio a la torre de control sobre el extraño objeto.

Al final se armó de valor para estallar unos cuantos globos, y empezó a descender lentamente. Las cuerdas que colgaban del armatoste se enredaron con un transformador y esto causó un apagón de 20 minutos en un barrio de Long Beach. Larry volvió a elevarse un poco para salvar su vida, pero al descender fue arrestado por oficiales de la policía de Los Ángeles. Mientras era llevado con esposas, un periodista se le acercó para preguntarle por qué lo había hecho. Larry contestó despreocupadamente: «Un hombre sencillamente no puede estar sentado sin hacer nada».[1]

Menos mal que nosotros no tenemos que ir a tales extremos para viajar ni para alejarnos de la gente.

CONSEJOS DE VIAJE

Durante los últimos veinticinco años he viajado mucho. Ya perdí cuenta de la cantidad de millas aéreas que he recorrido, pero deben ser más de tres millones. He viajado en casi todos los tipos de aeronaves (*excepto* una silla reclinable flotante), en todo tipo de condiciones climáticas y en seis de los siete continentes. Sin importar a dónde fuera o qué estuviera haciendo, siempre pude comprobar algo muy cierto: el viaje con otros siempre es más lento que el viaje a solas.

Hace poco volví a acordarme de esto cuando me fui de crucero con mi familia. En un viaje de negocios sin nadie más que yo, acostumbro ir con prisa al aeropuerto y subirme rápido al avión. Conozco las entradas y salidas de la mayoría de los aeropuertos, sé cómo evitar las filas largas y no llevo equipaje que no sea de mano. Además, si solo viajamos Margaret y yo, de todas maneras hacemos todas las diligencias con bastante rapidez porque después de treinta y cinco años de matrimonio y viajes juntos, tenemos un sistema muy eficaz. En cambio, cuando viajamos con toda la familia, dos hijos, sus cónyuges y todos los nietos, créame, es muchísimo más lento. Si a esto añade a mis padres o los de Margaret, o cualquiera de nuestros hermanos o sus familias, la lentitud se multiplica. Me encanta pasar tiempo con mi familia y no lo cambiaría por nada, pero siempre me embarco en esos viajes *sabiendo* de antemano que vamos a viajar a paso lento.

Debo admitir que la paciencia no es una de mis características fuertes. No pasa un día sin que me pregunte en algún momento *¿por qué será que esta gente se mueve tan lento?* Me sucede mientras manejo mi automóvil, en tiendas y almacenes, en el trabajo, en el campo de golf, etc. Un amigo de hace mucho tiempo dice que me parezco al «conejito de Energizer» que nunca se detiene. La buena noticia es que así no tenga tanta energía como la tuve entre los veinte y treinta años, todavía me queda mucha energía ahora que me acerco a los sesenta. La mala noticia es que cuando era más joven, me la pasé mostrando una visión determinada a la gente de mi organización y dejándoles rezagados de inmediato, lo cual no es bueno en un líder. Tuve que aprender a conectarme con la gente y también adquirir paciencia, dos pasos críticos en el desarrollo de una relación:

Paciencia sin conexión significa que a la relación le falta energía.

Conexión sin paciencia significa que la relación carece de potencial.

Conexión con paciencia significa que la relación tiene energía y potencial.

Si usted quiere que las relaciones perduren, necesita tanto energía como potencial.

Haga de la paciencia una virtud

Casi todos estamos de acuerdo en que la paciencia es una buena cualidad que admiramos y deseamos. Sin embargo, los que más la necesitamos somos los menos inclinados a cultivarla. Necesitamos paciencia para adquirir paciencia, ¿cómo podemos salirnos de este círculo vicioso? La respuesta radica en desarrollar un plan. Usted puede dar los siguientes seis pasos para volverse una persona más paciente en sus relaciones:

1. Dé prioridad a la paciencia como una virtud digna de adquirir

Arnold Glasgow es un autor muy citado que nos dice: «La llave que abre todas las puertas es la paciencia. El pollito es resultado de incubar el huevo, no de romperlo». A la larga, usted descubrirá que tener paciencia con la gente es beneficioso para usted, pero es posible que no vea ese rendimiento de inmediato. Puede ser algo que también tenga que esperar con paciencia. Si es una persona impaciente y le resulta difícil dar prioridad a la paciencia ahora mismo, sepa que la gente que le rodea recibirá beneficios inmediatos de su paciencia. Como dijo el filósofo griego Aristóteles: «Las virtudes más grandes son las que resulten más útiles a los demás».

2. Entienda que toma tiempo desarrollar buenas relaciones

Todo lo que vale la pena en esta vida requiere tiempo para desarrollarse, y esto es cierto en las relaciones. Cuantas más personas se involucren en el círculo de relaciones inmediatas, más se demorará el proceso. Por ejemplo, piense en cuánto tarda un grupo de trabajo para desarrollar relaciones y química entre sus participantes. Dos o tres personas pueden conocerse y aprender a trabajar juntas con relativa rapidez. A cinco personas les tomaría mucho más tiempo, pero si se trata de nueve o diez personas, se requiere todavía más tiempo para que se acoplen. Entre más grande sea el grupo, más se demorará el ensamble.

> «Las virtudes más grandes son las que resulten más útiles a los demás».
>
> ARISTÓTELES

Las relaciones de cualquier profundidad también requieren tiempo. Hasta en las mejores circunstancias, cuando hay buena química con la otra persona, se necesita tiempo para construir bien la relación y dejar que se fortalezca. Todas las relaciones buenas toman tiempo.

3. Practique el principio del intercambio

Para desarrollar la paciencia, usted necesita apreciar cómo piensan las otras personas y ser sensible a lo que ellas sienten. Cada persona piensa que...

- sus problemas son los más grandes
- sus chistes son los más ocurrentes
- sus oraciones deberían recibir atención especial
- su situación es diferente
- sus victorias son las más ejemplares
- sus faltas deberían ser pasadas por alto

En otras palabras, cada uno de nosotros piensa que sus circunstancias merecen consideración especial y que la gente debería tener más paciencia con nosotros. En lugar de esto, deberíamos ponernos en el lugar de la otra persona, como expliqué en el capítulo sobre el Principio del Intercambio, y ser más pacientes con ellos.

La próxima vez que se sienta impaciente con alguien que le retrase, piense en esta historia: el automóvil de una mujer joven se apagó frente a un semáforo. Trató, sin éxito, de encenderlo varias veces. El semáforo cambió a luz verde y allí se quedó parada, furiosa y apenada por detener el tráfico. El auto que estaba detrás habría podido pasar por el lado, pero en lugar de esto el conductor añadió a su frustración tocando la bocina. Tras otro intento desesperado por encender el auto, ella abrió la puerta y salió en dirección al carro de atrás. El hombre bajó la ventana sorprendido.

«Le propongo algo», dijo ella. «Váyase a mi carro y trate de encenderlo, y yo me quedo aquí ayudándole a tocar la bocina».

4. Entienda que la gente *tiene* y *crea* problemas

Cuando se trata de personas, siempre hay buenas noticias y malas noticias. La buena noticia es que algunas personas en su vida van a ser la fuente de sus alegrías más grandes, la mala noticia es que esas mismas personas pueden ser la causa de sus mayores problemas. Esto es cierto no solo en el hogar sino también en el trabajo, y cuanto más alto ascienda usted en el liderazgo, más difíciles y complejos serán los problemas. Los hallazgos de los expertos en liderazgo Warren Bennis y Burt Nanus así lo confirman: «Hemos descubierto que entre mayor sea el rango, más interpersonal y humano es el carácter del desempeño. Nuestros más altos ejecutivos pasan casi el noventa por ciento de su tiempo con otras personas y ocupan casi la misma cantidad de su tiempo en resolver los problemas y enredos creados por la interacción entre seres humanos».[2]

Cuando usted decida establecer una relación con otra persona, tenga presente que le toca aceptar todo el paquete, no puede quedarse solo con lo bueno y rechazar lo malo. Todo el mundo tiene problemas, debilidades y malos hábitos. Trate de dar a otros la misma gracia que le gustaría recibir por sus imperfecciones.

5. Identifique áreas en que la gente necesita tener paciencia con usted

Mientras seguimos en el tema de las imperfecciones, es buena idea que sepamos cuáles son las *nuestras*. Por ejemplo, sé que las personas más cercanas a mí necesitan paciencia para aguantarse mis idiosincrasias. ¡Lo irónico es que ante todo les toca aguantarse mi impaciencia! (Todavía tengo que mejorar en esa área.) No obstante, también tengo muchas otras. Solo por divertirme, le pedí a mi asistente, Linda Eggers, que me diera una lista de las áreas en que ella ha tenido que sufrir conmigo. No le tomó mucho tiempo y estas son las principales situaciones que enumeró:

- Todo el tiempo se me pierden el teléfono celular y los anteojos.

- Siempre que se habla de hacer planes, exijo demasiadas opciones.

- Constantemente hago cambios en mis planes de viaje y sobre lo que necesito.

- Comprometo demasiado mi agenda y en consecuencia, los proyectos tardan en realizarse más tiempo del asignado.

- Detesto decir «no».

- Quisiera poder llamarla las veinticuatro horas del día, siete días a la semana.

Estoy seguro de que hay muchas más, pero esto es suficiente como ilustración. Si puedo tener presente que otros son pacientes conmigo en múltiples áreas, me ayuda a recordar que debo ser paciente con los demás. Hacer esto podría tener el mismo efecto en usted.

6. Reconozca que todas las relaciones tienen renuncias, concesiones y arreglos

Todas las relaciones pasan por tiempos difíciles, sin importar cuán buenas sean o cuánto tiempo hayan durado. Además, no siempre podemos salir con las de ganar o hacer las cosas a nuestra manera. Experimentaremos áreas en las que tendremos que ceder:

- *Habrá renuncias.* Hay cosas que disfruto hacer pero que no debo hacerlas en este momento. Por ejemplo, cuando mis hijos eran pequeños renuncié al golf porque el juego me consumía demasiado tiempo. Mi relación con ellos era más importante.

- *Habrá concesiones.* Hay cosas que no disfruto hacer pero que debo hacer en este momento. No me gusta mucho el ejercicio, pero como quiero pasar más tiempo en la tierra con mis familiares y amigos, me monto a pedalear en la bicicleta estática casi todos los días.

- *Habrá arreglos.* Hay cosas que hacemos el uno por el otro en este tiempo de la vida. Recuerdo una vez que Margaret se había ido a un retiro de mujeres y me llamó porque añoraba estar en casa. Después de colgar el teléfono, decidí darle una sorpresa. El viaje duró cuatro horas ida y vuelta, pero bien valió la pena.

Debería mencionar que nadie puede obligarle a rendirse, hacer concesiones o establecer arreglos. Estas son actividades voluntarias, pero si usted quiere que las relaciones perduren, tiene que aprender a ser flexible. Atienda el consejo de la psicóloga Joyce Brothers, quien dice que las relaciones deberían seguir una de las reglas que se obedecen en el mundo náutico: «El bote más maniobrable debe ceder paso al menos flexible».

> «El bote más maniobrable debe ceder paso al menos flexible».
> Joyce Brothers

Mientras trabajaba en este capítulo, me puse a pensar en mi Círculo Íntimo; las personas más cercanas a mí que son indispensables para mi satisfacción y éxito. Algunos de ellos son más rápidos que yo y otros más lentos, pero con todos trato de hacer lo siguiente:

Servirles. Les permito dirigir y hacer las cosas a su manera, y ayudarles cuando sea útil.

Enseñarles. Como un mentor, respondo sus preguntas, les doy ejemplo y dirijo o corrijo solo cuando esto hace una diferencia sustancial.

Valorarles. Escucho sus ideas, respeto sus posturas y nunca menoscabo su autoridad.

Recompensarles. Cuido bien de los que cuidan bien de mí.

En esto consiste el principio de la paciencia: si usted viaja solo es probable que pueda ir más rápido, pero el viaje nunca será tan satisfactorio, y quizá no llegue tan lejos. Con ciertas personas somos pacientes debido a la relación, con otras somos pacientes debido a la recompensa y con otras todavía somos pacientes debido a ambos factores. Toda relación requiere paciencia, pero al final, vale muy bien la pena.

Preguntas de discusión sobre el
Principio de la *Paciencia*

1. ¿Hay ciertos tipos de personalidad que sean más propensos a ser impacientes con otras personas? En ese caso, descríbalos. ¿Hay otros tipos de personalidad que tiendan a ser más lentos que los demás? ¿Cómo pueden ambos aprender a mantener una interacción más positiva?

2. Piense en tres a cinco personas más cercanas a usted. ¿Cuánto tiempo les ha conocido? ¿Cómo empezó su relación con ellos? Al conocerles por primera vez, ¿tuvo la expectativa de que se convertirían en amigos cercanos? ¿Cuán intencional fue su inversión en la relación? ¿Cuánto tiempo se requirió para que desarrollaran una relación más profunda? ¿Pudo haberse acelerado el proceso o requirió todo el tiempo invertido?

3. ¿Qué situaciones hacen que la gente sea impaciente con los demás? ¿Qué situaciones particulares le llevan a usted a ser impaciente con la gente? ¿Cómo trabaja esto en su contra en las relaciones? ¿Cómo puede cambiar su actitud o sus acciones para que sea menos impaciente y esté mejor capacitado para mantenerse conectado con los demás?

4. ¿En qué clase de relaciones es más difícil renunciar a lo que uno quiere, ceder a lo que quiere la otra persona y llegar a un arreglo mutuo para hacer lo que más convenga a la relación? ¿Qué función cumplen las metas en ese proceso? ¿Qué decir de los valores? ¿En qué situaciones sería erróneo renunciar o ceder? ¿Cuál sería un equilibrio apropiado entre concesiones y exigencias? ¿Cómo puede asegurarse de que la relación no esté desequilibrada?

5. ¿Cuál de sus manías, idiosincrasias o rarezas podría hacer que otros tengan que ser pacientes con usted? (Si cree que no tiene

algo así, hable con tres amigos o familiares cercanos y pídales que le digan cuáles son.) ¿Por qué debería la gente ser paciente con usted en estas áreas? ¿*Espera* usted que los demás sean pacientes y lo da por sentado, o se muestra agradecido por su paciencia? Explíquese.

EL PRINCIPIO DE LA CELEBRACIÓN

LA PRUEBA VERDADERA DE LAS RELACIONES NO ES SOLO CUÁN LEALES SOMOS CUANDO LOS AMIGOS FALLAN, SINO CUÁNTO NOS ALEGRAMOS AL VERLES TRIUNFAR

*Los mediocres no quieren que los demás
superen la mediocridad.*

> LA PREGUNTA QUE DEBO RESPONDER:
> ¿DISFRUTO EL ÉXITO DE MIS AMIGOS
> Y LOS ANIMO A ALCANZARLO?

Creo en todos los Principios de Interacción expuestos en este libro y me esfuerzo en practicarlos todos los días de mi vida, pero el principio de celebración tiene una importancia especial para mí. Fui muy afortunado desde el comienzo de mi carrera. Desde los cuatro años supe qué quería hacer en mi vida y crecí en un hogar con un padre que había acumulado mucha experiencia y éxitos en la misma profesión en que habría de seguir sus pasos. La situación es similar a la de la familia Manning en el ámbito del fútbol americano. El exitoso mariscal de campo de la NFL Peyton Manning (y también su hermano menor, Eli) creció en el hogar de Archie Manning, quien jugó para los Saints de Nueva Orleans. Como resultado, tuvieron una ventaja en el fútbol que el noventa y nueve por ciento de los niños no tenía. Además de las experiencias y exposición que recibí por el simple hecho de estar cerca de mi padre, me beneficié de su fuerte liderazgo. Él fue una persona muy estratégica en mi desarrollo que identificó mis fortalezas y las enfatizó desde temprana edad. Me envió a varios seminarios del famoso motivador Dale Carnegie antes de que me graduara de la secundaria, dirigió mi crecimiento por medio de un vasto material de lectura y me llevó con él a ver y conocer algunos de los grandes predicadores de la época. Las ventajas que recibí son demasiadas para enumerar, y estoy verdaderamente agradecido por todas ellas.

El resultado de mi crianza fue que experimenté el éxito temprano en mi carrera. Fui el primero en tener muchos logros en mi denominación, fui la persona más joven en ser elegida a un cargo nacional, fui el primer pastor que cambió el nombre de la iglesia para alcanzar mejor a la comunidad, fui el más joven en escribir su primer libro, y tuve la primera iglesia con un promedio de más de mil asistentes cada domingo.

Lo triste es que durante esos primeros años también fui quizás el pastor más solitario de mi denominación. El lado positivo era que cuando fallaba, muchas personas se acercaban gustosas a conmiserarse de mí, pero cuando triunfaba muy pocos celebraban. Pensé que mis colegas y yo estábamos en el mismo equipo, pero era evidente que ellos no lo veían así. Muchas veces Margaret y yo tuvimos que celebrar a solas.

LO QUE APRENDÍ SOBRE EL PRINCIPIO DE LA CELEBRACIÓN

Esas primeras experiencias nos enseñaron muchísimo y las lecciones que aprendimos pueden ser valiosas para usted:

El gozo del logro disminuye cuando nadie celebra con uno

Cuando asistí a la conferencia de mi denominación tras cumplir mi primer año como pastor, estaba emocionado por las cosas que estaban pasando en mi iglesia. Ayudaba a la gente y pensé que realmente hacía una diferencia en mi comunidad. Mi entusiasmo era rebosante, pero me sorprendí al ver que ¡nadie compartía mi emoción! Me parecía que la gente me veía con escepticismo o desdén, y esto me desinfló mucho emocionalmente. Las palabras del dramaturgo Oscar Wilde me sonaron muy ciertas: «Cualquiera puede sentir tristeza por los sufrimientos de un amigo, pero se requiere una naturaleza muy cabal para alegrarse por el éxito de un amigo».

Después que Margaret y yo hablamos al respecto, decidimos no permitir que la falta de entusiasmo de los demás nos frustrara. También tomamos la determinación de celebrar con nuestros amigos que triunfaran, y que seríamos ¡todavía más entusiastas cuando nos superaran! Esa es una de las razones por las que me encanta ofrecer conferencias a líderes jóvenes, porque me da la oportunidad de celebrar con ellos y ponderar sus éxitos. Quiero que se sientan motivados y que no dejen de seguir sus sueños. Nadie sabe cuánto podrían lograr simplemente como resultado de saber que otros quieren verlos triunfar.

Mucha gente se identifica con el fracaso y pocos con el éxito

Hace varios años escribí un libro titulado *El lado positivo del fracaso*. Mientras me preparaba para trabajar en él, dicté conferencias sobre el tema en todo el país, y lo que descubrí es que *toda la gente* se identifica con el fracaso. De hecho, cuando decía a los asistentes que necesitaban aprender a usar sus errores como escalones para el éxito ya que les permitían «ver el lado positivo» y avanzar, su reacción era audible. Todos querían aprender a ver el lado positivo del fracaso.

Lo que he descubierto como resultado de mis años trabajando con personas es lo siguiente: quizás usted pueda impresionar a la gente con los éxitos que haya obtenido, pero si quiere influenciarlos, comparta también sus fracasos. Todo el mundo ha fracasado en algún momento, así que es una forma excelente de conexión.

El problema es que como la gente está tan dispuesta a identificarse con el fracaso, a veces tienen dificultad para conectarse a través del éxito. Además, si no se identifican con el éxito de otras personas, es posible que lo resientan.

> «Cualquiera puede sentir tristeza por los sufrimientos de un amigo, pero se requiere una naturaleza muy cabal para alegrarse por el éxito de un amigo».
>
> OSCAR WILDE

Lo que obstaculiza el éxito de las personas es usualmente lo que previene que celebren el éxito de otros

Con frecuencia, los mismos factores que impiden a la gente alcanzar el éxito —inseguridad emocional, mentalidad de escasez, celos injustificados, etc.— son el obstáculo que no les deja celebrar los éxitos de los demás. Todo el tiempo se comparan con otros y en su opinión se quedan cortos. Como resultado, tienen dificultad para ir más allá de sus limitaciones.

El orador profesional Joe Larson dijo una vez: «Mis amigos no creían que pudiera llegar a ser un conferencista exitoso, así que tuve que hacer algo al respecto. ¡Salí y busqué nuevos amigos!» Es triste, pero a veces eso es lo que hay que hacer.

La persona que celebra con usted será su amigo de toda la vida

Durante los primeros años de mi carrera, dos personas fuera de mi familia que celebraron nuestros triunfos con nosotros fueron Dave y Mary Vaughn. Dave me llevaba unos cuantos años de delantera en su carrera, y siempre estuvo listo para elogiarme cada vez que alcanzaba una meta o superaba una etapa. Incluso cuando mi iglesia llegó a ser más numerosa que la suya y recibió más notoriedad, él nunca se abstuvo de hacerlo. Treinta y cinco años después, ¡él y Mary siguen celebrando con nosotros!

CUIDADO CON LOS MONSTRUOS

En octubre de 2003 en *Catalizador*, una conferencia para líderes jóvenes que ofreció una de mis compañías, Andy Stanley fue uno de los oradores. Andy es un comunicador eficaz y auténtico. Es líder de la Northpoint Community Church, una de las iglesias más importantes en los Estados Unidos con más de quince mil asistentes cada semana. (Por si acaso no está familiarizado con el ámbito eclesiástico, esto coloca a Northpoint en el uno por ciento superior de todas las iglesias de Estados Unidos.)

La segunda sesión de Andy trató acerca de cuatro características negativas que pueden causar la caída de un líder: Culpa, ira, codicia y envidia. Andy confesó que en algunos momentos experimentaba celos profesionales al escuchar cómo hablaban otras personas de éxito. Dijo: «Tengo que hacer un esfuerzo adicional para celebrar el éxito de otras personas que hacen lo que yo hago».

Esa posibilidad latente de sentir celos se extiende incluso a los amigos más cercanos de Andy, incluido Louie Giglio, quien dirige Choice Resources, como Andy mismo explicó:

«Louie y yo hemos sido amigos desde el sexto grado. Nos conocimos en un campamento para jóvenes debajo de una cama litera mientras los muchachos de más edad se peleaban encima de nuestras cabezas por un lugar en la cama. Louie es un comunicador fenomenal. Cuando anuncio en nuestra iglesia que Louie Giglio va a dar la charla la semana siguiente, todos aplauden y tenemos alta asistencia el domingo. Y luego por cuatro o cinco días después todo el mundo se pasa diciendo: "Ah, Louie, Louie, Louie"».

Andy siguió describiendo cómo Louie siempre enseña a auditorios repletos durante los eventos en que participa y cómo presenta un material extraordinario. Cada vez que Andy le oye hablar, monstruos diminutos de celos amenazan con levantar sus feas cabezas.

Si esos sentimientos crecieran, podría destruirse la relación de Andy y Louie, y estamos hablando de una relación muy profunda. No solo trabajan juntos sino que sus familias mantienen una relación cercana y hasta se van de vacaciones juntas. ¿Cómo maneja Andy la envidia que siente? Celebrando los logros de Louie y asegurándose de reconocer siempre su valor como individuo y celebrar con él. Por su parte, Louie hace lo mismo. Andy dijo: «No basta con pensarlo, tengo que decirlo porque así es como limpio mi corazón. La celebración es la mejor manera de acabar con los celos».

CÓMO CONVERTIRSE EN UN EXPERTO EN EMPEZAR FIESTAS

Andy no es el único. Si la mayoría de nosotros fuéramos sinceros, admitiríamos que sentimos celos o envidia cuando presenciamos el éxito de otros, incluso cuando aquellos que triunfan son amigos cercanos. Yo sé que he luchado con sentimientos de envidia. ¿Acaso usted no? ¿Cómo entonces aprendemos a celebrar con los demás en lugar de ignorarles o menoscabarles? Empiece haciendo estas cuatro cosas:

1. Entienda que no es una competencia

Es imposible hacer algo de valor y relevancia real por cuenta propia. Es muy difícil alcanzar el éxito sin ayuda, y así usted se las arregle para hacerlo, no lo disfrutará sin amigos. La vida es mejor en una comunidad de personas a quienes usted ama y que también le aman. Al reflexionar en el valor de la comunidad, muchos pensamientos se agolpan en mi mente:

Mis éxitos solo pueden alcanzarse con otros.

Mis lecciones solo pueden aprenderse de otros.

Mis áreas débiles pueden fortalecerse solo por medio de otros.

Mi valor como siervo solo puede ser probado bajo el liderazgo de otros.

Mi influencia puede multiplicarse solo a través de otros.

Mi liderazgo puede ser enfocado solo en función de los demás.

Lo mejor que puedo dar solo puede ser recibido por otros.

Mi legado solo puede ser dejado a otros.

Por eso, ¡debo comprometerme con los demás y celebrar con ellos!

Los demás tienen un impacto en cada aspecto de la vida. La mayor parte del tiempo, decido con mi actitud si ese impacto será positivo o negativo.

La actriz y animadora Bette Midler dijo: «La peor parte del éxito es tratar de encontrar a alguien que se alegre por uno». No vea a sus amigos, familiares y compañeros de equipo como competencia, sea un tipo raro de persona que se alegra cuando otros triunfan.

2. Celebre cuando otros tengan éxito

No todos ven el éxito como usted lo ve. A la hora de aplicar el principio de la celebración, usted debe estar dispuesto a ver las cosas desde el punto de vista de los demás. ¿Cuáles son sus sueños? ¿Qué metas se han fijado? ¿Qué batallas libran? Cuando la gente logra algo importante que es importante para *ellos*, ¡celébrelo! Tenga cuidado especial cuando un amigo logra algo que usted quizás ya haya logrado y no le parezca la gran cosa. Asegúrese de celebrar con entusiasmo y nunca trate con ligereza los logros de otros.

3. Celebre éxitos que otros todavía no ven

A veces la gente hace avances significativos sin siquiera darse cuenta de ello. ¿Alguna vez ha empezado a hacer dieta o ejercicio y después de un tiempo sintió que sus esfuerzos eran en balde, pero algún amigo le dijo lo bien que se veía? ¿Acaso no ha trabajado en un proyecto y sintió desánimo ante su progreso, pero un amigo se maravilló de lo mucho que había logrado? Esto es algo que inspira y motiva a trabajar todavía con más empeño. Si un amigo todavía *no* le ha expresado algo similar, tal vez necesite unos cuantos amigos nuevos, preferiblemente gente que practique el principio de la celebración.

4. Celebre más con aquellos más cercanos a usted

Cuanto más cercanas sean las personas y más importante sea la relación, con mayor razón debería celebrar. Celebre de manera anticipada y frecuente con su cónyuge y sus hijos si tiene familia. Por lo general es fácil celebrar victorias en el trabajo o en un pasatiempo o deporte, pero las victorias más grandes en la vida son las que ocurren en casa. Mi amigo Dan Reiland dice: «Un amigo de verdad nos anima y reta a hacer realidad nuestros mejores pensamientos, a honrar nuestros motivos más puros y a alcanzar nuestros sueños más importantes». Eso es lo que necesitamos hacer con la gente más importante en nuestra vida.

Tengo una confesión que hacer. No siempre he sido un practicante del principio de la celebración en el trabajo. Siempre me ha ido bastante bien con las celebraciones en familia, pero en los primeros años de mi carrera fui muy competitivo. Estaba muy orientado hacia los logros y vivía muy al tanto de mi rango y posición en comparación a mis colegas. Me alegraba en secreto al ver mi progreso al ascender en esos rangos, pero algo ocurrió en mi avance hacia la cima. El logro de mis metas no fue tan gratificante como creí que iba a ser, sentía que algo faltaba.

> «Un amigo de verdad nos anima y reta a hacer realidad nuestros mejores pensamientos, honrar nuestros motivos más puros y alcanzar nuestros sueños más importantes».
>
> DAN REILAND

A finales de los ochenta y principios de los noventa por fin empecé a cambiar. Tras cumplir cuarenta años, me di cuenta que para alcanzar mis metas necesitaría la ayuda de otros. Empecé a esforzarme más en desarrollar a mis empleados para ejercer el liderazgo. Al principio mis motivos fueron un poco egoístas, pero a medida que ayudaba a otros a triunfar, descubrí que me producía mucha alegría y gozo sin importar que me beneficiara o no en lo personal.

Lo que descubrí es que el viaje es mucho más divertido si uno deja que alguien lo acompañe, y es difícil tener esa perspectiva si lo único que uno celebra es el éxito personal. Si quiere que otros triunfen al lado suyo, debe alentarles y celebrar sus éxitos. Esto no solo les da el incentivo que necesitan para perseverar en la búsqueda de sus sueños, sino que también les ayuda a disfrutar el proceso y el camino que van recorriendo. Cuando empecé a enfocarme en otros y a celebrar sus éxitos, descubrí que el éxito de los demás me traía más gozo que el mío propio.

Ahora trato de celebrar con la mayor cantidad posible de personas, no solo mis amigos, familiares y colegas más cercanos, sino también las personas que no son parte de mi círculo inmediato. Entre más personas animo y ayudo a triunfar, más me gusta. Si ayuda a suficientes personas, la fiesta nunca se acaba.

PREGUNTAS DE DISCUSIÓN SOBRE EL PRINCIPIO DE LA *CELEBRACIÓN*

1. ¿Está de acuerdo en que la mayoría de las personas están más dispuestas a identificarse con el fracaso que con el éxito? Explique su respuesta. ¿Qué poseen las personas que se identifican con el éxito que otros no poseen? ¿Acaso todavía necesitan el ánimo que producen sus amigos al celebrar sus éxitos? ¿Por qué?

2. Algunas personas tienen dificultad para celebrar hasta sus propios logros. ¿A qué se debe esto? ¿Cómo se comporta usted a la hora de celebrar los éxitos? ¿Saca tiempo para celebrar la realización de metas y sueños? Si la respuesta es negativa, ¿por qué no? Si no reconoce sus logros, ¿será entusiasta en celebrar los que obtengan los demás? ¿Qué debe hacer para cambiar su actitud hacia usted mismo y los demás? En caso de que usted sí celebre sus victorias y logros, ¿es posible que llegue a celebrarlos demasiado? ¿Por qué?

3. ¿Quién celebra con usted? ¿Tiene amigos, colegas o familiares que le animen y aplauden? Si la respuesta es no, necesita cultivar nuevas amistades con personas que sean más alentadoras y que se enfoquen en sus habilidades. Si la respuesta es sí, agradézcales su apoyo y asegúrese de celebrar con ellos.

4. ¿Hacia qué es más propenso: a competir o a fomentar la cooperación? ¿Puede la gente ser competitiva sin dejar de practicar el principio de la celebración con eficacia? ¿Puede la gente ser cooperadora por naturaleza y al mismo tiempo no preocuparse de celebrar con los demás? Explíquese. ¿Qué cosas pueden hacer las personas para fomentar un espíritu de celebración en sí mismas, sin importar sus diferentes tipos de personalidad?

5. Piense en personas en las que usted no escatima al momento de celebrar. ¿Existen otras personas en su vida que serían especialmente animadas y edificadas si usted celebrara con ellas? ¿A quién en su vida tiene usted la *responsabilidad* de dar ánimo por medio de la celebración? ¿Qué le gustaría empezar a hacer diferente para ayudar a los demás a celebrar?

EL PRINCIPIO
DEL CAMINO ALTO

SUBIMOS A UN NIVEL MÁS ALTO CUANDO TRATAMOS A LOS DEMÁS MEJOR DE LO QUE ELLOS NOS TRATAN

Mantenga en su patio un cementerio de buen tamaño
en el que pueda enterrar las faltas de sus amigos.

—HENRY WARD BEECHER

LA PREGUNTA QUE DEBO RESPONDER:
¿TRATO A LOS DEMÁS MEJOR DE
LO QUE ME TRATAN A MÍ?

En 1842 cambió la vida del joven de trece años William Booth. Su padre, Samuel Booth, perdió su negocio. El envejecido Booth había sido antes un fabricante de clavos, pero cuando su industria se convirtió en una víctima de la producción en masa, comenzó un pequeño negocio de construcción. Por desgracia, las recesiones recurrentes hicieron mella y al final tuvo que irse a la quiebra. Esto lo colocó a él y a su familia en circunstancias muy difíciles, y como resultado, William, que había crecido en un hogar con dinero suficiente para pagar su educación, tuvo que salir a aprender un oficio. Fue aprendiz de un cambista en una casa de empeño en un vecindario en decadencia de Nottingham, Inglaterra.

«Gana mucho dinero» fue el consejo del padre de Booth, quien murió sin un centavo al año siguiente. Booth sí aprendió a hacer dinero mientras se desarrollaba en su oficio. Sin embargo, su internado también le dio otro tipo de educación como trabajaba en una casa de empeño estaba en contacto diario con los más pobres e indigentes. Una biografía comenta: «William aprendió de primera mano lo que la pobreza le hacía a la gente».[1] No es coincidencia que durante sus años de adolescencia como aprendiz, se convirtiera en una persona de fe: un verdadero cristiano.

UN CAMBIO DE CORAZÓN

En 1849, Booth se mudó a Londres y trabajó en una casa de empeño en una zona pobre al sur del río Támesis. No obstante, tan solo tres años después, dejó su oficio y se convirtió en ministro del evangelio. Vio su fe como la solución a los problemas de aquellos que luchaban para sobrevivir y se embarcó en una misión para toda la vida que tenía dos objetivos: salvar almas perdidas y corregir injusticias sociales.[2]

Al principio se desempeñó como ministro metodista y luego como evangelista itinerante, pero en 1865 cuando algunas personas del área le oyeron predicar frente al Blind Beggar Pub [La Taberna para Mendigos Ciegos] en el este de Londres, fue reclutado para formar parte de un ministerio al aire libre y en carpas que llegó a conocerse como la Misión Cristiana.

Desde allí, Booth ministró a la gente más pobre de Londres. En el este de esta ciudad estaba la mitad de todos los mendigos, desposeídos y hambrientos del área.[3] Sus primeros conversos fueron las personas más desesperadas de la sociedad: ladrones, prostitutas, apostadores y borrachos. Quería hacer una diferencia, pero sus esfuerzos no fueron apreciados ni siquiera por la misma gente que trataba de ayudar.

Él y sus compañeros de trabajo fueron acosados y tratados brutalmente. Los taberneros locales trabajaron con especial ahínco para menoscabar sus esfuerzos, y hasta los niños de la calle lanzaban piedras y artículos de pirotecnia por las ventanas de los lugares de reunión. La esposa de Booth, Catherine, decía que él llegaba de noche a la casa «abrumado por la fatiga, con su ropa raída y manchada de sangre, a veces con una venda en la cabeza cubriendo una herida causada por una piedra».[4] Booth nunca se desquitó de nadie y rehusó darse por vencido. Trabajó para alimentar a los pobres, alojar a los desamparados y comunicar su fe. Su organización creció, y para 1867 ya tenía diez obreros de tiempo completo. En 1874 había más de mil voluntarios y cuarenta y dos evangelistas que trabajaban con él. En 1878 cuando se reorganizaron, Booth le dio un nombre nuevo al grupo, su organización se conocería a partir de entonces como el Ejército de Salvación.

Sin embargo, esto no detuvo a los opositores del grupo. Booth fue tildado de «anticristo» por el reformador Lord Shaftesbury.[5] Se organizó un grupo de opositores para tratar de detener a Booth y a sus asociados, el grupo se autodenominaba el Ejército de Esqueletos. Un artículo que apareció en el *Bethnal Green Eastern Post* en noviembre de 1882 les describió así:

Una ralea de puros «matones» ha infestado el distrito durante las últimas semanas. Estos vagabundos se llaman a sí mismos el «Ejército de Esqueletos» ... El objetivo del ejército de esqueletos es perseguir a todas partes a los miembros del Ejército de Salvación, tocando un tambor y mofándose de sus canciones, para hacer imposible la realización de sus procesiones y servicios ... Entre la ralea de esqueletos hay un gran porcentaje de ... desocupados, maleantes y buscapleitos que detestan a la junta escolar de Londres, la educación y la moderación, y que al ver el principio del fin de su tráfico inmoral se han dispuesto a emprender su oposición más desesperada.[6]

A pesar del trato terrible que recibieron, los oficiales y voluntarios del Ejército de Salvación perseveraron y lograron ayudar a cientos de miles de personas.[7] Con frecuencia, lograron que se convirtieran al evangelio los mismos individuos que les perseguían.

En 1912, William Booth, ya de ochenta y tres años, pronunció su último discurso público. En él declaró su compromiso de invertir en la gente:

Mientras las mujeres lloren como lo hacen ahora, yo lucharé. Mientras los niños pequeños padezcan hambre como lo hacen ahora, yo lucharé. Mientras los hombres vivan entrando, saliendo y volviendo a entrar a la prisión como lo hacen ahora, yo lucharé. Mientras haya un borracho allá afuera, mientras haya una niña perdida en las calles, mientras quede una sola alma entenebrecida sin la luz de Dios, yo lucharé. Lucharé hasta el fin.[8]

Tres meses más tarde, Booth murió. Como dijo un observador, el «general» que había conducido al Ejército de Salvación durante más de treinta años por fin recibió su «ascenso a la gloria».

William Booth dedicó toda una vida a practicar el principio del camino alto. Siempre trató a los demás mejor de lo que ellos le trataban y como resultado, vivió en un nivel más alto, tanto en lo personal como en lo profesional. Soy un gran admirador de William Booth, pero debo decir que no siempre creí en el principio del camino alto. Cuando era adolescente, mi padre, Melvin Maxwell, era el presidente de una universidad cristiana. Con frecuencia observé con frustración lo difícil que se le hacía trabajar con la junta directiva de la universidad y lo mal que le trataban. No obstante, sin importar cómo le trataran los directores, mi padre nunca se desquitó; siempre optó por tomar el camino alto. En aquella época su reacción me ponía furioso.

> «...mientras quede una sola alma entenebrecida sin la luz de Dios, yo lucharé. Lucharé hasta el fin».
>
> WILLIAM BOOTH

Mientras iba creciendo y tuve que trabajar con gente más difícil, mejor entendía las acciones de mi padre. Me di cuenta que si uno tira lodo, está perdiendo terreno. En realidad solo hay tres caminos que podemos tomar cuando se trata de lidiar con los demás. Podemos tomar…

el camino bajo, en donde tratamos a los demás peor de lo que nos tratan;

el camino medio, en donde tratamos a los demás igual que ellos nos tratan; o

el camino alto, en donde tratamos a los demás mejor de lo que ellos nos tratan.

El camino bajo daña relaciones y aleja a los demás de nosotros. El camino medio tal vez no aleje a la gente, pero tampoco les atraerá a nosotros. La gente se limita a reaccionar y no toma iniciativas pues permite que otros dicten el patrón de conducta social que deben seguir. En cambio, el camino alto nos ayuda a crear relaciones positivas y atrae personas hacia nosotros. Establece un patrón positivo de conducta que los demás pueden adoptar, de tal modo que hasta a la gente negativa le resulta difícil menoscabarlo. Inspirado por el ejemplo de mi padre, decidí trabajar para ir siempre por el camino alto en mi trato con los demás.

VIAJEROS DEL CAMINO ALTO

El camino alto es de verdad el sendero menos recorrido. Digo esto porque andar por este camino requiere pensar y actuar de maneras que no son naturales ni comunes. Sin embargo, aquellos que practiquen el principio del camino alto se convertirán en instrumentos de gracia para otros, así como receptores de gracia. También he notado que los «viajeros del camino alto» tienen varias características en común:

Entienden que lo importante no es qué le sucede *a* uno sino qué sucede *en* uno

Durante la guerra civil, el general de los confederados W. H. C. Whiting sentía celos de su rival, el general Robert E. Lee. En consecuencia, Whiting difundió muchos rumores acerca de él. Hubo una ocasión en la que el general Lee pudo haberse desquitado. Cuando el presidente Jefferson Davis consideró a Whiting para un ascenso clave, preguntó al general Lee qué pensaba de Whiting. Sin vacilaciones, Lee respaldó y recomendó a Whiting. Los oficiales que observaron el intercambio quedaron atónitos. Después, uno de ellos le preguntó a Lee si había olvidado todas las murmuraciones dañinas que Whiting había esparcido acerca de él. Lee respondió: «Entiendo que el presidente pidió mi opinión de Whiting, no la opinión que Whiting tiene de mí».

El reportero David Brinkley comentó: «Exitoso es el hombre que puede construir buenos cimientos con los ladrillos que otros le lanzan». Eso es lo que hacen aquellos que deciden recorrer el camino alto en las relaciones personales. Se mantienen fieles a sus valores fundamentales y tratan a la gente conforme a ellos, no según las circunstancias externas.

Se comprometen a viajar continuamente por el camino alto

Casi cualquier persona puede ser amable ante una falta de amabilidad de vez en cuando, pero es más difícil sostener una actitud de camino alto todo el tiempo. Héctor LeMarque comentó: «La mayoría de la gente toma buenas decisiones todos los días, pero no toman suficientes decisiones buenas como para crear dinamismo y obtener éxito continuo». Esto nos da una buena idea de lo que le sucede a la gente que se desplaza por el camino alto todo el tiempo: crean dinamismo y cultivan el éxito en las relaciones. ¿Por qué? Porque el reaccionar hoy de la mejor manera los coloca en la mejor posición para enfrentarse al mañana.

Ven su necesidad personal de gracia y por eso la extienden a otros

En cierta ocasión vi un aviso que decía: «Errar es humano, perdonar no es política de la compañía». Es gracioso, pero también apunta a la inclinación natural de la gente a no dar nuevas oportunidades a los individuos cuando actúan de un modo que hace evidente su fragilidad humana. Admitámoslo, todos somos humanos y cometemos errores. Las personas que recorren el camino alto saben que necesitan gracia en su vida, y por eso es más probable que la extiendan a otros.

Una de las historias más dramáticas que he leído como ilustración de esta idea procede de la vida de Corrie Ten Boom, autora de *The Hiding Place* [El refugio secreto]. Ella y su familia escondieron a judíos de los nazis en su hogar durante la Segunda Guerra Mundial. Cuando se descubrieron sus acciones, fueron arrestados por la Gestapo y enviados al campo de la muerte de Ravensbruck. Todos los miembros de su familia murieron, y solo debido a un error de papeleo ella logró sobrevivir y obtener la salida.

Ten Boom fue una mujer de fe muy firme que dictó varias conferencias después de la guerra. En 1947 regresó a Ravensbruck para hablar sobre la gracia y el perdón de Dios hacia el pueblo alemán.

Después de hablar, se encontró cara a cara con el guardia más cruel que hubo en aquel campo de concentración. «No pudieron haber sido más que unos cuantos segundos que él permaneció de pie frente a mí, con la mano extendida», ella escribió, «pero para mí se sintieron como horas mientras luchaba para hacer el acto más difícil de toda mi vida». Por fin, le extendió su mano y lo perdonó. Así decidió emprender el recorrido por el más difícil de todos los caminos altos.

No son víctimas sino que eligen *servir* a los demás

La gente que recorre el camino alto no lo hace porque no tengan otros caminos disponibles. Lo hacen como un acto de voluntad conforme a su deseo de servir a otros. Son como la abuela en su celebración de bodas de oro que contó a los invitados el secreto de su matrimonio feliz: «El día de mi boda decidí hacer una lista con diez defectos de mi esposo que pasaría por alto por el bien de nuestro matrimonio». Mientras los invitados se iban, una esposa joven le pidió a la anciana que le nombrara algunos de los defectos que había pasado por alto. «Para decirte la verdad, nunca saqué tiempo para escribir la lista, pero siempre que mi esposo hacía algo que me ponía los nervios de punta, me decía a mí misma "la suerte que tiene porque eso está en mi lista"». Por cuanto el camino alto es empinado, nadie lo recorre por accidente.

> La gente que recorre el camino alto no lo hace porque no tengan otros caminos disponibles. Lo hacen como un acto de voluntad conforme a su deseo de servir a otros.

Se imponen parámetros más altos que el resto de la gente

James Michener, el autor de *Tales of the South Pacific* [Relatos del Pacífico Sur], *Texas* [Texas], *Centennial* [Centenario], *Space* [Espacio], y muchas otras novelas, fue un escritor prolífico que ganó respeto por su genio literario y gran éxito en las ventas. Sin embargo, siempre tuvo un detractor que fue como un aguijón en su costado durante muchos años. El escritor había sido abandonado de pequeño y nunca conoció a sus padres biológicos. Sin embargo, tuvo la fortuna de ser aceptado y criado como hijo adoptivo por una viuda. Se convirtió en un Michener, al adoptar el nombre de su nueva familia. No obstante, cada vez que publicaba un nuevo libro recibía notas desagradables de uno de los miembros del clan Michener. Este familiar lo criticaba duramente por manchar el buen nombre de los Michener, el cual, según él, no tenía derecho a usar a pesar del hecho de que el escritor ganó un premio Pulitzer.

A pesar de las recriminaciones, Michener sí estuvo de acuerdo con algo que dijo este familiar. El novelista recordaba particularmente el comentario: «¿Quién te crees que eres, tratando de ser mejor de lo que eres?» Michener dijo: «Me he pasado la vida tratando de ser mejor de lo que era, y soy hermano de todos los que comparten la misma aspiración».

La gente que recorre el camino alto hace de la excelencia su meta. Esto es algo que puede lograrse si...

nos interesamos más de lo que otros creen prudente;

arriesgamos más de lo que otros consideran seguro;

soñamos más de lo que otros creen práctico;

esperamos más de lo que otros consideran posible;

trabajamos más de lo que otros juzgan necesario.

Si nos comportamos de acuerdo a nuestros estándares más altos, es menos probable que optemos por ser defensivos y tomemos el camino bajo al ser atacados por otros. Lo digo porque cuando uno sabe que ha hecho todo lo que puede hacer, las críticas se le resbalan como la lluvia.

Sacan a relucir lo mejor de los demás

¿Ha oído la fábula del león y el zorrillo? Un zorrillo orgulloso, fastidioso e inoportuno retó a un león a una pelea. El león rechazó el desafío de inmediato.

«¡Ja!», se burló el zorrillo. «¡Es porque tienes miedo de pelear conmigo!»

«No», respondió el león, «pero ¿para qué tengo que pelear contigo? Te volverías famoso por pelear conmigo, aunque te diera la peor paliza de tu vida, y te aseguro que lo haría. ¿Qué tengo yo que ganar? No gano nada derrotándote. Además, todo el que me encuentre por el próximo mes sabría que he estado en compañía de un zorrillo».

El camino alto es el único sendero que saca a relucir lo mejor de los demás. El filósofo y poeta Johann Wolfgang von Goethe aconsejó: «Trata a los demás como si fueran lo que deberían ser y les ayudarás a convertirse en lo que son capaces de llegar a ser».

Sacan a relucir lo mejor de sí mismos

Si usted adquiere la práctica de tratar siempre a los demás de la mejor manera posible, cambiarán tanto usted como su forma de ver el mundo. El presidente Abraham Lincoln dijo: «Cuando yo muera, quiero que los que me conocieron mejor digan que siempre saqué una espina y sembré una flor donde pensé que crecería una flor». Esto es lo que el principio del camino alto le hace al corazón de una persona con el paso del tiempo: siembra flores donde antes solo crecían espinas. La manera en que usted trata a los demás es su declaración al mundo de quién es usted. ¿Está usted haciendo la clase de declaración que desea hacer?

> La manera en que usted trata a los demás es su declaración al mundo de quién es usted.

Si no practica ya el principio del camino alto, espero que lo acoja de hoy en adelante. Podría ser la mejor inversión que haga en una relación. Si necesita un poco de ayuda para moverse al camino alto, siga estas «direcciones»:

1. Quédese tanto como pueda en la Calle de La Bondad.

2. Voltee a la derecha en la Avenida del Perdón.

3. Evite la calle sin salida del Desquite.

4. Ascienda a la cima de la loma porque desde allí podrá ver el camino alto.

5. Tómelo y quédese allí. Si se pierde en el camino, pídale ayuda a Dios.

El camino alto con frecuencia no es el más fácil, pero es el único que conduce al nivel más alto de vida.

PREGUNTAS DE DISCUSIÓN SOBRE EL
PRINCIPIO DEL CAMINO ALTO

1. ¿Cómo definiría la expresión *camino alto*? ¿Por qué es difícil tomar el camino alto con alguien que ha tomado el camino bajo con usted? ¿Qué acciones específicas del camino bajo que otros han cometido contra usted le resultan difíciles de superar o pasar por alto?

2. ¿Por qué la mayoría de la gente decide tomar el camino medio? ¿Cómo afecta esto las relaciones? ¿Puede una persona quedarse en el camino medio y al mismo tiempo invertir en la gente? Explique.

3. ¿Qué sucede a las relaciones cuando la gente tiene una mentalidad de desquite? ¿Puede una persona desear venganza en un área de la vida sin que afecte otras relaciones? ¿Qué efecto tiene albergar deseos de venganza, a nivel emocional, físico y espiritual?

4. Describa una situación difícil en la que usted eligió tomar el camino alto en una relación. ¿Por qué fue difícil? ¿Fue capaz de sobreponerse a su deseo de responder de la misma manera en que le trataron? ¿Es esa una estrategia eficaz que emplea con mucha frecuencia? ¿Dónde la aprendió o cómo llegó a desarrollarla?

5. ¿Está de acuerdo en que tomar el camino alto saca a relucir lo mejor de usted? Explique su respuesta.

Antes de proseguir, revisemos los Principios de Interacción relacionados con el factor *inversión*...

El principio de la huerta: Todas las relaciones necesitan ser cultivadas.

El principio del ciento uno por ciento: Encontremos el uno por ciento en que estamos de acuerdo y demos el cien por ciento de nuestro esfuerzo.

El principio de la paciencia: El viaje con otros es más lento que el viaje a solas.

El principio de la celebración: La prueba verdadera de las relaciones no es solo cuán leales somos cuando los amigos fallan, sino cuánto nos alegramos al verles triunfar.

El principio del camino alto: Subimos a un nivel más alto cuando tratamos a los demás mejor de los que ellos nos tratan.

EL FACTOR SINERGIA: ¿PODEMOS CREAR RELACIONES EN LAS QUE TODOS SALGAMOS GANANDO?

*«Todos ganamos» es un estado de la mente y el corazón en que procuramos
constantemente el beneficio mutuo en todas las interacciones humanas...
«Todos ganamos» se basa en el paradigma de que hay más que suficiente para
todos y que el éxito de una persona no excluye el éxito de los demás.*
—STEPHEN R. COVEY

S i somos sinceros con respecto a las relaciones, admitiremos que
hay algunas personas con quienes queremos pasar tiempo y otras
con las que no. ¿Qué separa las buenas relaciones que deseamos de
las que no nos interesan? La respuesta es sinergia. En algunas relaciones
todos ganan. Ellas añaden valor a ambas partes y esto es gratificante.

Creo que toda relación tiene el *potencial* de rendir ganancias a
ambas partes, aunque no todas las relaciones logran obtener ese
carácter. No obstante, si las personas entran a una relación con
mentalidad de inversión, después de haber establecido conexión y
desarrollado confianza mutua, en muchos casos el resultado es una
relación de beneficio mutuo.

Lo maravilloso de las relaciones en las que todos ganan es que pueden forjarse en cada área de la vida y en todo tipo de relaciones: entre

esposos y esposas, padres e hijos, amigos y vecinos, jefes y empleados. Si ambas partes sostienen una actitud generosa y sus necesidades son satisfechas, entonces la relación puede convertirse en algo muy especial. La «moneda» que intercambian no tiene que ser la misma. Quizá ambos se ofrezcan amor incondicional; o una persona puede proveer admiración y lealtad, y la otra seguridad; una puede ofrecer tutoría y la otra gratitud; una puede desarrollar el negocio y la otra proveer el cheque de nómina; una puede ofrecer buen humor y la otra ser una gran audiencia. Mientras ambas personas experimenten éxito continuo en las áreas que valoran como individuos, desarrollarán sinergia. Los siguientes Principios de Interacción responden la pregunta: «¿Podemos crear relaciones en las que todos salgamos ganando?» y ayudarán a cualquiera que los practique a crear relaciones con sinergia.

El principio del bumerán: Cuando ayudamos a otros, nos ayudamos a nosotros mismos.

El principio de la amistad: Si todos los factores están balanceados, la gente estará más dispuesta a trabajar con personas que les guste. Si no todos los factores están balanceados, harán justamente lo mismo.

El principio de la asociación: Trabajar juntos aumenta la probabilidad de ganar juntos.

El principio de la satisfacción: En las mejores relaciones, el gozo de estar juntos es suficiente.

A la larga, las relaciones que benefician a un lado más que al otro no duran. Si una persona da todo el tiempo y el otro solo recibe, el dador tarde o temprano se agotará. Lo irónico es que el receptor también se sentirá insatisfecho porque sentirá que no recibe lo suficiente. La única manera de construir una relación positiva, perdurable y con sinergia es asegurarse de que todos los participantes ganen.

EL PRINCIPIO
DEL BUMERÁN

CUANDO AYUDAMOS A OTROS, NOS AYUDAMOS A NOSOTROS MISMOS

Ningún hombre se vuelve rico si no enriquece a los demás.

—ANDREW CARNEGIE

LA PREGUNTA QUE DEBO RESPONDER:
¿EXPERIMENTO GANANCIA
AL AYUDAR A OTROS?

En los primeros años de mi carrera, no tenía una visión correcta de la vida, la enfocaba como si fuera una de esas máquinas tragamonedas de juegos de azar; pretendía poner la menor cantidad posible y siempre esperaba ganarme el premio mayor. Me avergüenza decir que muchas veces traté mi interacción con la gente del mismo modo, estaba más enfocado en lo que la gente podía hacer por mí que en lo que yo podía hacer por *ellos*. Como resultado, trataba de hacer «retiros» sin tener que hacer nunca «depósitos» en mis relaciones. Sobra decir que no tuve mucho éxito.

A medida que pasé más tiempo trabajando con otras personas, mi manera de pensar comenzó a cambiar poco a poco. Empecé a practicar el Principio de la Perspectiva, a ver la gente en una luz diferente y a valorarlas más. Tan pronto empezó a cambiar mi actitud, sucedió lo mismo con mis acciones. Empecé a invertir en la gente simplemente por su valor intrínseco, las personas eran importantes. Esto me permitió descubrir que cuando me enfocaba en lo que podía dar más que en lo que podía obtener, la gente prosperaba, las relaciones maduraban y la vida era más satisfactoria. Cuando me propuse la meta de dar, sentí muchas veces que recibía más de la gente de lo que era capaz de dar.

En el transcurso de muchos años, aprendí a invertir en la gente primero y con frecuencia. Alguien siempre tiene que tomar la iniciativa en las relaciones, por eso pensé *¿por qué no yo?* Empecé a ver la vida desde el punto de vista del dador y a enfocarme en lo que podía dar en las relaciones, con frecuencia traté de hacerlo sin expectativas de recibir algo a cambio. Descubrí que cuando añadía valor a la gente, muchos también deseaban añadirle valor a mi vida. Cuando eso sucedía, las relaciones desarrollaban una sinergia increíble y pasaban a otro nivel.

LO QUE UNO DA...

¿En qué condición se encuentra en el área de dar a los demás? Creo que solo hay tres tipos de personas en lo que a esto se refiere:

1. *Los consumidores reciben y nunca dan.* Hay muchos que se enfocan en sí mismos y muy rara vez hacen algo por los demás. Podría decirse que son gente aprovechada porque solo se preocupan por lo que pueden conseguir y nunca quedan satisfechos.

2. *Los negociantes reciben primero y luego dan.* Algunas personas se especializan en llevar bien las cuentas. Están dispuestos a dar, pero su motivación primordial no es ayudar a otros, ven las relaciones como un intercambio de negocio. A veces dan porque creen que le deben algo a alguien que les ha ayudado y desean quedar «a la par». Así fui yo al comienzo de mi carrera, era agradecido con la gente que me ayudaba, pero no entendía el valor de añadir valor a los demás y tampoco tomaba la iniciativa para dar.

3. *Los inversionistas dan y luego reciben.* En este tercer grupo, la gente se enfoca en los demás. Dan primero y después reciben si se les ofrecen algo a cambio. Creen que el éxito viene como resultado de brindar ayuda, interesarse en los demás y ser constructivos. Desean que todas las personas y las cosas que tocan sean mejores, y entienden que la mejor manera de lograrlo es dando de sí mismos. Lo irónico es que al tener como prioridad en su agenda el dar primero, ellos son los que con más frecuencia experimentan la sinergia de las relaciones de ganancia mutua.

La gente que invierte en otra gente tiene algunas cosas en común.

Los inversionistas entienden que la gente posee gran valor

Una vez mientras hablaba a empleados de la compañía telefónica BellSouth, un ejecutivo de la compañía dijo: «Las personas son el activo que más apreciamos en nuestra compañía». Esa declaración fue para mí una mezcla de buenas y malas noticias. La buena noticia es que realmente valoraba a su gente y se interesaba en su bienestar. La mala noticia es que su afirmación solo es verdadera en parte pues la gente es un activo que *se aprecia* solo en la medida en que estemos dispuestos a *invertir* en ella. Muchas personas, si se dejan solas, se mantienen relativamente iguales.

Los inversionistas acogen el principio del *bumerán*

La gente que invierte en otros sabe que la mejor manera de ayudarse a sí mismos es ayudar a otros, y empiezan ese proceso de inversión al invertir en sus relaciones. Ven a todas las personas como amigos potenciales. El consejero y autor Alan Loy McGinnis dijo:

> «En investigaciones realizadas en nuestra clínica, mis colegas y yo hemos descubierto que la amistad es el trampolín para cualquier otro tipo de amor. Las amistades se ramifican en todas las demás relaciones importantes de la vida. La gente sin amigos por lo general tiene una capacidad reducida para sostener cualquier clase de amor. Tienden a pasar por una sucesión de matrimonios, se alejan de sus familiares y tienen dificultad para llevarse bien con la gente en el trabajo. Por otra parte, aquellos que aprenden a amar a sus amigos tienden a construir matrimonios duraderos y satisfactorios, mantener buenas relaciones con sus compañeros de trabajo y disfrutar de sus hijos».[1]

La gente es un activo que *se aprecia* solo en la medida en que estemos dispuestos a *invertir* en ella.

Cuando usted invierte en una amistad, abre la puerta a la inversión; y a fin de cuentas, a la posibilidad de recibir ganancias.

Los inversionistas practican el principio de sembrar y cosechar

Nunca ha existido una persona que haya dado que no haya recibido algo a cambio. Quizás no lo crea, pero ese es un hecho. El principio del *bumerán* es cierto: cuando ayudamos a otros, nos ayudamos a nosotros mismos. Digo esto porque siempre que usted da a otra persona, recibirá a cambio algo que afecta sus activos más valiosos, sus valores o sus virtudes.

- *Activos más valiosos: las cosas que le otorgan valía financiera.* Cuando la gente piensa en recibir algo como resultado de dar, sus pensamientos casi siempre se vuelven hacia los beneficios materiales. A veces cuando usted ayuda a otros, sí recibe algo que tiene algún valor económico. Sin embargo, ese es solo un tipo de beneficio y quizás no sea el más común.

- *Valores: las cosas que le dan satisfacción.* ¿Alguna vez ha dado de forma anónima? Si es así, entonces usted entiende que aunque no haya recibido algo tangible a cambio, se benefició en sentido emocional o espiritual. Siempre que haga algo que cumpla con sus valores, usted se beneficia.

- *Virtudes: las cosas que desarrollan el carácter.* Muchos de los beneficios que recibimos al dar se manifiestan en el área del carácter. Cada vez que usted da y supera la inclinación de ser avaro, se vuelve menos egoísta. Cada vez que ayuda a alguien y no percibe una ganancia inmediata, se vuelve más paciente. Tales cosas edifican el carácter.

Por naturaleza, si usted siembra, cosecha. La cosecha depende de lo que usted siembre y siempre se cosecha después de haber sembrado.

Lo mismo es cierto cuando se trata de las relaciones, como ocurre en la naturaleza, toma tiempo.

Los inversionistas creen que ayudar a otros es la misión divina del ser humano

El gigante de la literatura norteamericana Ralph Waldo Emerson dio este consejo:

«No seas un cínico ... [ni] un quejumbroso ni un llorón. Omite las declaraciones negativas ... No te desperdicies en el rechazo, no le ladres a lo malo, más bien canta a la belleza del bien ... No dejes de hacer algo que pueda ayudar a alguien. Una de las hermosas recompensas de la vida es que ningún hombre puede brindar ayuda sincera a un semejante sin ayudarse a sí mismo. Ayudar al alma joven, dar energía, inspirar esperanza y avivar la llama de un carbón encendido, redimir la derrota con ideas nuevas y acciones firmes: esto, aunque no es fácil, son las obras del hombre divino».[2]

LLEVE LA INVERSIÓN EN LOS DEMÁS
A UN NUEVO NIVEL

Invertir en los demás es uno de los actos más nobles y productivos que podemos realizar. Todo lo que podamos hacer para ayudar a otros hace del mundo un mejor lugar. Como dijo el presidente Woodrow Wilson: «No estamos aquí solo para ganarnos la vida. Estamos aquí para capacitar al mundo para vivir con mayor amplitud y visión, con un espíritu de esperanza y logro cada vez más refinado. Estamos aquí para enriquecer al mundo, y usted se empobrecerá si se olvida de llevar a cabo esta encomienda».

¿Cómo podemos enriquecer al mundo y convertirnos en alguien que invierte en otros? Empiece dando estos cinco pasos:

1. Piense primero en los demás

Las relaciones positivas, sanas y que crecen empiezan con la habilidad de poner primero a los demás. Recuerde el Principio de la Perspectiva y esfuércese en desarrollar una actitud de bondad hacia todo el mundo. Empiece cada relación respetando a la otra persona, incluso antes de que él o ella haya tenido una oportunidad de ganárselo. Inicie actos de bondad hacia todas las personas.

2. Enfóquese en la inversión, no en la ganancia

El novelista Herman Melville creía que «no podemos vivir solo para nosotros mismos. Hay miles de fibras que nos conectan con nuestros semejantes, y a lo largo de esas fibras, cual hilos de empatía mutua, nuestras acciones corren como causas y vuelven a nosotros como efectos». Estamos íntimamente vinculados con otras personas, y nuestros destinos están entrelazados. Como resultado, cuando ayudamos a otros, nos beneficiamos. Sin embargo, no es en esto que debemos enfocarnos. Los que invierten en la gente son como inversionistas en el mercado de valores. A largo plazo se beneficiarán, pero tienen poco control sobre el rendimiento exacto de esas inversiones o cómo se generarán las ganancias. Lo que *sí* pueden controlar es qué y cómo van a invertir, y es en ello que deben enfocar su tiempo y energía.

> Las relaciones positivas, sanas y que crecen empiezan con la habilidad de poner primero a los demás.

3. Seleccione a unas cuantas personas con gran potencial

En 1995 cuando empecé a invertir en la gente a tiempo completo, me sentí llamado a hacer inversiones estratégicas en diez personas. Mi deseo era elegir a personas con gran potencial e invertir en ellas para ayudarles a convertirse en mejores líderes. La lista de personas ha cambiado con el pasar de los años, pero no así mi compromiso de servir a otros. Por el contrario, se ha intensificado. Ahora, diez años después, quiero multiplicar el valor de los demás por medio de añadir valor a los líderes.

Cuando la gente se prepara para hacer inversiones financieras, los que son sabios y prudentes no ponen todo su dinero en las acciones de una sola compañía o en un solo fondo. Más bien diversifican su capital e invierten en diversos sectores o áreas. (Si invierte solo en un sector, y el rendimiento no es el esperado, entonces estaría en aprietos.) Claro, los buenos inversionistas tampoco se diversifican demasiado. Saben que solo pueden dedicar cierta cantidad de tiempo y atención a cada inversión en particular. Los que saben invertir en la gente siguen un patrón similar. Elija solo tanta gente como pueda manejar con intensidad, escoja solo aquellos con gran potencial de crecimiento y solo a personas cuya necesidad de crecimiento corresponda a los dones y talentos que usted tiene.

4. Con el permiso de ellos, empiece el proceso

Usted no puede ayudar a alguien que no quiera su ayuda. Esto parece tan obvio que dudé al momento de escribirlo, pero siento que debo hacerlo porque veo personas con buenas intenciones que tratan de iniciar el proceso sin que la persona a la que tratan de ayudar muestre interés alguno.

En *Las 21 leyes irrefutables del liderazgo*, la Ley del Apoyo dice que la gente apoya primero al líder y luego a la visión. Las relaciones de tutoría poseen una dinámica de líder-seguidor. Las personas que reciben la instrucción de un mentor deben creer y confiar en sus maestros. Cuanto más fuerte sea la relación y más sólida la confianza, mayor probabilidad habrá de que funcione el proceso de inversión, pero todo debe empezar con un acuerdo mutuo.

5. Disfrute el rendimiento en el tiempo propicio

El poeta Edwin Markham escribió:

«Hay un destino que nos marca como hermanos.
Nadie recorre solo su camino.
Todo lo que enviamos a la vida de otros,
regresa a la nuestra».

Estoy convencido de que cuando los motivos de la gente son puros y su deseo genuino es añadir valor a otros, no pueden ayudar a otros sin recibir algún beneficio. Quizá el lucro no sea inmediato y hasta tome mucho tiempo, pero ocurrirá. Y cuando esto pase, la relación empezará a resonar con sinergia pura.

Es probable que usted haya oído la historia de Helen Keller, la niña sorda y ciega cuya vida fue transformada gracias a los esfuerzos de Anne Sullivan. Keller, quien solo tenía siete años cuando Sullivan apareció en su vida, había vivido casi como un animal. Sullivan le enseñó a comunicarse y le abrió el mundo a Helen. Cuando Keller llegó a la adultez, era capaz de cuidar de sí misma y logró recibir un título de la Universidad de Radcliffe y convertirse en una famosa escritora y conferencista.

Lo que usted tal vez no sepa es que cuando Anne Sullivan se enfermó varios años después, la persona que cuidó de ella no fue otra que Helen Keller. La persona que ayudó se convirtió en la necesitada de ayuda, y a quien ella había añadido valor regresó para devolver la acción. Invierta en otros, y ese servicio volverá a usted como un bumerán, a veces de la manera menos esperada.

PREGUNTAS DE DISCUSIÓN SOBRE EL
PRINCIPIO DEL *BUMERÁN*

1. En el pasado, ¿cómo abordó sus relaciones, como consumidor, negociante o inversionista? Si ha sido consumidor, ¿por qué cree que ha vacilado en dar de sí mismo a los demás? Si ha sido negociante, ¿de qué maneras ha «llevado cuentas claras» para no deberle nada a nadie? Si ha sido inversionista, ¿con qué acciones específicas ha invertido en otros? ¿Desea cambiar la manera como ve las relaciones? Si es así, ¿por qué?

2. ¿Es posible añadir valor a la gente si no la valora? Explique su respuesta. Describa las características de alguien que valora a la gente y pone primero a los demás. Piense en alguien que usted conoce que se ajusta a este perfil. ¿Cómo puede llegar a su altura?

3. ¿Cómo debe llevarse a cabo el proceso de seleccionar personas en quienes invertir? ¿Qué rasgos deberían poseer todas las personas que van a beneficiarse de su inversión en ellas? ¿Qué necesidades o características específicas debería tener la persona de quien usted será mentor? ¿Por qué?

4. ¿Cuáles son sus talentos y dones más notables? ¿Se trata de rasgos que puedan transmitirse a otros? ¿De qué manera los usa para añadir valor a los demás?

5. ¿Cuál es su plan para invertir intencionalmente en los demás? ¿Ya tiene un proceso establecido para ello? En ese caso, ¿cómo ha funcionado? ¿Qué necesita cambiar? ¿Qué han hecho otros que podría funcionarle a usted? Si todavía no ha creado un plan, ¿qué cree que debería incluir? ¿Ha observado un modelo que funciona? En ese caso, ¿qué partes de ese plan adoptará? ¿Cuándo empezará a ejecutarlo?

EL PRINCIPIO
DE LA AMISTAD

SI TODOS LOS FACTORES ESTÁN
BALANCEADOS, LA GENTE ESTARÁ
MÁS DISPUESTA A TRABAJAR CON
PERSONAS QUE LES GUSTE.
SI NO TODOS LOS FACTORES
ESTÁN BALANCEADOS, HARÁN
JUSTAMENTE LO MISMO

Lo mejor que puedo hacer por mi amigo es simplemente ser su amigo.

—HENRY DAVID THOREAU

LA PREGUNTA QUE DEBO RESPONDER:
¿SOY UN AMIGO PARA MIS COMPAÑEROS DE TRABAJO?

Si de pronto se le enfrentara a un proyecto enorme con una fecha límite difícil de cumplir, y necesitara reunir un grupo de personas que le ayudaran a terminarlo, ¿a quién pediría ayuda? ¿Buscaría la asistencia de la gente en su oficina que más problemas le dan? ¿Haría todo lo posible para asociarse con personas que no tienen buena química con usted? ¡Por supuesto que no!

¿Qué tal si se le presentara la mejor oportunidad de negocios de toda una vida? ¿Qué haría para desarrollarla? ¿Buscaría a gente que le ayudara en las páginas amarillas? ¿Pondría un aviso en el periódico para encontrar a un socio? ¡Seguro que no! Usted haría una revisión mental de los amigos y asociados mejor calificados para ayudarle, y elegiría a las personas con quienes tenga las mejores relaciones. En caso de que dos personas tengan el mismo nivel de habilidad, preferirá a la persona con quien más le guste trabajar.

Todo esto podría parecerle demasiado obvio como para tener que leerlo en un libro. Sin embargo, creo que la mayoría de la gente subestima el poder y la importancia de las relaciones cuando se trata de los negocios y la profesión. Tratan de aprender la última moda en alta gerencia. Se enfocan en la calidad del producto. Crean programas y sistemas para mejorar la productividad o garantizar el uso repetido de un producto o servicio. Recolectan direcciones de correo electrónicos. Todo esto puede ser útil, pero la clave real está en las relaciones. Nunca subestime el poder de la amistad y la simpatía cuando se trata de hacer negocios.

Para ver un ejemplo excelente del principio de la amistad, considere la vida de Bill Porter. Si alguna vez ha existido una persona con obstáculos para triunfar en los negocios, ese es Bill. Nació con parálisis cerebral y de niño siempre estuvo atrasado físicamente en comparación a sus compañeros. Desde el nacimiento su mano derecha había sido prácticamente inútil y la comunicación verbal siempre le había resultado difícil. Los supuestos expertos creyeron que era retardado y aconsejaron a sus padres que lo recluyeran en una institución para enfermos. Ellos se negaron y en lugar de eso hicieron ajustes enormes en su estilo de vida, trabajaron con él y le ayudaron a cultivar la independencia. Porter trabajó con empeño, completó sus estudios de secundaria y recibió su diploma.

Decidido a lograrlo

Después de la secundaria, buscó trabajo con la ayuda del Departamento de Trabajo de Oregon. Aceptó un trabajo como asistente de inventario y lo despidieron después del primer día. Trabajó como cajero para la tienda de artículos de segunda mano *Goodwill* y solo duró tres días. Tuvo trabajos en el Ejército de Salvación como ayudante en la bodega y en la Administración de Veteranos contestando teléfonos. Después de más despidos, el Departamento de Trabajo le consideró «no apto para trabajar».

No obstante, Porter se rehusó a darse por vencido. No quería vivir de los cheques del gobierno para minusválidos. Más bien aprovechó una oportunidad para vender enseres domésticos con el fin de levantar fondos para la entidad encargada de apoyar a las víctimas de parálisis cerebral, y le encantó. Decidió entonces hacer de las ventas su carrera. Le fue muy difícil encontrar una empresa dispuesta a darle una oportunidad, pero por fin persuadió al director de Watkins Inc. Le ofrecieron con mucha vacilación un territorio que ningún otro vendedor quería aceptar y solo recibiría comisiones sobre ventas finales. Porter tenía que vender productos para el hogar de puerta en puerta.

Esto fue en la década de los cincuenta. Hoy día, Porter tiene más de setenta años y todavía trabaja para Watkins. Año tras año se levantaba a las 5:45 a.m., se tardaba dos horas para vestirse y prepararse con gran dificultad, tomaba autobuses hasta el otro lado de la ciudad para llegar a su territorio de ventas y caminaba con dificultad entre diez a quince kilómetros todos los días para ir de puerta en puerta vendiendo productos como vainilla, especies y detergentes. Ganó su primer premio de ventas hace más de cuarenta años y se convirtió en el vendedor número uno de Watkins en el noroeste. En una época cuando los vendedores de puerta en puerta iban en decadencia, él no dejó de prosperar.

¿Cómo lo logró? Su primer recurso siempre ha sido la persistencia. El segundo ha sido la amistad. ¿De qué otra forma podría explicarse el éxito continuo de un vendedor a quien la gente casi no podía entender, vendiendo productos que pueden comprarse más baratos en las tiendas de descuento, que además les pide a sus clientes que llenen sus hojas de pedido porque tiene dificultad para escribir? Como dice Shelly Brady, quien ha asistido a Porter desde que tenía diecisiete años: «Bill entraba a hurtadillas en el corazón de la gente».[1]

LOS CUATRO NIVELES DE LAS RELACIONES DE NEGOCIOS

Tan pronto usted entienda la manera en que las relaciones afectan los negocios, empezará a entender que todas las relaciones de negocios no son iguales.

En mi estudio del tema, he descubierto que existen cuatro niveles definitivos para el éxito en los negocios:

1. Conocimiento de las personas: el que usted conozca a la gente le ayuda a desarrollar su negocio

En la introducción de este libro, discutí la importancia de las destrezas en el trato con la gente en relaciones de negocios pues son absolutamente esenciales para el éxito. Todo el conocimiento de un producto no ayudará a alguien sin detrezas con la gente, tampoco lo hará la pericia técnica, ni la habilidad para construir una organización brillantemente eficiente. Si los individuos no poseen habilidades de interacción, en poco tiempo llegarán al tope de su eficacia.

Una alternativa interesante para compensar una falta de experiencia en el conocimiento de la gente es asociarse con alguien que lo posea en abundancia. Por ejemplo, personas como Steve Wozniak y Steve Jobs juntaron sus habilidades técnicas y su conocimiento de la gente con tal éxito que convirtieron la marca de computadoras Apple en toda una cultura.

Creo que hay miles y miles de personas talentosas en términos técnicos cuyos negocios se transformarían de la noche a la mañana si tan solo adquirieran conocimiento de la gente o se asociaran con alguien que lo tuviera.

2. Destrezas de servicio: la manera en que trate a la gente le ayuda a desarrollar su negocio

Barry J. Gibbons, autor de *This Indecision Is Final* [Esta indecisión es definitiva] sostiene: «Entre el setenta y el noventa por ciento de las decisiones para no volver a comprar algo no tienen que ver con el producto ni el precio, sino con algún aspecto específico en la relación de servicio». Hoy día muchos negocios reconocen este hecho y el resultado es que se enfocan más en el servicio al cliente. La forma en que usted trate a las personas con las que hace negocios es realmente importante, en especial en un mercado competitivo. Cuanto más competitiva sea la industria, mayor será la importancia del servicio.

3. Reputación en los negocios: su reputación para entablar relaciones le ayuda a desarrollar su negocio

El escritor Howard Hodgson dijo: «Sin importar cuál sea su negocio, usted está en el negocio de las relaciones, por eso su reputación es su activo más importante». Debido a las incapacidades físicas de Bill Porter, muchas personas subestimaron sus habilidades sociales, hasta que llegaron a conocerlo. Porter sabía cómo conectarse con la gente y entender sus necesidades, por esa razón fue un vendedor sobresaliente. Además realizaba sus ventas de tal manera que sus clientes *siempre* recibían lo prometido y en el tiempo prometido. Con el paso del tiempo, su buena reputación creció y como resultado, le ha vendido productos ¡hasta a tres y cuatro generaciones de algunas familias!

4. Amistad personal: su amistad con otros le ayuda a desarrollar su negocio

El nivel más alto de las relaciones de negocios se alcanza cuando a la gente no solo le gusta su negocio sino más importante aún, ¡usted les gusta! Cuando existe una conexión personal de corazón a corazón con otra persona, el vínculo es más fuerte que cualquier otro tipo de relación de negocios. Por esto digo que si todos los factores están balanceados, la gente estará más dispuesta a trabajar con personas que les guste. Si no todos los factores están balanceados, harán justamente lo mismo. ¡La amistad es lo que hace la diferencia en todo! Incluso cuando la balanza está en su contra y las probabilidades digan lo contrario, muchas veces la amistad le dará la ventaja con el cliente en cuestión. ¿Por qué? Sencillamente, porque a la gente le gusta estar en compañía de sus amigos y trabajar con ellos.

> Incluso cuando la balanza está en su contra y las probabilidades digan lo contrario, muchas veces la amistad le dará la ventaja con el cliente en cuestión.

Leí una historia sobre la ocasión en que el general William Westmoreland estuvo en Vietnam evaluando a un pelotón de soldados paracaidistas. Mientras revisaba la formación, preguntó a cada uno de los soldados:

—¿Qué tanto le gusta saltar, soldado?

—¡Me encanta, señor! —fue la respuesta del primero.

—La mejor experiencia de mi vida, ¡señor! —exclamó el siguiente soldado.

Al llegar al tercero, la respuesta del soldado le dejó sorprendido.

—Lo detesto, señor —dijo el joven.

—¿Entonces por qué lo hace? —preguntó Westmoreland.

—Porque quiero estar con los muchachos a los que les gusta saltar.

El valor de la amistad

Aunque he examinado el principio de la amistad solo en el contexto de los negocios, su aplicación es mucho más amplia. La gente quiere participar en actividades con personas que les guste. De nuevo, esto podrá sonarle muy obvio, pero lo menciono porque quiero recalcar el valor y el poder de la amistad verdadera en todo contexto y situación.

Alguien que tuvo sabiduría admirable en cuanto a las relaciones fue el rey Salomón en el antiguo Israel. Se dice que fue la persona más sabia que ha existido. Durante el transcurso de su vida, escribió muchos dichos sabios acerca de la amistad y podemos aprender de ellos hoy día. Estas son algunas de esas verdades acerca de los amigos de verdad:

Los amigos de verdad son escasos

Salomón escribió: «El hombre que tiene amigos ha de mostrarse amigo; y amigo hay más unido que un hermano».[2] Cuando desarrolle una amistad profunda con alguien, valórela, pues los amigos de verdad son difíciles de encontrar. Un amigo verdadero es alguien que...

le ve en su peor momento pero nunca olvida lo mejor de usted;

piensa que usted es un poco más maravilloso de lo que es en realidad;

puede hablar horas enteras o estar en completo silencio en su compañía;

se alegra tanto por su éxito como usted;

confía en usted lo suficiente como para decirle lo que piensa en realidad

no trata de saber más, actuar con más inteligencia o enseñarle algo todo el tiempo

En resumen, un amigo de verdad es amigo todo el tiempo.

Valore los amigos que tiene, son muy preciados. Más importante todavía, trate de volverse un amigo de verdad para otros. Hay pocos regalos más grandes que ser un amigo.

Los amigos de verdad son un refrigerio

Salomón dijo: «El ungüento y el perfume alegran el corazón, y el cordial consejo del amigo, al hombre».[3] Cada situación en la vida mejora cuando hay un amigo de por medio. Cuando uno quiere compartir una experiencia divertida, no hay nada como tener un amigo al lado. Al enfrentar una crisis, el amigo ayuda a sobrellevar el peso. C. S. Lewis dijo: «La amistad nace en el momento en que una persona dice a la otra "¿Cómo así? ¿Tú también? Pensé que yo era el único"». Esa clase de conexión es refrescante, sin importar lo que esté ocurriendo en su vida.

¿Cómo responden a usted los demás? Cuando la gente le ve llegar, ¿esperan recibir refrigerio y energía? ¿O tienen que gastar energías para interactuar con usted? Todo el mundo debería ser como un respiro de aire fresco en la vida de alguien.

Los amigos de verdad nos hacen mejores

En las mejores amistades, la gente se enriquece mutuamente por el simple hecho de estar junta. Como dijo Salomón: «Hierro con hierro se aguza; y así el hombre aguza el rostro de su amigo».[4]

Mientras el fabricante de automóviles Henry Ford almorzaba con alguien, le preguntó a su acompañante: «¿Quién es su mejor amigo?» Ford esperó la respuesta, pero el hombre titubeó. No estaba seguro. «Le diré quién es su mejor amigo», interpuso Ford. «Su mejor amigo es el que saca a relucir lo mejor que está escondido dentro de usted».

Eso es lo que hacen los amigos de verdad, se ayudan mutuamente para hacer evidente lo mejor que hay en cada uno.

Los amigos de verdad permanecen fieles

¿Ha oído este chiste? ¿Qué sale si se cruza un perro como Lassie con un pit bull? Sale un perro que le muerde en la cara y después corre a buscar ayuda. Los amigos de verdad no son así. En este mundo ya hay bastantes personas que no se interesan en los demás. Salomón escribió: «El hombre malo lisonjea a su prójimo, y le hace andar por camino no bueno».[5] En cambio, los amigos de verdad se mantienen fieles sin importar lo que pase. El autor y pastor Richard Exley dijo: «Un amigo verdadero es aquel que le escucha y entiende cuando usted expresa sus sentimientos más profundos. Le apoya cuando está luchando, le corrige con suavidad y con amor cuando se equivoca, y le perdona cuando falla. Un amigo verdadero le estimula al crecimiento personal y le motiva a alcanzar la plenitud de su potencial. Lo más maravilloso de todo es que el amigo celebra sus éxitos como si fueran de él».

Usted no puede mantener una amistad profunda con todo el mundo y tampoco debería intentarlo, pero sí debería cultivar amistades genuinas y profundas con unas pocas personas. Además puede ser una persona amigable, amable y motivadora con todo el mundo que encuentre. Puede tratar a cada persona como un individuo y no como un simple «contacto de negocios». Si pone a los demás primero como personas y se preocupa después por los negocios, está listo para poner en práctica el principio de la amistad.

Sin importar en qué clase de negocio o industria se desempeñe, el principio de la amistad puede ayudarle. Bien sea usted el vendedor o el cliente, el jefe o el empleado, un ejecutivo o un ama de casa, cualquiera que sea el trabajo o la actividad que realice, la gente estará más inclinada a involucrarse con usted si les trata como un amigo.

> «La amistad nace en el momento en que una persona dice a la otra "¿Cómo así? ¿Tú también? Pensé que yo era el único"».
>
> C. S. LEWIS

PREGUNTAS DE DISCUSIÓN SOBRE EL
PRINCIPIO DE LA *AMISTAD*

1. ¿Cómo puede identificar cuando la gente coloca los negocios antes que la amistad? ¿Cómo puede identificar a los que tratan las relaciones del modo contrario? ¿Qué motiva a las personas a poner en primer lugar el negocio? ¿Qué motiva a los otros a dar prioridad a la amistad? ¿Cuál es su inclinación natural?

2. ¿Está de acuerdo en que si usted ve primero a la gente en términos de amistad y negocio después, tiene la oportunidad de conseguir un amigo y *también* triunfar en los negocios? Explique su respuesta.

3. Considere los cuatro niveles de las relaciones de negocios:

   • Conocimiento de las personas

   • Destrezas de servicio

   • Reputación en los negocios

   • Amistad personal

   ¿En qué nivel se encuentra la mayoría de las personas con quienes usted hace negocios? ¿Hace alguna diferencia que la persona sea un colega o un cliente? ¿En qué nivel le gustaría que estuvieran? ¿Qué le impide a usted llevar sus relaciones de negocios al siguiente nivel?

4. ¿Alguna vez ha trabajado en una empresa o industria con una mala reputación en los negocios? ¿Cómo fue la experiencia? ¿Es posible practicar el principio de la amistad en un ambiente así? ¿Qué aspectos contraproducentes operan en tal situación? ¿Qué debe hacer usted para tener éxito sin dejar de practicar el principio de la amistad?

5. ¿Está de acuerdo en que los amigos de verdad son personas que sacan a relucir lo mejor de usted? En ese caso, ¿cómo funciona eso? *¿Se convierten* en sus amigos las personas que sacan lo mejor de usted o es porque *ya son* sus amigos que sacan lo mejor de usted? ¿Cómo se aplica el ánimo y la agudeza entre los amigos al ambiente de trabajo?

EL PRINCIPIO DE
LA ASOCIACIÓN

Trabajar juntos aumenta la probabilidad de ganar juntos

Usted puede hacer lo que yo no puedo y yo puedo hacer lo que usted no puede. Juntos podemos hacer grandes cosas.

—Madre Teresa de Calcuta

LA PREGUNTA QUE USTED DEBE RESPONDER:
¿SE BENEFICIAN LOS DEMÁS GRACIAS
A SU ASOCIACIÓN CONMIGO?

Algunas personas por naturaleza abordan la vida con una mentalidad de asociación, y como resultado, cosechan un éxito inusual. Benjamín Franklin fue una de esas personas.

Franklin es recordado como impresor, hombre de estado, inventor, escritor y padre fundador de los Estados Unidos. Nació en Boston, el quinceavo de diecisiete hijos de un fabricante de velas. Su educación formal duró menos de dos años, y a los doce fue aprendiz de su hermano quien le enseñaría el oficio de imprenta. A los diecisiete, sin más recursos que su talento y empeño, se trasladó a Filadelfia para buscar fortuna como impresor y periodista. En 1730, a los veinticuatro años de edad, era dueño de su propio negocio, y para 1748 tenía acumulada suficiente riqueza como para jubilarse.

La razón por la que Franklin quería retirarse era para dedicarse a la investigación científica. Sus experimentos con la electricidad le hicieron famoso en todo el mundo. A partir de la década de 1750 se involucró de lleno en asuntos comunitarios y política. Una vez más, sus logros fueron increíbles. Formó parte de un puñado selecto de gente influyente que dio forma a la Revolución Norteamericana y a la creación del nuevo país. Fue coautor de la Declaración de Independencia y la Constitución, y es la única persona que firmó los cuatro documentos que contribuyeron a la creación de los Estados Unidos: la Declaración de Independencia (1776), el Tratado de Alianza, Amistad y Comercio con Francia (1778), el Tratado de Paz entre Inglaterra, Francia y los Estados Unidos (1782), y la Constitución (1787).[1]

FORJADOR DE ALIANZAS

Un vistazo apresurado a los logros de Franklin podría tentarnos a creer que era el tipo de persona inclinado a trabajar solo. Nada podría estar más lejos de la verdad. Franklin se acogió al principio de la asociación desde los comienzos de su carrera. A pesar de su escasa educación, Franklin fue un estudiante durante toda su vida. No obstante, él sabía que su mayor progreso no llegaría trabajando solo. Así que en 1727, a la edad de veintiún años, fundó un grupo llamado «Junto». Franklin lo describió como un «club de mejoramiento mutuo» compuesto por «la mayoría de mis ingeniosos amigos». El grupo original incluía impresores, agrimensores, artesanos, un secretario y un comerciante. «Nos reuníamos los viernes», dijo Franklin. «Las reglas que redacté requerirían que cada miembro, en su turno, debía formular una o más preguntas sobre cualquier tema de moral, política o filosofía natural, para que la compañía lo discutiera. Además, una vez cada tres meses cada uno debía redactar y leer un ensayo de su propia autoría sobre cualquier tema que quisiera tratar».[2] El «Junto» de Franklin se desarrolló hasta convertirse en la Sociedad Filosófica de Norteamérica que existe hasta el día de hoy.

Una parte importante de la educación autodidacta de Franklin fue la lectura de libros. Como durante su juventud le faltó dinero con frecuencia, Franklin tuvo la idea de asociarse con otros para la adquisición de libros. Convenció a un grupo de colonizadores para aportar dinero a un fondo común y comprar una inmensa colección de libros para ser compartidos. En 1731, la idea se desarrolló hasta convertirse en la primera biblioteca en la nación que prestaba libros. Franklin empleó técnicas similares de asociación para resolver un sinnúmero de problemas. Debido a la amenaza de incendios en Filadelfia, convenció a un grupo de colonizadores para que se unieran y formaran el primer club de bomberos voluntarios de la ciudad en 1736. Si la propiedad de algún miembro del club se veía amenazada por un incendio, todos los demás miembros correrían a su auxilio. En 1751 ayudó a fundar el primer hospital público del país. En 1752 alentó a un grupo de colonizadores a compartir los riesgos económicos asociándose a la Philadelphia Contributorship, la primera compañía de seguros de Norteamérica. Logró hacer que la gente se asociara para contratar a barrenderos de las calles y para emplear policías locales. Una y otra vez, Franklin creó equipos para que así todos pudieran alcanzar el éxito.

Sin importar cuán exitoso llegara a ser, Franklin nunca abandonó su metodología de asociación para el éxito y el bien común; empleó este principio a escala nacional e internacional. Cuando Estados Unidos estaba buscando su independencia, los fundadores sabían que el país no sobreviviría sin la ayuda y asociación de otras naciones. Franklin fue enviado a Europa como el primer ministro de la nación en Francia y tuvo éxito en persuadir a los franceses para asociarse con los norteamericanos en contra de los británicos. El erudito Leo Lemay llamó a Franklin «el diplomático americano más importante y exitoso de todos los tiempos».[3] Además, cuando después que la joven nación había asegurado su independencia y se proponía escribir su constitución en 1787, los delegados no pudieron ponerse de acuerdo en cuanto a la estructura de la legislatura, Franklin propuso el «gran compromiso» que creó nuestra estructura actual de dos casas en el congreso. Pocos hombres han tenido un impacto mayor en los Estados Unidos, y pocas personas han entendido el poder de la asociación como lo hizo Franklin.

APRENDA A ASOCIARSE CON OTROS

Desde su juventud, Ben Franklin entendió que trabajar juntos aumenta la probabilidad de ganar juntos. Me encantaría haber sido tan sabio desde tan temprano pues me tomó mucho tiempo aprender el principio de la asociación. En esta área de mi vida, he pasado por cuatro etapas:

1. Quiero hacer una diferencia...

Como muchas personas, empecé con lo que llamo la etapa del yo. Mi enfoque estaba en mí y lo que podía hacer. Esto no significa que estuviera haciendo algo mal porque mis motivos eran positivos, pero mi perspectiva y eficacia eran bastante limitadas. Trabajé arduamente y logré hacer muchas cosas, pero no podía hacer nada de significado real por mí mismo. Lo que descubrí más adelante y presenté en *Las 17 leyes incuestionables del trabajo en equipo* es muy cierto: uno es un número demasiado pequeño para alcanzar la grandeza.

> Uno es demasiado pequeño como para pretender hacer grandes cosas.

Si usted cree que puede hacer la diferencia por sí solo, necesita leer las palabras del poeta que escribió «El hombre indispensable»:

En algún momento cuando te sientas importante,
En algún momento cuando tu ego esté en pleno
     florecimiento;
En algún momento cuando des por sentado
que eres el mejor capacitado en todo el salón.

En algún momento cuando sientas que si te vas
dejarás un hueco imposible de llenar;
Solo sigue esta simple instrucción,
y mira cómo humilla tu alma.

Toma un balde y llénalo de agua,
mete tu mano hasta la muñeca;
Sácala y el hoyo que queda
es una medida de cuánto te echarán de menos.

Al meter la mano puedes chapotear todo lo que quieras
y agitar el agua como puedas,
Pero detente y descubrirás en un minuto
que todo queda igual que antes.

La moraleja en este curioso ejemplo
es que debes hacer sencillamente lo mejor que puedas.

Siente orgullo de ti mismo, pero recuerda
que ¡nadie es indispensable![4]

Mi definición personal de *moral alta* es «hago una diferencia». Por
otro lado, mi definición de *moral baja* es «no hago ninguna diferencia». Si su sentido personal de bienestar se afecta por su capacidad
para tener un efecto positivo en los demás, entonces necesita pensar
mucho más allá de lo que usted puede hacer por sí solo.

2. Quiero hacer una diferencia con gente a mi lado...

Cuando empecé a ver más allá de mí mismo, descubrí que podía llegar
más lejos y lograr más cuando otros se me unían en el camino. Como
resultado, quise llevarme a *todo el mundo* conmigo. No me tomó mucho tiempo entender que esto era un error. He aquí por qué:

- *No todos* deben *emprender el viaje: pasión*. ¿Alguna vez ha
  trabajado con personas que expresaron su deseo de participar
  y creyeron en lo que usted trataba de lograr, pero le tocó
  pedirles una y otra vez que hicieran su parte? Esas personas no
  tienen pasión por el trabajo. Tal vez quieran dar el paseo,
  pero no tienen interés alguno en pedalear. Llévelos con usted
  y le dejarán sin fuerzas.

- *No todos* quieren *emprender el viaje: actitud*. Algunas personas
  no creen en usted ni en lo que usted hace. Esto no significa
  que usted esté equivocado, tampoco que ellos lo estén. Solo
  significa que no debería tratar de llevarlos con usted.

- *No todos* pueden *emprender el viaje: capacidad*. La diferencia
  entre una asociación y una misión de rescate es la capacidad.
  Algunas personas quizá quieran hacer una diferencia, pero no
  tienen las habilidades necesarias para afectar lo que usted está
  haciendo. No puede correr el riesgo de asociarse con alguien
  con quien no tenga compatibilidad a ese nivel.

La lección principal que aprendí durante esta fase es que debería tratar de construir relaciones con todas las personas, pero forjar asociaciones solo con unos pocos.

3. Quiero hacer una diferencia con gente a mi lado que quiera hacer una diferencia...

El estadista inglés Henry Van Dyke declaró: «En el progreso de la personalidad, primero viene una declaración de independencia y luego un reconocimiento de la interdependencia». Cuando cumplí cuarenta años entré a una época de mi vida en que por fin empecé a entender esta verdad: las personas más cercanas a uno determinan su nivel de éxito. Entonces pasé de tan solo trabajar con gente buena y capaz a asociarme con gente que quería hacer una diferencia. Déjeme decirle cuál es el secreto para pasar al siguiente nivel en esta área: encuentre gente capaz, con la misma pasión y misión que usted, y que también necesiten de otros para hacer una diferencia. Cuando usted se asocia con estas personas, es mucho lo que van a lograr juntos.

4. Quiero hacer una diferencia con gente a mi lado que quiera hacer una diferencia haciendo algo que haga una diferencia

Solo en este período de mi vida he entrado a lo que llamo la etapa de la trascendencia. Ahora tengo muchas asociaciones productivas y satisfactorias, y juntos estamos haciendo muchas cosas que están teniendo un impacto positivo al ayudar a otros. No puedo imaginar nada más gratificante.

El rabino Harold Kushner comentó: «El propósito de la vida no es ganar. El propósito de la vida es crecer y compartir. Cuando pueda mirar hacia atrás en su vida, tendrá más satisfacción del placer que haya traído a la vida de otras personas que de aquellas ocasiones en que les superó y derrotó».

EL PODER DE LA ASOCIACIÓN

Mientras usted leía las páginas anteriores, es posible que haya notado el progreso que experimenté:

Quiero hacer una diferencia (etapa del ego)...
con gente a mi lado que quiera hacer una diferencia
(etapa de la asociación)...
haciendo algo que haga una diferencia
(¡etapa de trascendencia!)

Entre la etapa del ego y la etapa de la trascendencia se encuentra la etapa de asociación con otros. Al descubrirla obtenemos un poder increíble pues esta puede ser una de las experiencias más gratificantes en la vida y tiene muchísimos beneficios. He aquí algunos:

Cuando se asocia con otros, no pierde nada

Thomas Jefferson dijo: «Una vela no pierde nada cuando enciende otra vela». Esa es la naturaleza real de la asociación. Sin embargo, me parece que muchas personas no piensan así, creen que compartir significa perder algo pero no creo que eso sea cierto.

Cada persona posee una de dos mentalidades: escasez o abundancia.

La gente con una mentalidad de escasez cree que solo hay cierta cantidad de recursos disponibles, así que tienen que pelear por todo lo que puedan y proteger cualquier cosa que tengan a cualquier costo. La gente con mentalidad de abundancia cree que siempre hay suficiente para todos. Si usted tiene una idea, comparta algo de ella; siempre podrá inventarse una nueva. Si solo tiene un pedazo de pastel, permita que otro se lo coma; usted puede hornear otro.

> «Una vela no pierde nada cuando enciende otra vela».
>
> THOMAS JEFFERSON

Creo que en esta área usted recibe de la vida lo que espera de ella. Puede acumular lo poco que tiene y no recibir más, o puede dar lo que tiene y será recompensado en abundancia. Su actitud hace toda la diferencia. Por eso, si se asocia con otra persona y da con generosidad, de una u otra forma recibirá más de lo que dio.

Cuando se asocia con otros, se ayuda a usted mismo

El novelista Mark Twain dijo: «La mejor manera de animarse es animando a todos los demás». Lo que él sabía por instinto es que cuando uno ayuda a los demás, se ayuda a sí mismo, o por lo menos recibirá la satisfacción de ayudar a otro ser humano. No obstante, lo más probable es que al ayudar a otros, ellos desearán darse la vuelta y ayudarle. Richard Shipley, presidente y director ejecutivo de Shipley Associates, ofrece este consejo: «Trabaje bien con otros para ayudarles a alcanzar sus victorias, y las suyas seguirán. Comparta la propiedad de sus proyectos con las personas correctas. Usted pasará muchas horas con estos colegas, así que seleccione socios con quienes realmente disfrute trabajar. Permita que sus colegas exitosos compartan la igualdad en sus esfuerzos mutuos».

Cuando se asocia con otros, usted es recompensado con esperanza

En el 2003, Dave Sutherland, quien había sido el presidente de una de mis compañías, INJOY Stewardship Services (ISS), estaba listo para hacer una transición y mudarse a la costa oeste donde viven sus hijos y nietos. Dave había hecho un trabajo excelente para expandir la compañía durante casi una década, y me pregunté cómo iba a reemplazarlo. No tardé mucho en darme cuenta quién necesitaba sucederle en la dirección de la compañía: Kirk Nowery.

Kirk, un antiguo pastor, había estado con nosotros en ISS por algunos años y había trabajado con cientos de pastores e iglesias. Tiene una pasión por añadir valor a los pastores, sus habilidades son tremendas y nadie ha trabajado con más empeño que él. Además es un líder excelente. No podía pensar en nadie más indicado con el cual asociarme para ayudar a las iglesias a cumplir su visión. Así que Margaret y yo hablamos con Kirk, y después de varias discusiones prolongadas, le ofrecí el trabajo.

Unos cuantos días después, Margaret y yo recibimos una tarjeta por correo. Las palabras impresas en la tarjeta leían:

Por todo lo que ha sido, ¡gracias!

Por todo lo que será, ¡sí!

—Dag Hammarskjöld

Debajo Kirk escribió a mano:

Queridos John y Margaret, con el respeto y el honor más profundos, acepto.

Aquel momento me trajo mucho gozo y estaba muy agradecido. ¿Por qué? Porque sabía que el futuro de ISS era brillante.

Si usted desea cultivar relaciones en las que todos ganen, acoja el principio de la asociación. Quizás usted sepa en su corazón que todo lo que usted puede hacer solo palidece en comparación a lo que puede hacer con otros. Las relaciones más gratificantes son siempre las asociaciones. He descubierto que esto es cierto en los negocios, es cierto en el matrimonio, y creo que será cierto en su vida también.

Preguntas de discusión sobre el Principio de la *Asociación*

1. ¿Qué significa para usted «hacer una diferencia»? ¿Ya sabe si quiere hacer una diferencia en su vida y cómo la hará? ¿Cuál es su sueño? ¿Qué pasos debe dar para hacerlo realidad?

2. ¿En qué etapa se encuentran la mayoría de las personas que usted conoce: ego, asociación o trascendencia? ¿Cómo lo sabe? ¿Deben todos pasar por las primeras dos antes de entrar a la tercera? ¿En qué etapa se encuentra usted ahora? Explique su respuesta.

3. ¿Cuánto control tiene sobre las personas con quienes trabaja más de cerca? ¿Tiene esto algún efecto en su capacidad para alcanzar sus metas y cumplir sus sueños? Si tiene poco control, ¿qué podría hacer para cambiar esa situación? ¿En qué áreas podría rodearse en este momento de gente que hace una diferencia? ¿Cómo puede encontrar a personas con la misma pasión, una misión y talentos similares, así como la necesidad de asociarse?

4. Describa un matrimonio que funcione como una asociación verdadera. ¿Cuáles son las ventajas de tal relación? ¿Qué sucede cuando dos cónyuges no trabajan juntos? Si está casado, describa su actitud hacia la asociación matrimonial. Describa la de su cónyuge. ¿Qué pueden hacer ustedes dos para aumentar su capacidad para trabajar juntos?

5. ¿Deberían los líderes tratar de cultivar las relaciones de asociación con las personas que trabajan con ellos? Explique. En ese caso, ¿cuándo sería apropiado? Si usted es un líder, ¿de qué clase de personas se ha rodeado? ¿Piensa en los más cercanos a usted como agentes que trabajan con usted o para usted? Si es que hay algo, ¿qué le gustaría cambiar en su manera de interactuar con ellos?

EL PRINCIPIO DE
LA SATISFACCIÓN

EN LAS MEJORES RELACIONES,
EL GOZO DE ESTAR JUNTOS
ES SUFICIENTE

Un gozo compartido es un gozo doble.

—JOHANN WOLFGANG VON GOETHE

LA PREGUNTA QUE DEBO RESPONDER:
¿DISFRUTAN MIS AMIGOS ÍNTIMOS
EL SIMPLE HECHO DE ESTAR CONMIGO?

D urante los catorce años que dirigí mi iglesia en San Diego, cada diciembre organizábamos un gran evento de caridad para alcanzar a la comunidad y levantar fondos para una fundación local de ayuda a niños maltratados. Siempre participé como maestro de ceremonias y a veces con una presentación cómica en alguna de las escenas. La mayoría de los años presentamos por lo menos veinticuatro funciones. Era una experiencia emocionante, aunque nos dejaba a todos exhaustos. Antes de cada presentación, salía a charlar con el público y a interactuar con ellos. Una de las cosas que me gustaba hacer era encontrar a la pareja que llevara más años de casados. Todavía recuerdo a una pareja que mantuvo el récord durante todos los años que participé. ¡Habían estado casado setenta y siete años! Cuando la pareja se levantó y la audiencia aplaudió, sus ojos les brillaban.

«¿Quieren que les dé consejería matrimonial?», les pregunté para hacer reír a los presentes.

El anciano me miró, sonrió y dijo casi como una confidencia: «Aquí entre nos, cada vez se pone mejor».

LA SATISFACCIÓN MÁS GRANDE

La mayoría de nosotros admira y respeta a personas que sostienen relaciones sólidas de larga duración. Un matrimonio que lleve más de setenta y cinco años es algo digno de admiración. Las amistades de cualquier tipo que duren décadas son la envidia de muchos. Una de las grandes amistades de Hollywood, una ciudad que se critica a menudo por su superficialidad, fue la que tuvieron George Burns y Jack Benny. El matrimonio de treinta y ocho años de Burns con Gracie

Allen (hasta su muerte en 1964) fue admirable, pero su amistad con Jack Benny duró todavía más. Tras la muerte de Benny en 1976, Burns caracterizó su relación de la siguiente manera:

> Jack y yo sostuvimos una amistad maravillosa durante casi cincuenta y cinco años. Jack nunca me dejó solo cantando y yo nunca lo dejé solo tocando el violín. Nos reímos juntos, hicimos música juntos, trabajamos juntos, comimos juntos, etc. Supongo que en muchos de esos años que pasamos juntos debimos haber hablado todos los días.[1]

Creo que a todos nos encantaría tener una relación como la de Benny y Burns o como la de aquella pareja de ancianos que mencioné al principio pero, ¿cómo llegamos a ese nivel? El fundamento consiste en la aplicación de todos los Principios de Interacción que se han presentado en este libro hasta ahora. Una relación duradera empieza como una relación sana en todos esos aspectos. Más allá de esto, creo que hay cuatro factores que contribuyen a crear el ambiente propicio para aquellas relaciones en las que el simple hecho de estar juntos es suficiente:

1. Los recuerdos compartidos crean un ambiente de unidad

En marzo de 2004, Margaret y yo nos fuimos en un viaje de diecisiete días a África con EQUIP, la organización sin fines lucrativos que fundé para enseñar liderazgo a personas de otros países fuera de los Estados Unidos. Fue un viaje extenuante, recorrimos largas distancias en cuatro países diferentes del continente. Muchos días enseñamos desde las siete de la mañana y continuábamos sin detenernos hasta la medianoche o la una de la mañana. Durante esas dos semanas y media de enseñanza, solo tuvimos un descanso. Nos fuimos en un safari de dos días para ver la fascinante vida salvaje del territorio.

Una persona que nos acompañó en ese viaje fue Tom Mullins. Tom es un buen líder y un pastor muy exitoso de una iglesia grande en la Florida, y estaba ayudando al equipo con las responsabilidades de enseñanza. Tom y yo hemos sido amigos durante unos ocho años, y cuanto más le conozco, mi respeto y afecto hacia él son más profundos.

La tarde que volamos de África a Atlanta, Margaret y yo nos arrastramos del aeropuerto a la casa y nos tiramos en la cama; todo lo que queríamos era dormir. Todavía al día siguiente estábamos exhaustos y sufriendo las consecuencias debido al cambio de horario entre ambos países. Me senté en mi escritorio para revisar el correo y ponerme al día en el trabajo, cuando sonó el teléfono. Era Tom. Solo había pasado un día desde que nos vimos por última vez, pero él quería recordar la experiencia. Nos reímos de nuestro safari. (Los otros turistas iban cargados de cámaras sofisticadas con lentes potentes mientras Tom y yo solo íbamos armados de una cámara desechable.) Recordamos las dificultades que pasamos en aquel viaje y nos maravillamos por la respuesta de los millares de personas a quienes enseñamos.

«John», dijo Tom para terminar, «¡tenemos que hacerlo de nuevo!» Tom y yo nunca olvidaremos ese viaje que hicimos juntos, y los recuerdos que compartimos siempre confirmarán el vínculo que nos une.

Ese tipo de experiencias es muy valioso en nuestras relaciones más profundas. Margaret y yo tratamos de crear muchos recuerdos con nuestros hijos mientras crecían. Y desde el momento en que nos casamos, nos comprometimos a hacer todo lo necesario para estar juntos cuando creáramos nuestros mejores recuerdos.

2. Crecer juntos crea un ambiente de compromiso mutuo

En la década de los setenta cuando vivimos en Lancaster, Ohio, Margaret y yo nos involucramos en nuestro primer negocio. Ella y dos amigas decidieron ser socias y abrir una floristería. No teníamos dinero, así que creamos un plan de negocios y hablamos con un banquero local sobre un préstamo. Todavía recuerdo en detalle cuando nos sentamos al otro lado de su escritorio en la oficina.

«Les tengo buenas y malas noticias», dijo. «La buena noticia es que voy a darles el préstamo». Estábamos muy emocionados. «La mala noticia es que si ustedes son como la mayoría de los nuevos propietarios de negocios, su sociedad se disolverá en un par de años. Muchos empiezan juntos pero pocos permanecen juntos». Eso puede decirse de todo tipo de relaciones. Los comienzos y los finales son a veces mucho más fáciles que el trabajo duro que implica sostener una relación con el paso de los años. ¿Por qué?

Comenzar una relación tiene la *emoción* de *empezar* juntos.
Seguir en la relación implica el *compromiso* de *mantenerse* juntos.
Que la relación sea duradera tiene el *gozo* de *permanecer* juntos.

¿Cuál es entonces el puente que salva el abismo entre las relaciones que empiezan en unidad y las que permanecen en unidad? La respuesta es crecimiento: Las personas que crecen juntas están más comprometidas entre sí, y por lo general también son más felices.

Lo cierto es que todas las relaciones crecen. El problema es que a veces crecemos por separado y nos alejamos más el uno del otro, en lugar de crecer juntos y mantenernos unidos. Si nos proponemos de forma intencional crecer juntos, es mucho más probable que permanezcamos juntos. Es triste, pero lo que el banquero nos dijo en Lancaster resultó ser cierto porque al final del segundo año, uno de los socios dejó de estar comprometido con el negocio y se marchó.

3. El respeto mutuo crea un ambiente saludable

El respeto dentro de una relación crea un ambiente saludable porque produce dos cosas. Primero, crea confianza, y como usted sabe, la confianza es el fundamento de todas las relaciones. Segundo, genera una actitud de servicio. La gente casi no puede resistirse a ayudar y servir a una persona a quien le tengan un respeto profundo, y como dijo Albert Einstein: «Solo una vida vivida para otros vale la pena».

4. El amor incondicional crea un ambiente seguro

La autora de libros infantiles Dinah Maria Mulock Craik escribió: «Ah, el alivio indescriptible de sentir plena seguridad con una persona; sin tener que calcular los pensamientos ni medir las palabras, sino poder expresarlas tal cual son, sin separar el trigo de la paja, sabiendo que una mano fiel lo tomará todo y lo cernirá para quedarse con lo que vale la pena conservar y después, con un hálito de bondad, soplará el resto para que se lo lleve el viento». Cuando alguien le ama sin condiciones ni intereses egoístas, es el sentimiento más liberador en el mundo, y crea un ambiente seguro dondequiera que usted esté.

Hace poco Margaret y yo viajábamos juntos en un avión y empezamos a conversar con una pareja sentada en el otro pasillo. Cuando la mujer preguntó: «¿Dónde queda su hogar?» Sin siquiera pensarlo, dije: «Dondequiera que ella esté», mientras señalaba a mi esposa. Esto es muy cierto, Margaret me ama sin condiciones y puedo ser quien soy en su presencia como nunca lo haría con otra persona en el mundo; ella es mi puerto seguro. No hay nada más dulce en esta vida que el amor incondicional del amigo más cercano que tengamos. Me siento muy bendecido y afortunado de tener a Margaret. Todo el tiempo le digo a la gente que la decisión más importante que he hecho fue pedirle que se casara conmigo, pienso en eso todos los días, y trato de decírselo tantas veces como pueda. En el día de San Valentín del 2004 le escribí una nota mientras reflexionaba sobre nuestra relación, y ella me ha dado permiso de compartirla con usted:

Margaret,

Fue en esta época hace cuarenta años atrás que empezamos a salir juntos. Aunque cada año parece pasar con más rapidez que el anterior, nuestras vidas están llenas de recuerdos. A los cincuenta y seis años, son muchos los que he olvidado, pero los más especiales siguen siendo muy reales para mí. Me pregunto, *¿son especiales los recuerdos por lo que hicimos o porque lo experimentamos juntos?* La respuesta es… tanto lo uno como lo otro. Todo lo vivido fue mejor porque estuvimos juntos. Cuando estamos separados, anticipo la llegada del tiempo que pasaremos juntos por teléfono, es la parte más importante de mi día. ¿Por qué? ¿Será porque compartimos la lista de cosas que nos pasaron durante el día? No. Es solo porque estamos juntos otra vez.

Puedo recordar bien la anticipación que sentí cuando éramos novios y manejé desde Circleville hasta Chillicothe para salir en una cita contigo. ¡Casi no podía esperar! Los años no han disminuido esa expectación de verte otra vez después de haber estado lejos, es por eso que te llamo desde el aeropuerto cuando voy rumbo a casa. Margaret, el gozo que expresas al verme de nuevo se ha mantenido con la misma intensidad después de todos estos años. Cada vez que te llamo, contestas el teléfono con una emoción que me expresa lo mucho que me amas.

> Cuando alguien le ama sin condiciones ni intereses egoístas, es el sentimiento más liberador en el mundo.

Nunca olvidaré aquella vez que vendiste algunos de tus libros de texto de la Universidad Estatal de Ohio para comprar un pasaje de autobús y así poder sorprenderme y pasar una velada juntos. O la ocasión en que viajaste desde Nepal hasta Delhi para pasar una noche más conmigo. Esos esfuerzos adicionales para estar juntos son los que han hecho tan exitoso nuestro matrimonio.

Una relación nunca se queda igual: se vuelve más unida o toma rumbos diferentes. Cuarenta años después de haber empezado nuestro matrimonio, todavía nos gusta estar juntos. Demos un paseo hasta el buzón.

Con amor,
John

Caminar hasta el buzón significa para nosotros pasar tiempo juntos por el simple deleite de disfrutar nuestra compañía. Y eso es lo que nos ofrecen todas las grandes relaciones: Gozo.

Espero que usted tenga personas en su vida con quienes pueda compartir el principio de la satisfacción. Si es así, esté agradecido. Si no las tiene, empiece a practicar los Principios de Interacción expuestos en este libro. Después desarrolle relaciones gratificantes en las que cultiven recuerdos compartidos, puedan crecer juntos y se expresen mutuamente respeto y amor incondicional. Haga esto y es solo cuestión de tiempo antes de que experimente el gozo que viene de las relaciones profundas y duraderas.

PREGUNTAS DE DISCUSIÓN SOBRE EL PRINCIPIO DE LA *SATISFACCIÓN*

1. ¿Puede una persona mantener la distancia y al mismo tiempo desarrollar una relación en la que todos ganen? Explique su respuesta. ¿Cuál es el precio que una persona debe pagar para desarrollar relaciones profundas? ¿Qué haría de ese precio algo que valiera la pena que usted pagara?

2. Piense en personas que conozca directamente que hayan sostenido una buena relación durante más de veinte años. Puede ser cualquier clase de relación, bien sea esposos, socios o amigos. Describa esa relación. ¿Qué hacen para que preservar la relación? ¿Qué puede aprender de ellos?

3. En las relaciones que tienen un alto grado de seguridad, ¿qué función cumplen el respeto mutuo y el amor incondicional? Piense en las relaciones más cercanas en su vida. ¿Se siente seguro(a) con esa persona? ¿Puede decir cualquier cosa que quiera? ¿Puede expresar sus sentimientos? ¿No le incomodan los silencios prolongados? Si no es así, ¿cómo puede cambiar el ambiente y hacerlo más positivo?

4. Describa algunas maneras en que las parejas casadas pueden unirse más para asegurar que no tomarán rumbos diferentes. ¿Cuán difícil es hacer del crecimiento una parte integral de un matrimonio? ¿Qué retos u obstáculos enfrentan la mayoría de las parejas? ¿Cómo pueden superarlos? ¿Cuál es la recompensa de la perseverancia? ¿Ha tenido éxito en esta área en su matrimonio?

5. ¿Cómo han afectado las experiencias y los recuerdos compartidos sus relaciones más cercanas? Describa un recuerdo que usted evoca con especial cariño. ¿Valoran sus amigos o familiares los mismos recuerdos? ¿Con cuánta frecuencia

hablan sobre ellos y los reviven? ¿Piensa que hacer esto es beneficioso? ¿Cuán intencional es usted en la creación de nuevos recuerdos con la gente especial en su vida? ¿Cómo puede mejorar en esta área?

Revisión final de los Principios de Interacción para Ganarse a la gente

El factor disposición: ¿Estamos preparados para las relaciones?

El principio del lente: Quiénes somos determina cómo vemos a los demás.

El principio del espejo: La primera persona que debemos examinar: nosotros mismos.

El principio del dolor: Las personas heridas, hieren a los demás y ellos los lastiman con facilidad.

El principio del martillo: Nunca use un martillo para matar la mosca parada en la cabeza de otro.

El principio del ascensor: Podemos elevar a los demás o llevarlos al suelo en nuestras relaciones.

El factor conexión: ¿Estamos dispuestos a enfocarnos en los demás?

El principio de la perspectiva: Toda la población del mundo, con una pequeña excepción, está compuesta por los demás seres humanos.

El principio del intercambio: En vez de poner a otros en su lugar, debemos ponernos nosotros en el lugar de ellos.

El principio del aprendizaje: Cada persona que conocemos tiene el potencial de enseñarnos algo.

El principio del carisma: La gente se interesa en la persona que se interesa en ellos.

El principio del número 10: Creer lo mejor de la gente casi siempre saca a relucir lo mejor de la gente.

El principio de la confrontación: Interesarse en las personas debe preceder a confrontarlas.

EL FACTOR CONFIANZA:
¿PODEMOS DESARROLLAR LA CONFIANZA MUTUA?

El principio del cimiento: La confianza es el fundamento de cualquier relación.

El principio de la situación: Nunca permita que la situación importe más que la relación.

El principio de Bob: Cuando Bob tiene un problema con todos, casi siempre Bob es el problema.

El principio de la accesibilidad: Si estamos a gusto con nosotros mismos, otros se sentirán a gusto con nosotros.

El principio de la trinchera: Al prepararse para la batalla, cave un hoyo en el que también quepa un amigo.

EL FACTOR INVERSIÓN:
¿ESTAMOS DISPUESTOS A INVERTIR EN OTROS?

El principio de la huerta: Todas las relaciones necesitan ser cultivadas.

El principio del ciento uno por ciento: Encontremos el uno por ciento en que estamos de acuerdo y demos el cien por ciento de nuestro esfuerzo.

El principio de la paciencia: El viaje con otros es más lento que el viaje a solas.

El principio de la celebración: La prueba verdadera de las relaciones no es solo cuán leales somos cuando los amigos fallan, sino cuánto nos alegramos al verles triunfar.

El principio del camino alto: Subimos a un nivel más alto cuando tratamos a los demás mejor de lo que ellos nos tratan.

EL FACTOR SINERGIA:
¿PODEMOS CREAR RELACIONES EN LAS QUE TODOS
SALGAMOS GANANDO?

El principio del bumerán: Cuando ayudamos a otros, nos ayudamos a nosotros mismos.

El principio de la amistad: Si todos los factores están balanceados, la gente estará más dispuesta a trabajar con personas que les guste. Si no todos los factores están balanceados, harán justamente lo mismo.

El principio de la asociación: Trabajar juntos aumenta la probabilidad de ganar juntos.

El principio de la satisfacción: En las mejores relaciones, el gozo de estar juntos es suficiente.

NOTAS

Introducción

1. Zig Ziglar, *Top Performance: How to Develop Excellence in Yourself and Others* [Desempeño al máximo: Cómo desarrollar excelencia en usted y los demás] (Nueva York: Berkley Publishing Group, 1991), cursivas. añadidas.

El principio del espejo

1. "Pete's Records" [Los récords de Pete], www.peterose.com (consultado el 20 de enero de 2004).
2. Pete Rose, www.baseball-reference.com (consultado el 20 de enero de 2004).
3. Lieber y Neff, "The Case Against Pete Rose" [El caso contra Pete Rose].
4. Rose, www.baseball-reference.com (consultado el 20 de enero de 2004).
5. "Pete Rose: 'I bet on baseball'" [«Pete Rose: "Le aposté al béisbol"»], extracto de *My Prison Without Bars* [Mi prisión sin barrotes] en la revista *Sports Illustrated*, enero 5 de 2004, www.si.com.
6. Craig Neff y Jill Lieber, "Rose's Grim Vigil" [La vigilia lúgubre de Rose], *Sports Illustrated*, abril 3 de 1989, www.si.cnn.com (consultado el 5 de enero de 2004).
7. Lieber y Neff, "The Case Against Pete Rose" [El caso contra Pete Rose].
8. "Pete Rose: 'I bet on baseball,'" [«Pete Rose: "Le aposté al béisbol"»]
9. Ibid.
10. Ibid.
11. Ibid.

12. John C. Maxwell, *The 21 Irrefutable Laws of Leadership* [Las 21 leyes irrefutables del liderazgo] (Nashville: Thomas Nelson, 1996).
13. Phil McGraw, *The Ultimate Weight Solution* [Solución definitiva al problema del sobrepeso] (Nueva York: Free Press, 2003), 25.

El principio del martillo
1. Proverbios 15.1.
2. Marshall Goldsmith, "How to Learn the Truth About Yourself" [Cómo aprender la verdad sobre uno mismo] *Fast Company*, octubre de 2003, 127.

El principio del ascensor
1. George W. Crane, *Dr. Crane's Radio Talks*, [Charlas radiales del Dr. Crane] vol. 1 (Mellot, Indiana: Hopkis Syndicate, Inc., 1948), 7.
2. Ibid., 8–9.
3. Ibid., 16.
4. Ella Wheeler Wilcox, "Which Are You?" [¿Cuál eres tú?] *Custer, and Other Poems* [Custer y otros poemas] (Chicago: W. B. Conkey Company, 1896), 134.
5. Anónimo.

El principio de la perspectiva
1. "Meet the New Angelina Jolie" [Conozca a la nueva Angelina Jolie] www.cnn.com/2003/showbiz/movies/10/25/jolie.ap (consultado el 13 de enero de 2004).
2. "Child Changes Everything" [El niño lo cambia todo] ABCNews.com, 17 de octubre de 2003.
3. Ibid.
4. Ibid.
5. Ibid.
6. "Meet the New Angelina Jolie" [Conozca a la nueva Angelina Jolie].
7. Author unknown [Autor desconocido].
8. Bob Buford, *Halftime* [Intermedio] (Grand Rapids: Zondervan, 1997), 138.

El principio del intercambio

1. Art Mortell, "How to Master the Inner Game of Selling" [Cómo dominar el arte de vender] vol. 10, no. 7.

El principio del aprendizaje

1. Tom Seligson, "How a Wiseguy Set Me Straight" [Cómo un pandillero me ajuició] *Parade*, 18 de enero de 2004, 18.
2. Ibid.
3. Joe Pantoliano con David Evanier, *Who's Sorry Now* [Quién se lamenta ahora] (Nueva York: Plume, 2002), 243.
4. Ibid., 14.
5. Ibid., 289.
6. Philip B. Crosby, *Quality Is Free: The Art of Making Quality Certain* [La calidad es gratuita: El arte de hacer de la calidad una cosa segura] (Nueva York: Mentor Books, 1992), 68.

El principio del carisma

1. Reimpreso con permiso de "Dr. Zimmerman's Tuesday Tip" [El consejo de los martes del Dr. Zimmerman], una revista semanal por Internet que se encuentra en www.drzimmerman.com, Tip #171, 23. Septiembre de 2003.
2. Marcus Buckingham y Donald G. Clifton, *Now, Discover Your Strengths* [Ahora, descubra sus habilidades] (Nueva York: Free Press, 2001), 116.

El principio del número 10

1. Marilyn Haddrill, "Lessons in Learning: Ex-Marine-turned-teacher Shapes up Her Tough High School Class" [Lecciones en pedagogía: Profesora que antes estuvo en los marinos pone en orden a sus estudiantes difíciles de secundaria] *Chicago Tribune*, 3 de marzo de 1996, http://internet.cybermesa.com (consultado el 22 de enero de 2004).
2. Ibid.
3. Ibid.

4. LouAnne Johnson, *The Girls in the Back of the Class* [Las chicas en la parte de atrás de la clase] (Nueva York: St. Martin's Press, 1995), 61.
5. LouAnne Johnson, *Dangerous Minds* [Mentes peligrosas] (Nueva York: St. Martin's Press, 1993), 7.
6. Johnson, *The Girls in the Back of the Class* [Las chicas en la parte de atrás de la clase], ix–x.
7. Haddrill, "Lecciones en pedagogía".
8. LouAnne Johnson, "My Posse Don't Do Homework" [Mi pandilla no hace tareas] http://members.authorsguild.net/louanne/work4.htm (consultado el 22 enero de 2004).

El principio del cimiento
1. Dan Barry y otros, "Correcting the Record: Times Reporter Who Resigned Leaves Long Trail of Deception" [Corrección del archivo: Reportero del *Times* que renunció deja un sendero de engaños] *New York Times*, 11 de mayo 2003, http://query.nytimes.com (consultado el 9 de marzo de 2004).
2. Elizabeth Kolbert, "Tumult in the Newsroom" [Tumulto en la sala de redacción de noticias] *New Yorker*, 30 de junio de 2003, www.newyorker.com (consultado el 9 de marzo de 2004).
3. Barry et al., "Correcting the Record" [Corrección del archivo].
4. Paul D. Colford, "More Blair Faults at Times" [Más fallas de Blair en el *Times*] *New York Daily News*, 13 de junio de 2003, www.nydailynews.com (consultado el 9 de marzo de 2004).
5. Barry et al., "Correcting the Record" [Corrección del archivo].
6. Peter Johnson, "'Times' Execs Address Blair Scandal" [Ejecutivos del *Times* tratan el escándalo de Blair] *USA Today*, 14 de mayo de 2003, http://usatoday.printthis.clickability.com (consultado el 9 de marzo de 2004).
7. Barry et al., "Correcting the Record" [Corrección del archivo].
8. Ibid.
9. Macarena Hernández, "What Jayson Blair Stole from Me, and Why I Couldn't Ignore It" [Lo que Jayson Blair me robó y por qué no pude ignorarlo] *Washington Post*, junio 1 de 2003, www.washingtonpost.com (consultado el 9 de marzo de 2004).

10. "Burning Down My Master's House: My Life at The New York Times" [Cómo incendié la casa de mi amo: Mi vida en el *New York Times*] Publishers Weekly, 8 de marzo de 2004, 58.

11. "Numbers" [Números] *Time*, 29 de marzo de 2004, 19.

12. Barry et al., "Correcting the Record" [Corrección del archivo].

13. Maxwell, *The 21 Irrefutable Laws* [Las 21 leyes irrefutables].

14. William M. Boast con Benjamin Martin, *Masters of Change* [Los expertos en el cambio] (Provo, Utah: Executive Excellence Publishing, 1997).

15. D. Michael Abrashoff, *It's Your Ship* [El barco es suyo] (Nueva York: Warner Business, 2002), 65.

El principio de la situación

1. "Willams Sisters Display Loving Sibling Rivalry at Australian Open" [Las hermanas Williams muestran su rivalidad en el Abierto Australiano] *Jet*, 9 de febrero de 1998, www.findarticles.com (consultado el 5 de febrero de 2004).

2. L. Jon Wertheim, "We Told You So" [Se lo advertimos] *Sports Illustrated*, 5 de abril de 1999, http://sportsillustrated.cnn.com (consultado el 4 de febrero de 2004).

3. Cronología de Venus y Serena Williams, http://sportsillustrated.cnn.com/tennis/features/williams/timeline (consultado el 4 de febrero de 2004).

4. Wertheim, "We Told You So" [Se lo advertimos].

El principio de Bob

1. Tobias Seamon, "The All-Bastard Athletic Club" [Club atlético de todos los estrellados] *The Morning News*, 10 de junio de 2002, www.themorningnews.org/archives/personalities (consultado el 28 de enero de 2004).

2. *Sports Illustrated*, 30 de marzo de 1981, citado en http://espn.go.com/classic/s/quotesbmartin000806.html (consultado el 23 de enero de 2004).

3. Ibid.

4. Entrevista, *New York Times*, 15 de julio de 1982.

5. Neil T. Anderson, *Victory Over the Darkness* [Victoria sobre la oscuridad] (Ventura, CA: Regal Books, 1990).

El principio de la accesibilidad

1. "Biography of Barbara Walters" [Biografía de Bárbara Walters] us.imdb.com/name/nm0910181/bio (consultado el 19 de febrero de 2004).
2. Tina Gianoulis, "Barbara Walters", *St. James Encyclopedia of Popular Culture*, 2002, www.findarticles.com (consultado el 17 de febrero de 2004).
3. Ibid.
4. Alberta Civil Service Association News.
5. Florence Littauer, *Personality Plus: How to Understand Others by Understanding Yourself* [Más que una personalidad: Cómo entender a los demás a partir de entenderse a sí mismo] (Grand Rapids, Michigan: Fleming H. Revell, 2003).
6. *Citas contemporáneas de Simpson.*
7. Barbara Walters, *How to Talk with Practically Anybody About Practically Anything* [Cómo hablar con casi cualquier persona sobre casi cualquier tema]. (Garden City, Nueva York: Doubleday, 1970), xv.

El principio de la trinchera

1. *Army Field Manual* [Manual de campo del ejército] números 7–8, Cuartel central, Departamento del Ejército, Washington, DC, 22 de abril de 1992, www.adtdl.army.mil/cgibin/atdl.dll/fm/7-8/ch2.htm#s2p6 (consultado el 17 de marzo de 2004).
2. Eclesiastés 4.9–12.
3. Tom y David Gardner, "Motley Fool Radio Interview with Yahoo! Co-Founder Jerry Yang" [Entrevista radial en Motley Fool con el cofundador de Yahoo! Jerry Yang] www.fool.com/Specials/1999/sp990303YangInterview.htm (consultado el 11 de marzo de 2004).

4. Jon Swartz, "Yahoo's Other Dynamic Duo: Jeff Mallett and Tim Koogle Have Transformed the Service into the Web's Most Popular Site" [El otro dúo dinámico de Yahoo: Jeff Mallett y Tim Koogle han transformado el servicio en el sitio más popular de Internet] *San Francisco Chronicle*, 6 de agosto de 1998, www.sfgate.com (consultado el 12 de marzo de 2004).

5. http://docs.yahoo.com/info/pr/faq.html (consultado el 12 de marzo de 2004).

6. Robert Lauer y Jeanette Lauer, *Watersheds* [Puntos de quiebre] (Boston: Little, Brown, 1988), 69.

El principio de la huerta

1. "Mitch Albom Bio" www.albom.com (consultado el 11 de marzo de 2004).

2. Tracy Cochran, "Everyone Matters" [Todo el mundo es importante] *Publishers Weekly*, 18 de agosto de 2003, www.publishersweekly.com (consultado el 12 de marzo de 2004).

3. Mitch Albom, "He Was a Champion" [Él fue un campeón] *Parade*, 14 de septiembre de 2003, 4–5.

4. Ibid., 4.

5. Cochran, "Everyone Matters" [Todo el mundo es importante].

6. Albom, "He Was a Champion" [Fue un campeón], 5.

7. Ibid.

8. Anónimo

El principio del ciento uno por ciento

1. Laura Hillenbrand, *Seabiscuit: An American Legend* [Seabiscuit: Una leyenda americana] (Nueva York: Random House, 2001), 29.

2. Ibid., 33–34.

El principio de la paciencia

1. "Lawn Chair Larry: 1982 Honorable Mention" [Mención de honor] www.darwinawards.com/stupid/stupid1997-11c.html (consultado el 10 de febrero de 2004).

2. Warren G. Bennis y Burt Nanus, *Leaders: The Strategies for Taking Charge* [Líderes: Las estrategias para ponerse al mando] (Nueva York: HarperBusiness, 1985), 52.

El principio del camino alto

1. Richard Collier, *The General Next to God: The Story of William Booth and the Salvation Army* [El general al lado de Dios: La historia de William Booth y el Ejército de Salvación] (Londres: Collins Clear-Type Press, 1965), 27.
2. Steve Artus, "General William Booth—Salvation Army" [El general William Booth del Ejército de Salvación] *Claves Regni*, octubre de 1994, www.stpetersnottingham.org (consultado el 25 de febrero de 2004).
3. "William Booth", www.spartacus.schoolnet.co.uk/rebooth.htm (consultado el 25 de febrero de 2004).
4. "The Founder—William Booth" [El fundador, William Booth] http://archive.salvationarmy.org.uk (consultado el 25 de febrero de 2004).
5. Collier, *The General Next to God* [El general al lado de Dios], 110.
6. "The Skeleton Army" [Ejército de esqueletos] www1.salvationarmy.org/heritage.nsf (consultado el 15 de marzo de 2004).
7. "History" [Historia] www.salvationarmyusa.org (consultado el 25 de febrero de 2004).
8. Artus, "General William Booth—Salvation Army" [El general William Booth del Ejército de Salvación].

El principio del *bumerán*

1. Alan Loy McGinnis, *The Friendship Factor* [El factor amistad] (Minneapolis: Augsburg Fortress, 1979), 9.
2. Citado en Patrick Flaherty, *Scout Law: Quotes for Life* [La ley del explorador: Citas para la vida] (Iowa City: Penfield Books, 2002), 29.

El principio de la amistad

1. Bethany Broadwell, "Bill Porter: Selling His Uplifting Attitude" [Cómo Bill Porter vendió su actitud inspiradora y animosa], 9 de agosto de 2002, www.ican.com/news/fullpage.dfm (consultado el 4 de marzo de 2004).
2. Proverbios 18.24.

3. Proverbios 27.9.
4. Proverbios 27.17.
5. Proverbios 16.29.

El principio de la asociación
1. "Ben Franklin As a Founding Father" [Ben Franklin como fundador de la patria], http://sln.fi.edu/franklin/statsman/statsman (consultado el 1 de marzo de 2004).
2. "Ben Franklin: Networker" [Ben Franklin como constructor de redes y contactos] www.pbs.org/benfranklin/13_citizen_networker.html (consultado el 1 de marzo de 2004).
3. "Ben Franklin: France" [Ben Franklin y Francia] www.pbs.org/benfranklin/13_citizen_france.html (consultado el 1 de marzo de 2004).
4. Anónimo.

El principio de la satisfacción
1. O. S. Hawkins, *Tearing Down the Walls and Building Bridges* [Derribemos las murallas y construyamos puentes] (Nashville: Thomas Nelson, 1995), 27.

Acerca del autor

John C. Maxwell, conocido como el experto de Estados Unidos en materia de liderazgo, habla ante cientos de miles de personas cada año. Ha comunicado sus principios de liderazgo a las empresas más acaudaladas de dicho país [como se citan en *Fortune 500*], la Academia Militar de los Estados Unidos en West Point, y organizaciones deportivas como la NCAA, la NBA y la NFL.

Maxwell es el fundador de varias organizaciones incluida *Máximo Impacto*, la cual está dedicada a ayudar a la gente a alcanzar su potencial de liderazgo. Es autor de más de treinta libros, entre ellos: *Desarrolle el líder que está en usted*, *El mapa para alcanzar el éxito*, y *Las 21 leyes irrefutables del liderazgo*, reconocido por el New York Times por sus éxitos de librería, con más de un millón de ejemplares vendidos en su edición en inglés.

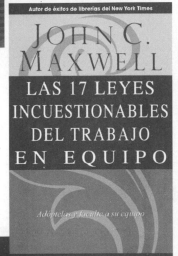